세상을 이끄는 스피치의 힘

이창호

해피&북스

세상을 이끄는
스피치의 힘

초판 1쇄 2013년 11월 15일
초판 3쇄 2014년 9월 5일

지 은 이 : 이창호
펴 낸 이 : 채주희
펴 낸 곳 : 해피&북스
출판등록 : 제10-1562(1985. 10. 29)
주　　소 : 서울 마포구 신수동 448-6
전　　화 : 02-6401-7004
팩　　스 : 080-088-7004
I S B N : 978-89-5515-491-7　　13810

정　　가　13,800원

　　　　저자와 협의하여 인지를 생략함.

＊ 이 책의 내용은 무단복제를 금지합니다.
　잘못된 책은 바꾸어 드립니다.

| 머리말 |

" 왜, 왜, 왜 "
굳이 '이창호스피치'는 이런 시도를 하는가?

이창호스피치는 '언론과 포털에 배포하는 보도자료 전문 통신사'인 〈뉴스와이어〉에 2006년 9월 첫 칼럼인 "한 마디의 칭찬이 감동을 준다."를 전송했다. 그 이후 지금까지 인터넷을 통해 서로 간에 힐링과 소통으로 정성껏 사랑을 나누어 왔다. 때로는 강한 시대정신을 드러내며 때로는 칭찬을 통해 독자들의 사랑을 받아왔다. 필자는 "사람에게 있어서 가장 중요한 능력은 스피치리더십이다. 스피치리더십은 자율과 문화에서 이루어지며 외부에서의 통제가 아니라, 스스로의 힘으로 내부에서 표출할 수 있도록 자율적으로 촉진해 주는 스피치 교과서"라고 역설한다.

진정한 스마트 시대는 다양한 전문가가 인정을 받는 시대이다. 특히 인생의 성공여부가 스피치에 달려 있다. 입을 열면 침묵보다 뛰어난 생산적인 말을 해야 한다. 이에 필자의 경험과 노하우를 여기에 아낌없이 공개 하려고 한다. 특히 필자는 실로 다양한 분야에서 그 명성이 높아 전국에서 강의가 쇄도하고 있다.

예컨대, MBC-TV특강 '인생은 아름다워' 앙코르 강사이며, KBS-3R '우리는 한 가족', KBS-2R '활기찬 새아침입니다' 고정출연과 대한민국 대표 스타강사이자 강사섭외 O순위로 불리는 이창호 대한명인(연설학)은, 대한민국의 중심으로 스피치리더십 트렌드의 변화를 그동안 이끌어 왔다. 또 국내에서 자타가 공인한 최고의 스피커이기도 하다.

지금까지 필자는 근 30년 동안 스피치 관련 학문적 연구와 더불어 관련 자료를 집대성하였다. 그것은 필자의 경험적 주장을 구체적이고 심도 있게 다룬 스피치 칼럼이자 유일한 글로 평가받고 있다.

이창호스피치는 아무리 까다로운 전문지식이라도 알기 쉽게 풀었다. 한국적 정서를 감안하여 대중적인 친밀도가 높고 특유의 해박한 지식으로 간결하게 풀어서 전달력이 뛰어나다. 또 이창호스피치영역(LEECHANGHO SPEECH DOMAIN)은 "미래의 틈을 헤치고 나아가는 일치(Integration)이며, 익숙하지 않는 스피커의 솜씨(speaker skill)를 재창조(recreation)로 실용지식체계를 만들어 가는 과정"이라고 소개 하고 있다. 아울러 우리 인생의 방향을 결정하는 '황금 열쇠'이고, 우리 삶의 모습을 그려가는 '성공의 붓'이다.

각자 필요한 것이 무엇인지 서로가 수용할 수 있도록 사랑의 소통이 이루어지는 하루가 되기를 기원해 본다. 또한 모든 사람들이 가장 선호하는 사람은 호감이 가는 외적인 이미지뿐 아니라 열정이 숨 쉬는 스피치 능력을 갖춘 사람이다. 아울러 독자들에게, 이 책은 스피치의 가장 미흡했던 부분을 보완할 수 있는 완전정복 참고서라고 감히 말을 하고 싶다.

이 책은 독자들이 성공으로 들어서기 위한 다양한 이야기들과 더불어 품위 있게 도전해야 할 과제들로 꾸몄다. 또한 쉽게 실천할 수 있고 공감할 수 있는 보편적인 내용을 담고 있다. 특히 개인스피치의 변화와 혁명을 꿈꾸는 독자들에게 세기를 넘어 생활지침서로써 그 촉매제 역할을 하게 될 것이다.

이 책을 읽고 하나하나 실천해 나간다면, 당신은 어느 순간 당신 자신의 스피치가 변화된 모습을 발견하게 될 것이다. 더불어 상대방의 마음을 움직이고 세상을 바꾸는 원동력을 갖게 되므로 새로운 삶을 살게 될 것이다.

지은이 **이 창 호** 드림

2013국민브랜드〈이창호스피치〉대상 수상
대통령 표창〈우수자원봉사지도〉

---

*이창호스피치 소개 : 대한민국 대한명인(연설학)이자, 대한민국 신지식인(교육)이고 우리 민족의 전통적인 웅변학습방법을 독창적으로 현대화한 '스피치지도사' 민간자격을 세계 최초로 창안하였다.
2002년 이창호스피치연구소를 설립함으로서 스피치커뮤니케이션 프로그램을 대중적으로 보급했고 이를 통해 스피치 문화 생을 수 천 명에 이르는 등 국내외적으로 폭발적인 붐을 일으켰다.
교육부 초등학교 6학년 '읽기' 도서와 고등학교 '국어' 지도서에 실린 작품도 있으며 《아동의 의사소통교육》은 2012년 문화체육관광부 우수학술도서로 선정되었다.
특히 MBC-TV특강〈인생은 아름다워〉앙코르 강사와 KBS-3R〈우리는 한가족〉고정 대담 및 산청세계전통의약엑스포 홍보자문관 등으로 스피치세계의 새로운 지평을 펼쳐 가고 있다.
이러한 공로를 인정하여 '대통령 표창'과 2013년 국민브랜드〈이창호스피치〉대상을 수상하였다. 또 미국 캘리포니아주 로스엔젤레스시에서 감사장과 올해의 빛낸 인물상을 수상하기도 하였다.
저서는 《스피치달인의 생산적 말하기》, 《사람의 마음을 움직이는 기적 칭찬의힘》, 《성공한 사람들의 코칭의 힘》 등 10여 권이 있다.

산 벚꽃

복잡한 일을 잠시 뒤로 하고
관악산 야생화 꽃밭을 지나
호수공원을 돌고 돌아
숨 가쁘게 삼막사 오르는 길
한적한 시골마을에서는

매화, 산수유의 화사한 꽃으로
이제 봄의 시작을 느낄 즈음
피를 토하는 두견새 울음소리
긴긴 겨울바람에 움 추려 든
앙상한 나무 가지 마디마디

칙칙한 겨울을 벗어나고 있는
눈부신 분홍빛 꽃을 달고
가로로 물결치면서 매끄러운 껍질
멀리서도 쉽게 구별되는
넓고 높이 빛을 발하는 산 벚나무

생활용구, 조각 재, 목판인쇄

부처님 말씀을 인각하는 경판처럼

바르고 올 곱게 문화를 남기는

빠르고 정확한 이창호(李昌虎)원장 강의

까막까치 식량이 되는 알맹이같이

전국각지의 주요 강연에서 오늘까지

얼마나 피나는 노력이 들어갔을까

귀한 한약재로 쓰여 왔던 버찌처럼

서로 돕고 살아나갈 강사의 길을 찾아주는

설레는 기쁨을 말로 표현 할 수 없었소

유 희 봉

수필가/문학평론가/시인/경영학박사

세상을 바꿀 파워 스피치

우리는 다른 사람에게 기적을 일으킬 능력은 없지만
기적과 같은 마음의 물결은 일으킬 수는 있어,
내 안의 긍정과 칭찬과 사랑을
세상 사람들과 나눌 수 있습니다.

이 긍정과 칭찬과 사랑과 희망이
우리 내부에 살아 있는
파워 스피치에 얹혀질 때,
그것은 작은 기적이 되어
사람들의 마음을 향한 푸른 물결로 출렁일 겁니다.

사람들의 마음은 그 물결에 실려
파도처럼 출렁이는 감동을 온몸으로 느낄 거구요.
그리하여
그 힘 있는 말에 실린
긍정의 힘과 칭찬과 사랑과 희망은
사람들의 뼛속깊이 스며들어
스스로의 삶에 아름드리나무가 되고
수많은 향기의 꽃을 피워 낼 겁니다.

파워 스피치 속엔
때로는 부드럽되 비굴하지 아니하고
때로는 강하되 고집스럽지 아니한
샘물 같은 힘이 스며 있습니다.

그러나
근원 없는 물결이 없듯이
절로 얻을 수 있는
파워 스피치는 세상에 없습니다.

언제든 갈고 닦고 길들여야
고요히 아름다운 연꽃처럼
소리 없이 사람들의 마음을 휘어잡을 수 있습니다.

우리가 자신의 삶과
누군가의 삶에 아름답고 깊은 기억으로
남기 원한다면
거친 바람도 가두지 못할 파워 스피치를
우리의 삶 속에서

또박또박 실천하는 일이 아닐까요.

김 명 희

시인 겸 아동문학가/
계명대학교 대학원 문예창작과 전공/
이창호스피치리더십연구소 수석연구원
불교아동문학작가상 수상

Contents

獻詩 산 벚꽃   6

獻詩 세상을 바꿀 파워 스피치   8

1장 촌철살인

[아! 나의 아버지] 배움의 가치를 일깨워 준 '큰 스승'   18

희망이라는 1%의 가능성, 이 세상 최고의 브랜드 가치   20

국민의 눈높이에 맞춰라   22

"공갈 협박형 스피커는 우선 논리적으로 말하는 것부터 배워라!"   25

권위형 리더는 창의력을 발휘할 수 없다   28

글로벌 리더는 신뢰가 생명이다!   30

나훈아의 슈퍼스타 리더십은 성공했다!   32

대선리더들이여 칭찬의 스피커가 되자!   35

대화(對話)에 강한 여성 리더가 성공한다   39

명품 스피치를 구사하는 슈퍼스타, 나훈아   42

미래사회 리더는 협상의 전문가가 국가지도자가 될 수 있다   44

성공한 여성 리더는 대화술부터 다르다!   46

지도자에게는 여러 개의 귀가 필요하다!   48

영웅 심리에 빠진 대선 리더는 조국을 망하게 한다!   51

시대는 영웅주의 리더십보다 섬김의 리더를 원한다!   53

제왕을 꿈꾸는 자들이여 서로 칭찬의 말을 하자!	55
조직의 리더여! 설득 스피치부터 익혀라!	57
칭찬을 인정하는 사람은 꿈을 이룬다	59
물은 거꾸로 흐르지는 않는다	61
아름다운 꽃은 나비가 찾아온다 "인맥을 관리하는 데에도 솜씨가 필요"	64
창조시대, 나는 과연 가슴 뛰는 삶을 살고 있는가? 개인 브랜드는 스피치의 힘	66
행복을 만드는 어드레스(연설)의 힘	69
나에게는 소박한 꿈이 있다	71
독특한 칭찬은 성장 에너지이다	74
윈윈관계는 피드백 스피치이다	76
명품 리더들이여 '정책과 원칙'으로 승부하라	79
가시에 찔리지 않고서는 장미꽃을 딸 수 없다	82
강한 치아보다 부드러운 혀가 더 오래간다 인간관계에서 최후의 승리자는 온유한 마음	84
외로운 백로로 살지 말고 공존지수를 넓혀라	86
"우리는 현재에 승부를 거는 수밖에 없다" 인간에게는 과거, 현재, 미래의 세 가지 시간이 있다	88
"바로 그 이름은 희망이란 걸세" 현대인들 중 95%는 열등감에 시달린다	91
"청소년 봉사활동…의무는 곧 선행의 밑거름"	93

우리에게 필요한 것은 긍정의 힘이다
미리 걱정하지 마   96

용기를 주지 않는 희망이란 존재하지 않는다
당신은 어딘가에 꼭 필요한 사람   99

"문제 속에 기회가 숨어있다"
"중요한 것은 나에게 어떤 일이 일어났느냐가 아니라"   101

이끄는 힘은 부드럽게 포용할 수 있는 모성
"어머, 어머니께서 기다리고 계시는 걸 잊어버리다니."   103

"그렇다면 이쯤에서 당신께 묻습니다."
하나도 안 마셨으니 더 마실 수가 없다   106

과거의 덫에서 탈출하라
그 때 그건 아무것도 아니었는데   108

'죄의 값은 사망이다'
자신과의 싸움부터 이겨라   110

행복한 나눔 바이러스 감염된 사람들   113

2장 소통

말 솜씨를 가장 훌륭하게 전달하는 스킬   120

세상에서 가장 가치 있는 힘은, 바로 칭찬의 힘   122

멀티엘리트는 커뮤니케이션에 강하다!   124

커뮤니케이션 기술을 익히자!   127

스피커의 기본은 긍정적 의사소통이다!   129

유쾌한 설득은 상대의 마음을 사로잡는다! 131

대화는 더불어 가는 사회 속의 약속이다! 134

잘 웃는 리더는 커뮤니케이션부터가 다르다! 136

커뮤니케이션 비결은 성공 전략이 다르다 139

자신을 당당하게 표출하는 솜씨 '소통스피치' 141

소통 프로세스를 시작해보자 143

마음이 통하는 새 시대 스마트 소통의 리더십
'스마트 사고'와 '스마트 소통의 힘' 145

소통이 미흡할 때 감성을 자극하라 147

소통(疏通) 문화가 존재하는 사회
꿈꾸는 사람들을 위한 말하기의 비결 150

자녀교육, 부모가 모방학습이다 152

설득 스피치의 조건은 먼저 신뢰가 먼저
그 순간, 즉 그 때를 아는 것 154

3장 스피치 & 대화

창조시대, 스피치 브랜드화법은 따로 있다 158

품성은 고품격 스피치의 '힘' 160

감성 스피치와 의사소통기술은 반복훈련이 필수다! 162

"글로벌 사회에서는 스피치 능력이 생명이다!" 165

긍정적 언어 습관이 행복을 만든다 167

3장 스피치 & 대화

면접스피치는 신뢰와 자신감 있는 태도가 우선이다! 170

변화를 주도하는 스피치의 핵심은 나눔이다! 172

생산적 커뮤니케이션은 넓은 영역에 영향력을 미친다! 174

설득 스피치를 펼쳐라! 177

대중(연단) 공포증의 핵심적 해결방법은 긍정적인 사고다! 180

미래사회 성공은 스피치가 좌우한다! 183

스피치 매너 기술을 배워 인생을 바꿔 보자! 185

스피치는 마음의 초상이다! 187

스피치는 자신을 표현하는 성공의 시작이다 189

스피치를 잘하는 사람이 세상을 리드한다! 191

지적에너지 표현은 스피치가 기초이다! 193

현대사회에서 성공하기 위한 기본 능력은 스피치이다! 195

파워 스피치는 욕망(欲望)에 호소한다! 197

파워스피치가 성공을 이끈다! 200

스피치의 핵심은 '상대방을 있는 그대로 인정해 주어라' 203

아름다운 사람에게는 아트 스피치가 있다 205

누구나 명품 스피치를 디자인 할 수 있다 208

스마트 시대, 나다운 핵심 콘텐츠를 브랜드화 210

스피킹은 삶이다 212

감성 스피치는 패션이다 215

성공을 부르는 힘. 힐링 스피치 217

성공시대, 스피치 3가지 노하우 219

4장 리더십 & 코칭

스피치 고수는 한 마디 말로 상대방 핵심을 찌른다	222
정보스피치는 객관적이어야 한다	225
'자체발광' 표현하는 시대 성공 스피치	227
'나를 표현하는 시대' 성공 스피치	230
명품축구 박지성리더십이 빛을 발하다	234
'라이프코칭'의 시작 – 첫인상, 그리고 신뢰	237
21세기 경쟁력, 성공의 열쇠는 대화(對話)에 있다	239
결정적 순의 스피치는 코칭의 정석이다	242
뉴 리더 행동은 그 목표 설정부터 다르다	245
리더의 결정적 능력은 셀프코칭이다!	248
라이프코치 스피치는 '격려의 힘'이 생명이다!	250
피드백(feedback)을 주고 받는 것이 설득의 시작이다!	253
성공하는 프리젠테이션의 5가지 스킬	256
유머감각은 의사소통의 생명이다!	259
성공한 리더의 리더십은 스피치에 있다	261
여성 리더십의 스킬은 파워스피치에 있다	264
이제는 라이프코칭의 시대가 온다!	267
정체성 수용은 셀프코칭에서 시작된다!	269
청소년 리더십이 미래를 좌우한다!	271
청소년 리더는 미래의 빛나는 꿈이다!	274

4장 리더십 & 코칭

여성적 리더십은 힐링이다	276
명품 토론은 황금알을 낳는 거위와 같다	278
사람은 마음으로 생각하는 만큼 된다 리더의 핵심은 소통 행동이다.	281
입학사정관 전형을 앞둔 사람들에게 면접 공통 어드바이스	283
'대화' 공통분모를 찾아야 한다	286
"리더들의 소통 비법"	288

5장 피플

칼럼리스트가 본 김진숙 명장의 셀프리더십	292
최고의 목물 마에스트로 기영락 명품정신	294
스스로 빛나는 '명품 인맥', 바로 자신	297
스피치는 내 인생의 블루오션	300
인맥관리는 가까운 사람부터 내 편으로	302
"인간 승리, 김진숙 명장 상아탑 리더로" 아픔과 함께 하는 40년 인고(忍苦)의 세월	304
명강사는 더 가치 있는 일을 하라 이 또한 넘어 가겠지	308
2013 산청세계전통의약엑스포 성공 개최 국민적인 참여와 홍보가 필요하다.	311
반기문 통섭리더십	313

세상을 이끄는
스피치의 힘

1장

촌철살인

[아! 나의 아버지] 배움의 가치를 일깨워 준 '큰 스승'

아버지란 세 글자만 떠올려도 벌써 목이 멘다. 전남 고흥에서 가난한 농부로 평생을 살아오신 아버지는 다행히 지금도 건강히 내 곁에 계신다. 팔순의 고령에도 불구하고 여전히 자식에 대한 애달픈 끈을 놓지 못하고 있다. 지금은 노쇠하셔서 병원을 오고 가고 있지만 그 모습을 보면 새삼 아버지에 대한 존경과 공경의 마음을 느끼게 된다. 아버지를 통해 어느새 지천명(知天命)이 넘은 나 자신도 돌아보게 된다.

아버지는 모든 가치에 우선한다. 그것은 세상 모든 자식이라면 당연히 그러할 것이다. 아버지는 시골에서 농사를 지으면서도 한학을 조금이나마 익히셨다. 그 영향으로 나도 어릴 적 아버지의 손에 이끌려 서당에 다니기도 했었다. 아버지는 언제나 자식들에게 정직과 비전을 심어 주기 위해 노력한 존경스러운 분이시다. 남자는 인생에서 이름을 빛내야 한다면서 이 세상에 살면서 좋은 흔적을 남기고 가야 한다고 말씀하셨다.

아버지는 아들에 대한 넘치는 애정과 열정을 가진 분이시다. 아니, 그 어느 누구보다 더 많은 애착을 가지고 있다. 사실 나는 3남 3녀 중 차남으로 성장했다. 그럼에도 불구하고 나에 대한 기대가 하늘같으시다. 내가 태어날 때 태몽이 예사롭지 않았다고 해서인지 팔순이 다 되어 가는 지금도 아들에 대한 기대를 하신다.

한 번은 이런 일도 있었다. 몇 년 전 모 방송에서 'TV특강'을 할 때의 일이다. 아버지는 고향 마을회관에서 사람들을 한자리에 모아 놓고 말씀하셨다.

"자, 어서들 와 앉으라고. 우리 아들이 곧 TV에 나온다네. 우리 아들 녀석 대단하지 않아? 저렇게 TV에서 사람들한테 특강도 해주고 말이야. 자,

어서들 오라고!"

당시 그 자리에는 마을 사람들 거의 전부가 모였다고 한다. 아버지는 그토록 아들 녀석을 자랑하고 싶으셨던 게다.

아버지는 시골에서 이장을 몇 년 동안 하시면서 면에 출입하는 일이 잦았다. 그러는 와중에 느낀 점이 많으셨던 모양이다. 어린 시절 우리 6남매를 앉혀 놓고 늘 이런 말씀을 하셨다.

"사람은 늘 배워야 한다. 배우는 사람만이 다른 사람을 이끌 수 있다."

비록 배움이 깊지 않았던 아버지였지만 배움에 대한 철학만큼은 그 누구 못지않았다. 내게 거는 기대가 컸던 만큼 나를 따로 앉혀 놓고 이렇게 말씀하시기도 했다.

"무엇보다 공부가 최고야. 남자는 꼭 배워야 한다."

어려운 가정 형편 때문에 나는 거의 모든 걸 혼자 힘으로 해결해야 했다. 넉넉하지 않은 시골 살림에 6남매까지 낳아 이만큼 길러주셨으니 부모님 탓을 할 수 없는 처지였다. 부모님의 애정과 기대를 동력 삼아 나는 이것저것 안 해 본 일이 없을 만큼 열심히 일했다. 일하면서도 배움에 대한 끈을 놓을 수 없었다. 어린 시절부터 아버지의 가르침을 받아온 영향이 컸다. 나는 배우고자 하는 열망으로 불타올랐다.

나는 내 인생에서 가장 큰 빚을 부모님께 지고 있었다. 아마도 세상의 모든 자식들이 마찬가지일 것이다. 사실 나는 아버지를 위해서라도 좀 더 열심히 살아서 이 세상에 전설을 남기겠다는 마음으로, 더 노력하고 더 많은 사람들에게 선한 영향력을 미치는 사람이 되겠다고 매일 다짐하곤 한다.

희망이라는 1%의 가능성, 이 세상 최고의 브랜드 가치

워렌 베니스(Warren Bennis)는 "모범적인 리더십이란 사람들이 따르도록 고무하고 지적 자산을 고양시키며 경쟁력을 증대시킬 수 있는 사회구조나 조직상의 설계를 창출하는 개척자적인 능력"이라고 말했으며, 또 미국의 흑인 교육학자 베니 굿윈(Bennie, E. Goodwin)은 "소질이 있는 지도자들은 탄생하는 것이고 효율적인 지도자들은 만들어지는 것이다."라고 했다. 따라서 창조적 리더가 되기 위해 노력하는 것은 결과적으로 지금의 나의 모습을 변화시키는 역량이 된다.

창조사회의 가치는 상상력, 디자인, 스토리텔링, 마음을 움직일 수 있는 소통 능력 그리고 원대한 비전으로 넘치는 끼, 반짝 떠오른 창의적 아이디어 하나만으로, 성공에 이를 수 있다는 것에 있다. 그럼에도 불구하고 '그 성공비결은 다양한 요소 중 그저 한 가지에 불과하다'는 사실도 알 수 있다.

또한 나를 어떻게 메이저 브랜드로 키워 가느냐는 전적으로 개인의 의지와 노력에 달려 있음을 알아야 한다. 한편 리더의 패러다임이 새롭게 전환되고 있다. 먼저, 성공을 위해서는 내 편이 많아야 한다. 전체 이해 관계자들에게 믿음, 역량, 네트워크, 관계권력, 공유소유물 등을 베풀어야 추종자들이 나를 좋아하게 되는 것이다.

이제는 나를 좋아하는 사람, 싫어하는 사람을 구분하지 말고 소수 그룹 중심에 먼저 손을 내밀어야 한다. 또 나만의 가치가 올라가려면 많은 사람들이 자기를 지지해야만 한다. 그러므로 사회를 유지, 발전시키는 기본적인 요소임과 동시에 사회를 조정하고 통치하는 수단으로 작용하는 큰 에너지는 바로 미래사회의 영향력이다. 그래서 영향력은 한 개인 뿐만 아니라 한 사회, 한 국가의 생존과 발전에 필수 불가결한 가장 위대한 요소이다.

예컨대 리더의 힘은 경청에서 나온다. 경청을 잘하는 사람, 그 사람이 진정한 창조적 리더이다. 이제 더 이상 경청할 여력이 없는 리더는 절대로 성공할 수 없다. 구성원들이 신바람이 나서 신명 나게 일하는 모습을 보고 싶은가? 그렇다면 창조적 리더는 구성원들의 말을 하나하나 귀담아 들어야 한다. 귀로 듣는 것이 첫 번째이다. 뛰어난 위인들은 상대방의 말을 듣는 데 전념하지만 소인은 말하는 데 전념하는 법이다. 경청할 여력이 없다면 절대 소통하지 마라.

그렇다면 어떻게 들어야 할까? 어떻게 듣는 것이 제대로 듣는 것일까? 상대방의 생각과 마음을 읽고, 상대방을 존중하고, 공감하며 적극적으로 이해하고 듣는 것, 그것이 진정한 경청일 것이다. 경청은 귀로만 듣는 것이 아니다. 경청은 귀로, 눈으로, 머리로, 가슴으로, 입으로 그리고 몸으로 듣는 능력이며 특히 사람의 욕구를 듣는 능력이라고 할 수 있을 것이다.

사람은 유유상종(類類相從)이라 했으니 좋은 사람을 만나고 싶으면 나부터 먼저 좋은 경청자가 되어야 한다. 특히 훌륭한 지도자는 훌륭한 경청자이며 적을 만들지 않고 경청을 통해 위기를 기회로 만든다. 작은 경청이 성공을 가져오고 또 성공을 무너뜨린다. 조직이 무너지는 것은 3%의 반대자 때문이라는 말이 있다. 고로 훌륭한 경청으로 한 명의 적조차 만들지 말아야 한다.

따라서 경청은 소통의 한 형태라고 할 수 있다. 소통은 사람의 가장 기본적인 활동을 가능케 하는 생존 도구이다. 한 개인에게 소통은 자신을 발견하고 타인과 관계형성을 맺게 해줌으로서 감동을 주는 능력임과 동시에 미래형인재를 만들어 낸다.

특히 미래형 인재는 저변에 깔린 메시지를 감지하여 말하지 않은 내용까지 직감으로 느끼는 사람이다. 상대방의 말과 행동에 선택적으로 주목함으로써 주변 지인들에게 경청의 공감 훈련을 통해 영향력을 이끄는 품위 있는 리더가 된다. 리더는 어떤 역경에도 굴하지 않고 희망이라는 1%의 가능성으로 이 세상 최고의 브랜드 가치를 지닌다.

한편 이창호스피치가 말하는 경청은 지혜문학에서는 "듣기는 속히 하고 말하기는 더디 하며 성내기도 더디 하라."고 하면서 또 "듣지 않고 말하는 자는 미련하여 욕을 당한다."라고 한다. 경청은 실제훈련을 통해서 상대방의 말을 통하여 그의 감정을 듣는 것이며 또 내용뿐만 아니라 몸짓, 표정, 음성의 섬세한 변화까지 알아차리는 것이다.

국민의 눈높이에 맞춰라

무자년 2월 설날, 아이들에게는 세뱃돈을 주며 덕담을 나누고 한해의 운수대통을 축원해주는 음력 정월 초하룻날이 밝았다. 언제나 그렇듯 새해의 1월은 정신없이, 그리고 순식간에 지나갔다. 대한민국에 있어 2008년 2월은 의미 있는 달이다. 작금에 경제 침체로 희망을 잃은 국민들에게 경제를 살리겠다고 굳게 약속한 이명박 당선인의 대통령 취임식이 있는 달이기도 하다.

지도자의 말 한 마디가 국민의 비전이 되기도 하고, 국민들의 행동 규범이 되기도 하는 만큼 지도자는 자신의 생각을 가장 효과적으로 표현하고, 이를 국민들에게 충분히 이해시킬 수 있는 능력을 필요로 한다. 지도자의 말 한 마디가 국민을 살리는 밑바탕이 되기도 하지만 국민을 실패로 이끄는 빌미가 되기도 한다.

특히, 이명박 정부는 '함께 가요! 국민 성공시대!'라는 슬로건을 내세우며 다양한 정책 활동에 박차를 가하고 있다. 경제, 인사개편, 교육 등에서 이미 대통령 인수위의 활발한 활동들이 이루어지고 있다. 최근 인터넷의 한 포털사이트의 조사에 따르면, 대통령직 인수위의 활동에 대한 긍정적 평가가 63.9%로 나타났다고 한다.

긍정적 평가 중에서 12.6%는 '매우 잘하고 있다'고 나타났으며, 51.3%가 '대체로 잘하고 있다'고 나타났다. 반면, 부정적 평가는 15.5%로 나타났는데, 부정적 평가 가운데서도 '대체로 못하고 있다'가 13.6%, '매우 잘 못하고 있다'가 1.9%로 나타났다. 다른 사이트나 여론 조사 기관의 결과도 작은 차이가 있기는 했지만, 거의 대부분의 조사에서 인수위의 활동에 대한 긍정적 평가가 60%를 넘기고 있었다.

하지만 시작부터 말들도 참 많았다. 특히 교육에 있어 '영어 공교육화'는 전 국민의 핫 이슈가 되어, 학부모와 교육자들 사이에서 찬반 의견들이 끊임없이 제기되고 있었다. 대선 때부터 이명박 당선인의 안티는 끝이 없었다. 인터넷의 수많은 비난과 댓글들은 특히 판단의 기준이 흐린 국민들에게는 심한 혼란을 가져다주기도 한다.

그리고 그 여파는 대통령 취임식을 얼마 안 남긴 기간까지 이어지고 있었다. 이명박 안티라는 모임과 단체들이 곧 대통령이 될 이를 공격하고 있었다. 하지만 주사위는 이미 던져졌고, 많은 국민들이 마음을 모았다. 비난보다는 따뜻한 지지와 응원, 그리고 격려가 필요한 시점인 것이다.

이명박 한나라당 후보는 우리 손으로 뽑은 국민의 대통령이다. 50%에 육박하는 개표 결과는 우리 국민들의 믿음을 대신 말해주었다. 다시 말해 이명박 당선인이 국민의 염원인 경제 문제를 해결해주리라 굳게 믿었던 것이다. 그 때 우리는 그를 믿고 묵묵히 따르며, 그의 활동에 힘을 주어야 한다. 여·야의 견제, 그리고 갈등은 전 세계적으로 존재하며, 독재를 막기 위한 필수 사항이다.

우리의 현실도 마찬가지다. 대통령 인수위의 일거수일투족에 야당의 견제는 날로 심해지고 있다. 하지만 중요한 것은 국민의 태도이다. 새 정부의 활동에 지지한다면, 우리가 뽑은 대통령이 힘을 낼 수 있도록 적극적인 지지를 보내야 할 것이다. 반면 의문이 가는 정책에 있어서는 비판적으로 사고하고, 판단하며, 때로는 조언을 아끼지 말아야 할 것이다. 이명박 당선인은 어떨까? 대통령 취임식을 앞두고, 기대에 들뜬 마음보다는 경제를 살리겠다고 서민들과 굳게 한 약속을 지키기 위해 고심 중일 것이다. 우리가 힘이 되어야 한다.

한편 대통령직 인수위도 그런 국민들의 마음을 헤아리고, 국민의 편에서 국민들의 말에 귀 기울여야 할 것이다. '함께 가요! 국민 성공시대!' 라는 슬로건은 내세웠지만, 이를 실현시키기 위해서는 기필코 '국민의 눈높이에 맞는 정책'이 밑거름이 되어야 할 것이다.

인수위가 '우리의 정책은 훌륭하며, 이는 반드시 커다란 변화를 가져올 것이다!'라는 다짐과 생각을 가질지도 모른다. 하지만 판단과 평가는 철저히 국민의 몫이다. 국민의 입장에서 한 번 더 심사숙고해서 정책들을 펼쳐 나가야 할 것이다. 국민을 위한 정치는 오로지 국민만이 느낄 수 있는 고유한 영역이다.

지도자가 되면 쉽게 범하는 과오 중 하나가 더 이상 남의 말을 잘 듣지 않게 된다는 것이다. 그래서 사람은 지위가 높아질수록 듣는 귀도 함께 작아진다고 한다. 5년 만에 모든 것을 바꿀 수는 없을 것이다. 하지만 변별력 있는 검토와 신중한 태도는 분명 우리의 미래를 바꿀 것이다. 국민의 적극적인 참여, 그리고 이명박 정부의 오로지 국민을 위하는 자세가 균형을 이룰 때, 그 시너지의 효과는 극대화될 것이며, 태양은 언제나 태양을 향해 걷는 자 앞에서만 나타나게 될 것이다.

"공갈 협박형 스피커는 우선 논리적으로 말하는 것부터 배워라!"

'만약에 그대가 절망에 빠져있거든 이런 사람을 생각해 보십시오. 학력은 초등학교를 중퇴하고 시골에서 구멍가게를 열었지만 그것마저 파산하고 말았습니다. 남으로부터 밀린 돈을 갚는데 15년이 걸렸습니다. 결혼을 했지만 악처를 만나 가정생활이 행복하지 못했습니다. 상원의원에 입후보하였지만 두 번이나 낙선, 하원의원에도 두 번씩이나 떨어졌습니다. 대통령이 되어서 역사에 남는 연설을 했지만 그 당시의 청중은 별로 관심을 보이지 않았습니다. 신문으로부터는 연일 비난을 받았고, 남북전쟁을 일으켜 나라의 절반은 그를 죽도록 싫어했습니다. 남북전쟁이 끝난 이틀 후 평화로운 세상을 보지도 못하고 극장에서 연극관람 중 피격되어 사망하였습니다. 이 사람은 바로 미국의 16대 대통령 링컨입니다.'

인생이란 너무나 고달프고 힘든 것이다. 하지만 모든 것을 포기하려 해도 딱 한 사람, 나를 의지하고 지지해주는 그 사람을 위하여 희망찬 내일을 꿈꾸곤 한다. 몸을 추슬러 일어나게 해주는 원동력, 그것은 바로 나를 응원해주는 사람들의 긍정적인 언어이다.

경영학에 획을 그은 피터 드러커는 지식 경영이라는 주제를 다루면서 미래사회에 필요한 사람이 되어야 한다고 주장했다. 그와 관련해 그는, "인간에게 있어서 가장 중요한 능력은 자기 표현이며, 현대의 경영이나 관리는 커뮤니케이션에 의해 좌우된다."라는 말을 남기기도 했다. 우리는 일상생활에서 일어나는 여러 가지 문제와 상황들을 말로써 슬기롭게 해결할 수 있다. 언어는 의사소통의 도구이며, 상대방을 이해하고 이해시키는 수단이 되기 때문이다. '아'다르고 '어'다르다는 말이 있듯이 똑같은 문제 상황이라도 어떻게 말을 하느냐에 따라 문제가 해결되기도 하고 분쟁이 일어나기도 한다.

이 세상을 살아가는 사람들의 생각은 제각기 다르다. 서로 다른 생각을 가진 사람들이지만 그 생각과 의견이 조화되어 왔기 때문에 사회라는 공동체가 유지되고 있는 것이다. 그러나 상황에 따라서는 자신의 의견과 차이가 있어 논쟁을 펼쳐야 하는 경우도 있다. 이런 경우에는, 상대방의 주장에 대한 논리적인 문제점이나 논거의 문제점을 정확하게 지적해야 한다. 그리고 정당하고 타당한 근거를 제시하며 자기의 견해를 밝혀 상대방의 주장을 논리적으로 반박해야 한다. 이러한 능력은 평소의 언어생활에서 자연스럽게 얻어지기보다는 꾸준한 논리적 사고를 하는 훈련을 통해서 얻어지는 것이므로, 타당한 이유와 근거를 들어 자기 생각을 말하는 습관을 길러야 한다.

이처럼 말을 잘하기 위해서는 말하는 이의 느낌을 조리 있게 표현할 수 있어야 한다. 우리가 흔히 접해온 3단계 법을 활용할 필요가 있다. 3단계 법이란 보통 '문제의 제시 – 본론의 전개 – 결말'로 이루어지는데, 이야기의 내용을 요점 열거 식으로 정리하는 것이다. 이것을 다른 말로 '개요 작성법'이라고 한다. 말하고자 하는 요점을 항목별로 정리한 뒤 머릿속에 스토리를 넣고 연결시키면 되는 것이다.

특히 서론이 중요하다. 본론은 서론에서 시작된다고 해도 과언이 아니다. 따라서 서론 부분에서는 본론에서 다루어질 문제의 성질과 범위를 한정한다든지, 적용될 이론이나, 배경 등이 제시된다. 서론을 통해 청중의 마음을 사로잡고 유명한 사람의 일화나 본문의 내용을 함축할 수 있는 명언을 통해서 말을 시작하는 것이 좋다. 서론에서 듣는 이를 성공적으로 이끌었다면 다음은 화자가 말하고자 하는 본론으로 스피치를 전개시켜야 한다. 본론은 서론에서 제기한 문제를 본격적으로 발전, 심화시켜 일정한 결론을 도출하는 과정에 관한 진술을 말하는 것으로, 대화의 정수라고 할 수 있다.

결론은 본론에서 전개한 논의의 결과를 요약하여 정리하는 부분이다. 논리적으로 필연적인 과정을 거쳐 도출된 결론이라면, 결론 자체가 매우 중요한 의미를 갖게 된다. 일반적으로는 본론에서 이미 제시해 놓은 주장들을 종합하여 결론을 삼는다. 어느 경우에나 결론은 가장 중요한 사실이나 결과를 제시해야 한다. 또한 결론은 이야기를 듣는 이에게 설복, 감동, 감명 및 여운을 남기도록 총괄 요약해서 결말을 지어주어야 한다.

서론, 본론, 결론을 아무리 잘 만들었다 하더라도, 일관된 흐름을 가지지 못하면 안 된다. 아무리 달변이라 해도 요점이 명확하지 않고, 장황하게 늘어놓기만 한다면 상대를 설득하기 어렵다. 먼저 스피치의 목표를 명확히 설정하고, 전달하고자 하는 핵심적인 사항을 일관된 논리 하에 간결하고, 명확하게 전달해야 할 것이다.

끝으로 공갈협박형 스피커라는 부류의 사람들을 소개하고자 한다. 이들은 청중에게 아주 큰 목소리로 거칠게, 위협적으로, 꼭 한 대 칠 것 같은 분위기로 말하는 부류이다. 성격이 과격한 사람 중에 이런 사람이 많다. "닥쳐! 시끄러!", "알긴 뭘 알아?"라고 하면서 상대에게 겁을 줘서 감히 말도 못 꺼내게 만든다. 그런 사람들은 상대의 말을 듣지도 않고 무조건 피하는 게 상책이라는 생각을 하게 만든다. 공갈협박형은 급한 마음을 버리고 상대방이 편할 수 있도록 분위기를 편하게 해야 함은 물론 말도 줄여야 할 것이다.

권위형 리더는 창의력을 발휘할 수 없다

　고려 관리였던 서희가 고려를 침략한 거란족의 장수 소손녕에게 "우리의 국호는 고려이고, 이는 과거 고구려와 같은 말이다. 또한 같은 말을 사용하는 사람인데 어찌 그대들이 고구려의 후손이라 하는가. 우리가 고구려의 후손이므로 거란이 영유하고 있는 고구려의 영토를 우리에게 반환하는 것이 마땅하다."라고 말하며 전쟁을 치르지 않고 거란족을 물러가게 한 일은 탁월한 리더십을 단적으로 보여주는 일화라고 할 수 있다.

　리더십은 원래 조직 구성원의 의견, 태도, 행동에 대해 효과적인 영향을 주는 능력이다. 따라서 조직 구성원으로 하여금 어떤 목적에 자발적으로 협조하게 하는 일종의 영향력이라고 볼 수도 있다. 리더십의 개념은 지도자의 지도력이라는 권력 이론적 정의로 규정하는 것보다는 포괄적인 수용과 신뢰의 개념으로 정의하는 것이 좋을 것이다.

　리더십은 지도자의 목표나 조직의 목표를 달성하려는 목적 지향적 성격을 띠고 있기 때문에 그 결과는 지도자와 부하 상호간의 영향력 행사 과정과 관련된다. 이 영향력 행사 과정에 따라 부하의 행동은 물론 의도한 성과의 달성 여부가 결정된다. 그러므로 영향력 행사 과정의 형태와 이에 작용하는 요소들은 리더십 결과와 밀접한 관계를 갖고 있다고 할 수 있으며 리더들은 이를 반드시 염두에 두어야 한다.

　개인적 자질이나 의지보다는 직면하는 상황 조건에 의해서 리더십이 결정된다는 주장은 오늘날 일반적인 정설로 인정받고 있다. 그러나 리더십을 결정하는 요인이 반드시 상황일 수만은 없고, 다양한 요인들이 부가되어 적합한 리더십을 결정 한다. 그러므로 리더십은 조직의 성격, 과업 구조의 명확성 정도, 추종자의 능력, 과학과 기술의 발달, 상황 조건, 사회 문화 등에 의해 결정된다고 정리해볼 수 있다.

특히 권위형 지도자는 온정주의적 태도와 보스(Boss)기질을 가지고 있으며, 그 부하는 지도자에게 심히 의존하는 경향을 보이게 된다. 이 유형 지도자는 엄격한 감독과 통제 수단만으로 의도하는 목적을 실현할 수 있다는 조직 관리 방법에 의존한다. 그리하여 칭찬(당근)과 꾸중(채찍)의 양면성을 동시에 사용한다. 특히 경제적 동물로서의 추종자들은 물질적 유인만 풍부하게 제공되면 조직에 쉽게 협력한다.

그래서 그들의 욕구도 원초적인 경제적 만족이나 생리적 욕구의 해소로 완전히 관리할 수 있다. 권위형 지도자는 권한과 책임을 부하들에게 배분하지 않고 모든 것을 자기가 직접 관리하면서 거대한 지배자로서 군림하고자 하는 경향이 많다. 또한 조직 구조는 강력한 중앙집권화와 중앙정부의 강화된 지방 통제로 엄격한 계층 구조를 만들어 내려고 한다.

이런 성격 때문에 권위형 리더십은 많은 비난을 받게 된다. 또한 그런 리더십을 통해서 창의력을 발휘할 수도 없다. 특히 정치적 수준이 낮고 권위적 행정 문화가 지배하는 사회에서는 이러한 유형의 리더십이 두드러지게 나타난다. 그 이유는 조직 환경이 매우 급변하여 쉽게 환경에 적응하기 어려운 위기적 상황에 많이 놓이기 때문이다. 그런 상황에서는 자연히 권위적 지도자가 나타나 조직의 안전한 관리를 확보하게 되고 다수의 피지배층은 아무런 저항 없이 따라가게 되는 것이다.

명령과 리더십의 차이를 살펴보도록 하겠다. 셀쯔닉(Philip Selznick)은 명령과 리더십을 다음과 같이 구별하고 있다. "명령은 행정가가 조직 내에서 어떤 기획이나 정책을 수행하고 그 집행을 보장케 하는 모든 공식적 계선 행정 기관에 필수적인 조건인데 반해, 리더십은 조직의 내외적인 동적 상황을 계속적으로 평가하는 창조적인 기능이며, 또한 명령은 주로 조직의 고위층에서 행사되지만 리더십은 조직의 어떤 수준에서도 발휘된다는 점에서 다르다."고 말하고 있다. 명령은 공식적 계층 내의 직위에 의해 행사되는 규칙적이고 계속적인 통제 과정이다. 하지만 리더십은 본질적으로 수평적이고, 아래로부터 발생할 가능성을 가지고 있다. 다시 말해 리더십은 민주적 가치와 관련된 것으로 볼 수 있다는 것이다.

글로벌 리더는 신뢰가 생명이다!

작금의 우리 국민들은 신뢰 지수가 추락했다고 아우성치고 있다. 특히, 일련의 핵폭탄보다 강한 이미지 사건인 비비케이, 삼성 비자금 등 정치에 대한 불신은 70%에 육박한다고 한다. 이는 길거리의 낯선 사람에 대한 믿음보다도 못하는 신뢰 수준이다. 시시각각으로 들어오는 핸드폰 스팸 문자, 뜻하지 않게 걸려오는 '사기성 전화벨'에 놀라고, 검증 없이 토해놓고 보는 '투자 사기정보들'이 난무하는 세상이 바로 우리가 살고 있는 현대 세상이다. 계약은 쉬워도 해지가 어려운 난해한 계약서들 때문에 분통을 터트리고, 또한 대박을 노리는 한탕주의가 만연된 사회 분위기가 술렁이고 있다. 이로 인해 조국을 떠나 이민을 꿈꾸는 국민들이 많아지고 있으며 유학을 마치고 귀국을 망설이는 인재들이 많은 것도 우리의 현실이다. 신뢰와 정직, 노력보다는 술수와 계략이 통하는 사회. 과연 사랑하는 조국이 신뢰감 없는 사회로 머물 수밖에 없는 '버려진 땅'이 될 것인가, 글로벌 리더를 통해 새로운 도약을 할 것인가를 놓고 있는 것이 우리의 현실이다.

'신뢰(Trust)'라는 것은 개인, 기업, 사회, 국가 할 것 없이 그 자체만으로도 너무나 소중한 가치이다. 하지만 우리 사회에 이런 믿음이 서서히 무너지고, 급기야 '신뢰 위기' 상황으로까지 내려앉고 말았다. 우리 민족의 목소리 구호는 단일민족이니 배달민족이니 하며 끈끈한 애국심과 단결력으로 여기까지 왔다. 필자는 대한민국이 '신뢰의 부재'로 무너질 수는 없다고 본다. 우리가 세계에서 경제 성장의 모범 모델이 될 수 있었던 것은 급하지만 한마음으로 똘똘 뭉쳐서 끌어주고, 밀어주며, 보이지 않는 곳에서 희생했던 국민들이 있었기 때문이다. 리더가 붙잡아 주는 손을 불신하고, 밀어주는 조력자도 믿지 못한다면, 우리들이 살고 있는 이 사회는 희망이 없다고 본다.

특히 글로벌 리더가 갖추어야 할 리더십은 신뢰의 리더십이며, 다양한 능력과 자질을 갖춘 인물을 등용할 수 있는 인재 채용 능력, 완벽하게 교육하고 적극적으로 원한을 줄 수 있는 위임 능력 역시 필요하다. 똑똑한 국민들이 존재하고 있고, 능력 있는 기업들이 있으며, 작금의 깨끗한 리더들이 한 곳에 모인다면 한반도호는 새로운 선장과 함께 또 한 번의 '세계가 놀라는 나라'로 성장할 수 있을 것이다.

글로벌 시대에는 무엇보다도 신뢰가 있는 리더를 소망하고 있다. 리더에게 신뢰도는 국가의 흥망성쇠(興亡盛衰)를 좌우할 만큼 중요한 부분이다. 리더는 정확하게 오차 없이 국민의 마음을 예측해야 한다. 그리고 그 능력이 새로운 국가로 도약할 수 있는 발판이 될 것이다.

필자는 사람만이 가지고 있는 내부의 의(義) 메커니즘을 강조하고 싶다. 사람이 포함한 모든 생명체는 조물주(GOD)가 부여한 각양각색 종류의 자동 유도 시스템 혹은 목표 달성 장치를 가지고 있다. 따라서 모든 생물들은 자신에게 선천적으로 부여된 이것들을 이용해서 원하는 목적을 달성할 수 있는 것이다. 바로 이 측면에서 사람과 동물이 구별되는 차이가 있다.

사람은 일관성을 유지하려는 습성을 가지고 있다. 예를 들어, 한 유명 음식점에서 예약을 해 두고는 나타나지 않는 경우가 30%에 달했지만, 담당자들이 '예약을 취소하실 때는 전화를 주실 거죠?'라는 멘트를 한 이후에는 10%로 줄어들었다고 한다. 예약한 사람들이 일관성을 지키기 위해 취소할 일이 생기면 예약 취소 전화를 걸어주었기 때문이다. 또한 좋아하는 사람의 부탁은 거절하기가 쉽지 않다. 호감을 줄 수 있는 외모, 옷차림, 행동 등이 상대에게 중요하다는 점을 강조하고 있다. 보다 신뢰성을 주기 위해서는 누가 봐도 신뢰감을 느끼는 복장과 말투 등이 필요하다.

필립 체스터는 상대에게 신뢰받는 다양한 방법을 이렇게 설명하고 있다.

먼저 대화할 때 혼자만 이야기하지 말라. 대화라는 것은 혼자서 독점하는 것이 아니며, 자신의 말은 최소한도로 하며 상대방의 말에 귀를 기울여라. 그리고 상대방에 맞는 화제를 선택하며, 상대방이 좋아할 것 같고 도움이 될 만한 화제를 대화 내용으로 삼아라. 이어서 자기 말만 앞세우지 말라. 남의 말을 가로채거나 자기 자랑만 하면 상대방에게 불쾌감을 안겨 줄 수 있다. 자기 자랑으로 높은 평가를 받는 사람은 없다. 자신은 누구의 후손이며 또 누구와 친하던가, 혼자서 양주 몇 병을 마셨다느니 하는 자랑은 자신의 인격을 드러내 보이는 것이다. 아울러 가만히 있어도 장점은 빛난다. 자기소개 등 꼭 자신에 대한 말을 하지 않으면 안 될 경우에는 상대가 오해할 만한 말을 일체 삼간다. 인재는 주머니 속에 있어도 송곳처럼 뚫는 법이다.

나훈아의 슈퍼스타 리더십은 성공했다!

국민가수 나훈아(본명 최홍기)가 기자회견을 통해 오랜만에 모습을 드러냈다. 지난 1월 25일 오전 11시 서울 홍은동 그랜드힐튼호텔에서 기자회견을 가진 나훈아는 700여 명의 취재진 앞에서 약 한 시간 동안 최근 세간에 불거진 괴소문에 대한 자신의 심경을 고백했다.

국민가수 나훈아는 기자들이 마음대로 만든 괴소문은 3류 영화에 나올 법한 내용이라고 강하게 비판하였다. 사실 상 괴소문은 섹스·미스터리·신체 훼손·폭력·복수 등 흥행 요소를 다양하게 갖춘 흥미진진한 내용들이었다. 기자들이 자기를 마음대로 죽였다며 강한 분노를 터뜨리기도 했다.

나훈아는 기자회견을 통해 충분히 슈퍼스타 리더십을 활용하였다.

슈퍼스타 리더십은 추종자들이 스스로 자신들의 능력을 발견하고 이용하여 극대화할 수 있도록 도와주는 리더십이다.

이러한 유형의 리더십은 자율관리문화에서 이루어진다. 즉 외부에서의 통제가 아니라, 추종자들이 자율적으로 내부에서 통제할 수 있도록 자율관리화를 촉진해 주는 조직문화가 필요하기 때문이다. 이러한 자율문화를 촉진하기 위한 방법에는 다음과 같은 것들이 필요하다.

첫째로는 정보를 공유해야 하며, 둘째로는 리더가 추종자의 자율관리 훈련이 필요하다. 그리고 셋째로는 자율관리의 이용을 강화할 수 있는 목표, 보상, 모델이 있어야 한다.

그는 기자회견 시작 후 최초 10분 동안, 언론을 상대로 기선을 제압했다. 강연, 공연 드라마 모두 처음 10분이 가장 중요하다. 10분 안에 시선을 사로잡고 기선을 제압하지 못하면 그 강연과 작품은 관객들의 시선을 계속해서 잡아두기 힘들다. 나훈아는 등장하자마자 어느 때보다 비장하고 상기된 표정으로 "대한민국 언론은 대우하는 정서가 없다."등 자극적인 발언들을 쏟아냈다. 이로 인해 시선 끌기에 성공했으며 그의 거침없는 스피치는 보다 강렬한 인상을 남겼다.

나훈아는 기자회견을 통해 압도적인 카리스마로 대중을 사로잡았다. 독일의 사회학자 베버(Weber)는 1920년대 후반에 카리스마적 리더십에 대한 이론을 세웠고 1947년 그의 저서가 번역된 후 사회학자와 정치학자들의 관심을 받았다. 카리스마적 리더십의 공통적 특성은 비전을 무기로 하여 추종자의 혁신을 추구한다는 점이다. 이날 나훈아가 그러한 리더십을 보여줬던 것이다.

아울러 나훈아가 진정한 국민가수라는 사실도 입증되었다. 나훈아가 회견 중 가장 많이 언급한 말이 바로 '꿈'이다. "연예인은 꿈을 파는 사람이고 꿈을 팔려면 내가 꿈을 갖고 있어야 한다."고 그는 거듭 강조했다. 그는 지난 1년간 고갈된 자신의 꿈을 찾아 헤맸지만, 이제는 자신의 모든 꿈을 잃어버렸다고 했다.

한편 전문가들은 '나훈아 괴루머'로 인해 온 사회를 떠들썩하게 만든 언론은 우리 사회의 후진국스러운 한 단면이라고 지적했다. 한양대 신문방송학과 안동근 교수는 "이번 사건은 연예저널리즘과 네티즌들이 만들어낸 집단 관음증(觀淫症)의 단면"이라며, "걸러지지 않은 블로그의 글과 그 댓글로 얼룩진 인터넷이 이런 루머를 확산시키고 증폭시켰다"고 말했다.

나훈아가 기자회견을 통해 강력하게 주장한대로 그를 둘러싼 진실 여부는 좀 더 치열한 취재를 통해 진실에 접근할 수 있을 것이다. 그동안 나훈아의 구성진 노래 속에서 삶의 추억을 선물 받은 우리라면, 이번엔 우리가 그의 잃어버린 꿈을 되찾도록 도와줘야 하지 않을까하는 생각이 든다. 나훈아의 이번 기자회견은 언론에 대한 강한 반박이요, 자신의 후배들을 위한 경고의 메시지가 아닐까.

대선리더들이여 칭찬의 스피커가 되자!

"아무도 그대의 면전에서 허물없이 그대를 칭찬하게 버려두지 말라. 이렇게 함으로 그대의 허영심은 먹이를 찾게 되는 것이다. 이유 없는 칭찬에 경솔해 지지 않고 겸손의 자세를 취한다면, 그대의 존경에 대한 열망은 좀 더 충분한 만족을 얻게 될 것이요, 지금은 한 번의 인사를 받지만, 훗날에는 스무 번의 정중한 인사를 받게 될 것이다."

리차드 스틸 경의 말이다. 말하는 것을 보면 그 사람의 교양·마음씨·인격을 알 수 있다. 즉, 말과 인격, 말과 교양은 종이의 앞 / 뒷면과 같아서 훌륭한 인격과 교양을 가진 사람은 자연히 예의 바르고 품위 있는 말을 쓰게 되며, 그렇지 못한 사람은 반대로 예의 없고 품위 없는 말을 쓰게 된다. 이슬람 수피파의 잠언에 이런 글이 있다.

"남의 말에 귀를 기울여라, 신중해야 할 지어다. 그러나 말수는 적어야 하느니라. 묻는 사람이 없거든 절대 입을 열지 말라. 물음을 받거든 당장 간단히 대답하라. 행여 물음에 대해 모른다고 해도 그것을 고백하기를 부끄러워하지 말라."

사람이 인사로써 서로에 대해 자신의 존재를 알리는 것이라면, 스피치는 보다 실질적이면서 구체적으로 자신을 드러내는 것이다. 그런 의미에서 볼 때, 대화는 의사소통을 함으로써 친밀성을 갖게 해주는 매개체인 것이다.

말 한 마디 잘못해서 일이 어긋나거나 관계마저 멀어지는 경우도 있지만, 말 한 마디로 천 냥 빚도 한순간에 갚아버릴 수 있는 것이다. 그렇다면 어떻게 스피치 하는 것이 효과적일까? 스피치에도 전략이 필요하다.

먼저 첫마디 말을 준비해라는 것이다. 스피치에도 준비가 필요하다. 첫 만남을 앞둔 시점이라면 어떤 말로 이야기를 풀어갈지 미리 생각해 두는 것이 좋다. 재치 있는 말이 떠오르지 않을 때는 신문 또는 잡지를 참고하거나, 그날의 스피치 주제와 관련된 옛 경험을 떠올려 보는 것도 한 방법이다. 사업상의 만남일 경우, 상대방이 미처 생각하지 못하고 있을 법한 분야에 대한 지식을 한두 가지라도 쌓아두면 큰 도움이 된다.

두 번째는 이성과 감성의 조화를 꾀하라는 것이다. 논리적 언변은 스피치를 이끌어가는 데 큰 힘이 된다. 그러나 이견이 있거나 논쟁이 붙었을 때 무조건 앞 뒷말의 '논리적 개연성'만 따지고 드는 자세는 바람직하지 않다. 그러한 자세는 사태 해결에도 도움이 되지 않는다. 설사 논쟁에서 승리한다 해도 두 사람의 관계를 예전으로 돌려놓는 것은 거의 불가능해진다. 학문적·사업적 토론에는 진지하게 임하되 인신공격성 발언은 피하도록 한다. 또한 제압을 위한 논리를 앞세우지 말고, 합의를 위한 논리를 지향해야 한다. 논쟁이 일단락된 다음에는 반드시 서로의 감정을 다독이는 과정을 밟도록 한다. 논쟁 자체가 큰 의미가 없는 것일 땐 감정에 호소하는 말로 사태를 수습하는 것도 나쁘지 않은 방법이다.

다음으로는 스피치의 룰을 지키라는 것이다.

좋은 스피치에는 일정한 규칙이 있다. 예를 들면, 상대방의 말을 가로막지 않는 것, 혼자서 스피치를 독점하지 않는 것 등이 이에 속한다.

그리고 의견을 제시할 때 상대방에게 반론 기회를 주며, 임의로 화제를 바꾸지 않는다. 이는 익히 알고 있는 것들이지만 지키기는 쉽지 않다. 말을 주고받는 순서, 그리고 자기가 하려는 말의 분량을 늘 염두에 두고 있으면 실수를 줄일 수 있다. 항상 서로를 위해 배려의 노력을 한다면 변화가 보이기 시작할 것이다

이창호스피치가 주장하는 스피커(speaker)의 네 가지 원칙이 여기에 있다.

첫째 원칙 : 성실해야 한다.

사람과 사람을 보다 가까운 관계로 만들려면, 그 목적을 이루기 위해 필요한 단계를 성실하게 밟아 나가야 한다. 뿌리 깊은 습관을 변화시키는 데는 지속적인 노력이 필요하다. 성실성은 우리에게 통찰력을 갖게 해주고, 그 통찰력은 소시민으로 하여금 사랑과 염려를 느낄 수 있게 해준다. 또한 제대로 일이 풀려나가지 않을 때도 성실함으로 꾸준히 밀고나갈 수 있게 된다. 우리가 의사소통을 위해 꾸준히 노력하며 자신들을 배려하는 모습을 성실하게 보이면, 소시민도 리더가 최선을 다해 말하고 듣고 있음을 알아차린다. 혹시 소시민이 리더의 뜻을 알아차리지 못한다고 할지라도, 이런 성실성이 몸에 배어 있으면 포기하지 않고 다시 시도하게 되기 때문에 결국은 성공하게 된다.

둘째 원칙 : 공감대를 형성해야 한다.

소시민의 감정과 정서에 파장을 맞추기 위해서는 그들과 공감대를 형성할 수 있는 능력이 있어야 한다.

소시민들은 리더가 자신들의 말을 이해하지 못하거나 신경 쓰지 않는다고 느끼게 되면, 그때부터 리더의 말을 듣지 않는다. 하지만 리더가 자신들의 감정을 이해하려고 최선을 다한다는 걸 알면, 스피커 기법이 썩 마음에 들지 않는다 하더라도 리더의 말을 귀담아 들으려는 모습을 보인다.

우리가 공감대를 형성하게 되면, 집이나 사회일원에서 일어난 일을 자신의 시각이 아닌 소시민의 시각에서 보고 파악하려고 노력하게 된다. 그 결과 자신이 지닌 문제점이 무엇인지를 분명하게 알게 되므로, 자연스럽게 문제 해결을 위한 노력을 기울이게 된다.

셋째 원칙 : 단호해야 한다.

상대를 지나치게 배려하는 행위가 도리어 줏대 없는 유약한 태도처럼 비칠 수 있으므로 주의해야 한다. 상대를 진정으로 배려한다면 오히려 단호한 태도를 유지할 수 있다. 단호하면 쉽게 포기하거나 감정적 절망에 빠지지 않는다. 또한 소시민에게도 후회할 말을 하지 않게 된다. 단호함은 관계를 더욱더 튼튼히 하기 위해 눈앞에 놓인 장애를 넘어 올바른 길로 가겠다는 각오이므로, 상황에 따라 흔들리는 일 없이 일관된 태도를 유지하는 것이 중요하다.

넷째 원칙 : 의사소통의 목표를 정해야 한다.

목표를 정하면 마음과 머리를 중요한 것 하나로 집중할 수 있고, 변화의 방향을 분명하게 잡고 나아가는 데 도움이 된다. 소시민을 격려하는 것이 목표라면, 소시민의 목소리를 높여서라도 그 목표를 되새겨서 더 긍정적으로 대응할 수 있다. 또한 자신이 실천한 내용을 기록해 두면, 목표에 얼마나 근접했는지를 쉽게 파악해 볼 수 있다. 예를 들어, 어느 기간 동안 소시민에게 한 칭찬과 목소리의 비율을 산출해 보는 것도 한 방법이다. 의사소통의 목표를 정하면, 어떤 것을 고치고 어떻게 실천할지가 명확해진다. 고칠 점들을 명심하고, 목표에 주의를 집중시키면 분명히 효과를 거두게 될 것이다.

대선리더들에게 칭찬을 아끼지 말라고 당부하고 싶다. 소시민은 자신을 칭찬하는 사람을 칭찬하고 싶어 한다. 그러므로 남을 칭찬하는 것은 곧 나를 칭찬하는 일이다. 누구라도 한두 가지 장점을 갖고 있게 마련이다. 그것을 발견하여 진심 어린 말로 용기를 북돋워준다. 간혹 보면 거짓 찬사를 늘어놓는 사람이 있는데, 그럴 경우 오히려 사이를 더 뒤틀리게 할 수도 있으므로 주의해야 한다. 아첨인지 칭찬인지는 듣는 사람이 더 빨리 파악하는 법이다.

대화(對話)에 강한 여성 리더가 성공한다

지난 한 연구원에서 여성의 사회진출이 늘어나면서 기업의 경쟁력이 높아졌다는 설문조사 결과가 나왔다. 특히 '여풍으로 변한 것'을 묻는 질문에 44.9%가 '언어문화'를 꼽았고 다음으로 '복지사항'(36.5%)과 '회식문화'(20.4%) 순이었다. 특히 남녀 사이의 대화로 비난당하면 창피하기도 하고, 화도 나고, 모욕감도 가지게 된 사람들이 많았다. 또한 상사와 부하, 동료 그 어느 사이더라도 남녀는 대화하는 방법이 서로 다름을 깨닫고 조심스럽게 스피치를 해야 한다.

이제까지 직장의 대화 방식이 지나치게 남성 일변도라는 여성들의 비판도 일리가 있다. 대화에 관해 연구한 많은 학자들에 의해 기본적인 규칙이 있다는 것이 이미 밝혀졌다. 대화도 일종의 사회적 약속이기 때문에 어떻게 시작하고, 어떻게 이어가며, 어떻게 끝맺는 가에 관한 일반적인 규칙이 있게 마련이다. 이 규칙을 따르지 않으면 자연스러운 대인관계 유지가 힘들다.

그라이스(Grice)는 대화 참여자들이 협력해야 할 사항으로는 다음 네 가지를 제시하였다.

첫번째로는 거짓(거짓말)을 말하지 말라.

둘째로는 진실 된 이야기를 하라.

셋째로는 성실하게 이야기 하라.

넷째로는 증거 없는 말을 하지 말라.

UCLA의 알버트 메러비언 교수는 대화 할 때, 상대에게 주는 인상의 55%가 몸짓이며, 38%가 이야기 방법에 의존하고, 이야기 내용은 7%의 비중만을 차지한다고 밝혀냈다. 말하는 본인에게는 너무나 중요한 이야기라고 해서 길게 늘어놓는다고 하더라도 아무 소용이 없다는 것이다. 듣는 사람이 짧고 명쾌하게 상황에 대해 그림을 그릴 수 있도록 말을 해야 한다.

또한 평균적으로 사람은 대화할 때 듣는 능력의 4분의 1만을 사용하고, 들은 내용 가운데 10분의 1만이 기억에 남는다고 하는데, 이마저도 들은 지 8시간이 지나면 절반 이상 잊어버린다고 한다. 다시 말해, 특별한 동기가 없으면 결국 95%를 잊어버리게 되는 것이다. 대화에 있어서 남녀 각자가 성차를 인정하고 상대를 배려하려고 하는 사람이 많을수록 그 조직은 행복한 일터가 될 것이다. 동성 사이에도 사람마다 뛰어넘을 수 없는 간격이 있다는 것을 상기해 볼 때, 성별 사이의 작은 차이는 양성의 이해로 충분히 좁힐 수 있다고 필자는 본다.

대화에 있어서 말이 많은 사람이 전문가이고, 말수가 적은 사람이 비전문가는 아니다. 대화의 기술은 두 가지로 요약된다. 무엇보다 대화는 정직하게 하는 것이 생명이다. 진정한 전문가라면 잔머리와 같은 얕은 기술로 승부하기보다는 뜨거운 열정과 가치 있는 마음으로 매사에 최선을 다하는 사람이 아닌가 싶다. 또한 상대방은 나와 같지 않다는 '차이'를 인식하면 된다.

대화 속에서 긍정적인 대처란 상대방의 생각을 이해하고 상대방의 처지에 공감한다는 것이지 이기기 위해 내 주장을 무조건 고집하는 것이 아니다. 때로는 상대방의 요구에 정확하게 거절해야 하는 경우도 있다. 단호하되 자연스럽게 거절하라는 말이 듣기에는 쉽지만 실행하기에는 무척 어렵다. 오늘날 대화는 면밀히 기획되고 구성되어 실시되어야 하는 것이 올바르다. 효과적인 대화는 필요한 이해와 통찰을 위해서 일반적인 지적 능력과 함께 이야기할 주제에 대한 구체적인 준비가 반드시 필요하다.

대화의 행동에 있어서 중요한 법칙이 하나있다. 이 법칙을 충실히 따를 수만 있다면 대부분의 갈등은 피할 수가 있으며 이것을 지킬 수만 있다면 대인관계를 개선해 나가고 삶을 윤택하게 할 수 있다. 이 법칙을 카네기(D. Carnegie)는 "상대방에게 자신의 중요성을 느끼도록 만드는 것"이라고 하였다. 이 욕구는 사람과 동물을 구별 짓는 경계선이며 인류의 문명도 이런 사람의 욕망에 의해 발전되어 왔다.

사람은 누구나 주위 사람들로부터 인정받기를 원한다. 따라서 먼저 상대방에게 칭찬의 기법을 활용한 대화를 펼친다면 상대방은 매우 긍정적으로 받아들이게 될 것이다. 올바른 대화 요령은 상대방에 실례되는 말 속에서 돈, 나이, 사생활에 관한 내용은 가급적 삼가는 것이다. 또한 경고나 위협, 평가, 비판, 우롱하는 대화를 올바른 인간관계를 망치는 지름길임을 명심해야 할 것이다. 부정적인 대화습관을 타파하고, 긍정적인 대화습관을 정립시킴으로써 올바른 대화는 물론 올바른 인간관계까지 가져보는 것은 어떨까?

명품 스피치를 구사하는 슈퍼스타, 나훈아

"좋은 기분은 오래 간직하고, 언짢은 생각은 빨리 잊어버려라!"라는 말이 있다. 하지만 언짢은 생각은 빨리 잊어버리기가 힘든 법이다. 어째서 일까? 그것은 '생각'이 '기분'을 좌우하고 있기 때문이다. 우리가 즐거운 일을 생각하면 기분이 좋아진다. 마찬가지로 언짢은 일을 생각하면 기분도 나빠진다.

작금에 대한민국은 슈퍼스타 나훈아 후폭풍에 휩싸이고 있다. 나훈아 신드롬이 전국을 초강력으로 강타하고 있는 것이다. 아줌마, 아저씨 세대들에게는 친숙한 그 이름 나훈아, 중장년층에 인기가 많은 국민가수였던 나훈아. 돈과 명예, 모든 것을 가졌었지만 이제는 그저 그런 유행 따라 가는 가수로 취급을 받던 나훈아. 그가 이번 기자회견을 통해 그를 둘러싸고 있는 모든 의혹을 풀어내는 과정에서 옛날의 인기를 회복하고 다시 전성기를 맞이하고 있다는 느낌이 든다.

나훈아라는 가수를 전혀 몰랐던 10대 20대의 반응도 폭발적이다. 그에게 전혀 관심이 없던 일반 대다수 국민들마저도 나훈아 신드롬에 동참하고 있다. 그 이유는 무엇일까? 왜 사람들은 잊혀져 가던 가수 나훈아에게 이토록 열광하고 있는 것일까? 그것은 나훈아 신드롬 뒤에 숨겨져 있는 명품 스피치 능력 때문이다. 그는 이번 기자회견을 통해 전화위복이 무엇인지를 확실히 보여주었다.

한국에 전통적 관습에서는 61세 나이면 환갑이다. 이때쯤 되면 어딘지 모르게 할아버지 냄새가 나는데, 나훈아는 나이가 믿기지 않을 만큼의 남성다운 매력, 강한 기운, 초특급 에너지를 발산했다. 어디 그 뿐인가? 거침없이 표현하는 화술(speech)을 통해 우리는 그로부터 자신감, 열정, 당당함, 강력한 카리스마, 프로 정신을 느낄 수 있었다.

또 무대 위에서 보여줬던 탁월한 퍼포먼스, 연륜이 묻어나는 무대 매너, 카리스마 넘치는 표정, 세련되고 전문가적인 복장, 결의에 찬 눈빛, 신념이 묻어나는 확고한 목소리, 절제된 하나하나의 행동과 움직임, 제스처(gesture)를 통해 그는 명품 스피치를 구사했다. 더불어 자신으로 인해 피해를 입은 타인을 배려하는 모습에서 그는 따뜻한 국민가수 나훈아 라는 또 다른 이미지를 국민들에게 심어 주었다.

많은 국민들은 이번 기자회견을 보면서, 그의 탁월한 스피치에 다음과 같은 찬사를 보냈다. "강력한 카리스마가 느껴진다!", "멋지다!", "프로답다!", "전문가처럼 보인다!", "자신감이 느껴진다!", "열정적이다!". 이것이 바로 말의 힘이고, 스피치의 힘이다. 그는 국민이라는 일반 대중을 대상으로 파워 스피치를 구사했고, 그 목적을 달성하였다.

무릇 스피치는 자신의 생각, 아이디어, 경험, 노하우를 대중에게 제대로 전달하여 의사 결정을 할 수 있도록 설득시키기 위한 것이다. 이런 스피치는 자신의 메시지를 다른 사람들이 명확하게 이해할 수 있도록 본인이 소화했을 때 비로소 이루어진다. 슈퍼스타 나훈아는 단 한 번의 스피치를 통해 세간에 떠도는 모든 불신의 의혹을 해소시켰다. 또한 예전의 인기를 완전히 회복했다. 나훈아 열풍, 신드롬을 일으킨 것이다.

나훈아는 기자회견장에 모인 수많은 기자와 대중들의 혼을 빼는 멋진 스피치를 구사했다. 그러므로 국민가수 나훈아는 언어가, 스피치가, 커뮤니케이션이 중요한 이유를 보여주었다. 나훈아의 스피치는 리더가 갖춰야 하는 전형적인 모범(model)을 보여주었다고 해도 과언이 아니다.

미래사회 리더는 협상의 전문가가 국가지도자가 될 수 있다

　필자가 가장 싫어하는 말 가운데 하나가 "모로 가도 서울만 가면 된다."라는 속담이다. 이 말에 절차와 수단이야 어찌 되었던 결과와 목적만 좋으면 괜찮다는 결과 중심적 사고가 담겨져 있다. 작금에 우리 사회에 만연한 많은 병폐들은 이러한 결과지상주의 즉, 목적을 위해서라면 수단과 방법을 가리지 않는 태도가 빚어낸 산물이라고 본다. 오늘날 물질주의와 이기주의, 그리고 식어진 열정과 세속화된 사회 모습 속에서 우리 국민들에게는 생동감 넘치는 투철한 정신력이 필요하다고 필자는 감히 주장하고 싶다.

　국가의 최고 지도자 자리를 꿈꾸는 이들에게 필자가 전하고자 하는 말이 있다. 국가의 지도자는 가장 한국다운 기질과 성격을 잃지 않으면서도 변화에 유연하게 대처할 줄 알아야 한다는 것이다. 또한 "미래사회 변화와 예측"이라는 시대적인 사명 속에서 훌륭한 정책을 펼치기 위해서는 무엇보다도 소시민의 음성을 들어야 한다고 주장하고 싶다. 다시 말해 한국은 급변하는 미래사회와 문화 속에서 지속적인 발전과 성장을 위해 섬김의 리더가 필요하다는 것이다. 국가의 흥망성쇠는 리더의 리더십에 달려 있다. 지도자를 꿈꾸는 이들은 이 점을 명시하고 작은 행동 하나하나에까지 신경을 써야 하며, 굳은 의지와 추진력, 책임감과 솔선수범의 자세까지 겸비해야 함을 잊지 말아야 할 것이다.

　카알라일은 "난세에 영웅이 만들어 진다."라는 말을 했다. 이념과 사상에 문제가 있는 곳에 훌륭하고 중립적인 지도력이 요청된다는 것은 주지의 사실이다. 어느 국가에서든지 문제를 발견하고 진단하고 더 좋은 방향으로 이끌기 위해서는 좋은 지도자가 필요하다. 그러므로 좋은 지도자는 미래의 비전이나 발전 계획을 설정하기 이전에 먼저 소시민들의 문제를 정확히 진단해야 한다.

성경에 나오는 이스라엘의 역사를 보면 처음에는 하나님이 직접 통치하였으며, 그 다음에는 사사나 선지자들을 통해서 이스라엘을 다스렸는데, 이스라엘 백성들이 더욱 완악해 지면서 그들만의 왕을 원하게 되고 기어코 왕정시대로 들어가게 되었던 것이다. 그러나 백성들은 왕정시대로 넘어왔지만, 전과 같이 하나님을 배반하고 우상 숭배하는 생활을 연속했다. 하지만 우리 정치권은 이념과 성향이 틀려도 상황에 따라서는 적과의 동침도 서슴지 않는 것이 현 실태이다. 이제 우리는 미래사회를 바로 잡고 국가를 경영할 일꾼을 뽑아야 할 것이다.

작금의 리더들에게 새로운 바람이 불고 있다. 그 바람은 전 세계의 리더십의 분위기를 바꾸고 있다. 권위적이고 경쟁적이며 지극히 개인적인 특성을 지닌 진부한 개념의 리더십이 이미 사라지고 있다. 심지어 리더십을 발휘함에 있어서 경쟁과 협력이라는 수단을 적절히 혼합하여 활용하려는 것이 최근의 추세다.

필자는 이 시점에서 다음과 같은 주장을 하고 싶다. 새로운 미래사회의 인정받는 국가 리더는 협상의 전문가여야 한다는 것이다. 협상가 짐 토머스는 그의 저서 '협상의 기술'에서 협상의 첫째 원칙은 '상대의 체면을 살려주는 양보의 기술'이라고 설명했고, 허브 코헨은 '설득에 능한 사람들은 공통적으로 다정다감하며 겸손하고 자신을 낮출 줄 아는 유머감각이 있다'고 이야기 한 바 있다.

우리가 속해 있는 사회는 정신적 장애와 혼란의 물결이 가라앉기도 전에 새로운 지식들이 쏟아져 나온다. 이 시대의 특징에는 두 가지 모순된 힘이 있는데, 그것은 '상호의존성'과 '다양성'으로 서로 반대 방향으로 나아가고 있는 것들이다. 이 두 힘 사이의 긴장이 바로 권위주의를 통한 전통적인 리더십 행동을 급격하게 쇠퇴시키고 있다.

세찬 폭풍보다 따뜻한 햇볕이 지나가는 나그네의 외투를 벗게 한 것처럼 따뜻한 마음을 소유한 지도자가 미래의 시대를 이끌어 나갈 수 있음을 강조하고 싶다. 이런 온유한 리더십은 미래통합의 시대를 열어 가는 진정한 희망이 될 것이다. 바로 그렇게 선택된 자가 진정한 국가 지도자라고 볼 수 있다.

성공한 여성 리더는 대화술부터 다르다!

사람의 발달에 영향을 주는 요인에 있어 어떤 것이 중요한 영향력을 미치는 가에 대한 과제는 오랫동안 논쟁거리가 되었다.

작금에는 유전과 환경의 역동적인 상호작용적 특성을 고려할 때, 사람의 행동발달에서 유전과 환경의 상대적인 영향력을 엄밀하게 구분할 수 없다는 사실에 인식을 같이하고 있다. 유전을 언급할 때 일반적으로 유전인자(gene), 타고난 성향(inborn biases), 성숙(maturity)의 개념이 함께 사용된다. 그 중에서도 발달 또는 변화가 유전적으로 예정된 계획에 의해 순서적으로 일어난다는 성숙의 개념이나 인간으로서 타고난 성향의 개념은 모든 사람에게 보편적으로 일어나는 발달양상과 관련 되며 특히 환경은 사람의 생활이나 발달에 영향을 미치는 모든 외적인 조건들을 말한다.

얼마 전에 한나라의 우정장관이 공식으로 육아 휴가를 얻었다. 유모차를 밀고 길거리를 나 다니는 사진이 보도가 되었다. 남녀평등이 가장 잘돼 있다는 스웨덴에서 있었던 유명한 일화이다. 뿐만 아니라 30대의 노동장관인 페르 아르마르크가 갑자기 사의를 표명한 일이 있었는데, 찾아간 기자들 앞에 앞치마 차림으로 나와 초등학교에 다니는 아이들의 뒷바라지 때문에 장관직을 수행할 수 없다고 사임이유를 밝히기도 했다.

동양의 삼종지도처럼 여자를 남자의 예속물로 만들어 버렸던 나폴레옹법전으로부터 프랑스 여성들이 여권을 회복하기 시작한 것도 70년대 초다. 이때 창설된 여성지위 담당 청에서 맨 먼저 손댄 것도 동일노동, 동일임금에 대한 입법이었다. 바로 그 이전의 여성임금은 남성의 69%에 불과했는데 이 노동조건의 평등화로 단위시간당 남녀의 임금 차는 겨우 3%로 줄어들었다고 한다.

흔히 일상생활에서 나타나는 여성들의 여러 가지 문제들이 여자로서 자기 입장에만 가득 차 버린 상태에서 창의적인 생각이 없고, 남자에 대한 의존심이 지나치게 강하기 때문에 미래지향적 사고가 부족하다고 볼 수도 있다. 그러나 여성 리더 정의는 지도자는 태어나는 것이 아니라 만들어 진다는 것을 강조하고 있으며, 특히 여권에 있어서도 여성 자신의 힘이 아닌 리더로서 신뢰의 기반에 지도력 발휘를 말하는 것이다. 목표의 일치를 조정하고 인류의 유익을 위한 지속적인 비전과 섬김의 영향력을 발휘한 것이다.

디지털시대에는 여성들이 어떤 환경에서라도 잘 적응을 하게 되면 모든 여성이 자율적인 삶의 형태를 지니게 된다고 볼 수 있다. 또 여성의 대인관계 기술은 공격적이지 않으면서 때로는 단호하게 나를 표현한다.

이 때문에 남녀의 상호주의 원칙에서 평등관계로 이끌며, 여성자신이 답답한 관계를 유쾌한 반란으로 이끌어 갈 수 있는 것이다. 동료 간의 인간관계를 잘 적응하기 위해서는 스피치 능력이 있는 여성으로의 변신이 무엇보다도 중요하다. 여성은 안일한 사고에서 변화해야 한다. 본질적인 사실만을 가지고 가정 안에서 주장과 설득을 동시에 이루어 가치와 정체성을 확립이 되어야 한다. 또한 이제 여성 자신도 의사표현에서 있어서 다양한 대화 기술 훈련을 하면, 어떤 상황에서도 자신감 넘치고 자연스럽고 부드러운 대화를 할 수 있다.

　필자는 마지막 화두로 "만약 내게 여성 리더십을 총망라한 단 한 가지 도구를 말한다면, 그것은 바로 자연스러운 대화술(對話術) 일 것이다."라는 이야기를 하고 싶다. 밀폐 된 삶 속에서 문제의 요인을 찾지 말고 충동의 발상으로부터 속마음을 털어놓고, 여성으로서 철저한 생활 철학을 요구하며 전문적인 여성으로 변화가 요구된다. 성서에는 남녀의 평등이 하나님 앞에 동등한 지위를 인정하고 서로가 존중할 수 있다고 가르치고 있다. 소자 중에 하나를 실족하면 차라리 연자 맷돌을 그 목에 달리우고 깊은 바다로 빠진다는 메시지가 남성에게 경종을 올린다.

지도자에게는 여러 개의 귀가 필요하다!

　남북전쟁이 한참이었을 때 맥클란 장군은 가장 뛰어난 장군 중의 한 사람이었다. 하루는 그를 격려해주려고 링컨 대통령이 국방장관을 대동하고 그의 야전 사령부를 방문했다. 때마침 장군은 전투장에서 돌아오지 않고 있었다. 링컨은 몇 시간 동안 사령부관실에 앉아서 그를 기다려야 했다. 드디어 장군이 들어왔다. 그는 방안에 앉아 있는 대통령과 장관을 본체만체하면서 그냥 2층의 자기 방으로 올라갔다. 링컨과 장군은 서로 얼굴을 쳐다보고는 장군이 곧 내려오리라 생각하고 다시 의자에 앉아서 그를 기다렸다. 한참 후에야 하녀가 나타나더니, "죄송합니다만 장군께서는 너무 피곤해서 잠자리에 드셨다고 대통령께 말씀드리라고 이르셨습니다."고 말하는 것이었다.

놀란 것은 장관이었다. 일개 장군이 직속상관인 자기는 고사하고 감히 대통령마저도 그렇게 무시할 수는 없는 일이었다. "각하, 저렇게 무례한 놈은 제 생전에 본 적이 없습니다. 대통령께서는 저 장군을 당장에 직위 해제시키셔야 합니다." 링컨은 잠시 침묵을 지키시더니 조용히 장군에게 다음과 같이 말했다. "아니다. 저 장군은 우리가 이 전쟁을 이기는 데 절대 필요한 사람이다. 저 장군 때문에 단 한 시간이라도 이 유혈의 전투가 단축될 수 있다면 나는 기꺼이 그의 말고삐를 잡아주고 그의 군화도 닦아 줄 것이다. 나는 그를 위해서라면 무슨 일이든 다하겠다." 여기서 우리는 링컨의 참다운 리더십을 볼 수 있다.

한편 작금의 대선 정국 소용돌이 속에서 국민적 화합이 철회될 경우에는 앞으로 리더의 거취가 엄청난 파장을 몰고 올 것이 자명한 사실이다. 이런 반의[叛意] 현상을 은근히 기대하다 한반도호가 분열되기를 희망하는 유다 같은 거짓 지도자가 나올까 우려가 된다. 아울러 대선리더는 국민적 통합은 물론 동서 화합, 더 나아가서 한반도의 화합까지도 도모해야 할 것이다. 앞으로 리더는 남북통일을 이룩하여 글로벌시대를 열어 가기를 적극적으로 희망하며, 리더와 지역 간의 벽을 허무는 다양한 정책 프로그램이 자율적으로 전개되어야 할 것이다. 이런 시대적 바탕에 우리 소시민은 하나됨을 강조하며 한반도호의 분열이 아닌 진정한 소시민 정신으로 결단코 이어져야 한다고 주장하고 싶다.

섬기는 리더십의 모습은 어떤 것일까. 단편적으로 보면 보스와 리더의 차이점에서 우리는 그것을 엿볼 수 있다.

보스는 사람들을 몰고 가지만 지도자(리더)는 그들을 이끌고 간다. 보스는 권위에 의존하지만 리더는 선의에 의존한다. 보스는 늘 회초리를 필요로 하지만 리더는 회초리를 필요로 하지 않는다. 보스는 '나'라고 말하지만 리더는 '우리'라고 말한다. 보스는 '가라'고 말하지만 리더는 '가자'고 권한다. 보스는 모든 것을 숨기며 일하지만 리더는 공개적으로 일한다. 보스는 남을 믿지 않지만 리더는 남을 믿는다. 마지막으로 보스는 겁을 주지만 리더는 희망을 준다.

그러므로 지도자에게는 여러 개의 귀가 있어야 한다. 보스에게는 귀가 없다. 정확히 말하자면 듣기 좋은 말을 듣기 위한 귀 하나만 갖고 있는 것이다.

끝으로 유대인 철학자 엠마누엘 레비나스(Emmanuel Levinas)의 "나의 나됨은 언제나 그리고 근본적으로 타인을 통해 정립된다. 타인은 나의 나됨을 정립시키지만, 그는 언제나 타인으로 남아있다. 정체의 혼돈은 일어나지 않는다. 이런 관계에서는 깨달음에 대한 관심도 자기 인식, 혹은 소유욕에 의해서가 아니라, 삶의 성취, 존재의 기쁨에서 비롯된다."라는 말을 전하고 싶다. '대선리더의 정체성'도 자기성취나 소유욕에서가 아니라, 소시민 삶의 성취의 생활에서 추구되어야 할 것이다.

영웅 심리에 빠진 대선 리더는 조국을 망하게 한다!

"덕필유린(德必有隣)"이라는 사자성어가 있다. 이는 덕이 있는 사람은 항상 주위에 사람이 많다는 뜻이다. 세상에는 악한 사람들이 있고, 부패한 세력들이 존재하지만, 덕은 결코 외롭지 않으며, 도덕은 고립되지 않는다. 고로 진실과 정의는 반드시 동지가 생기고 공명과 공감을 불러일으킨다. 한국 사람은 자신의 잘못된 결과에 대해 쉽게 인정하지 않으며 남의 탓으로 돌리기에 바쁘다. 글을 잘못 쓰면 필묵을 탓하고, 양식이 떨어지면 며느리의 큰 손을 탓한다.

작금, 소용돌이치는 대선정국을 보면서 나라의 장래를 걱정하지 않는다면 진정한 우리나라의 국민이라고 할 수 없을 것이다. 이 역사적인 시기에 또 다시 조국의 리더들은 너도나도 개혁을 외치고 있다. 그들 중 이 땅위에 새로운 리더가 탄생될 것이다. 필자는 이 글을 빌어 리더는 우선적으로 화합과 공리공영(公理共榮)을 항상 먼저 생각해야 한다고 목청을 높이고 싶다. 우리 조국은 5년 만에 오는 뉴리더에게 편안하고 안정적으로 조국을 경영해 줄 것을 요구하고 있다. 이 점을 국민 모두가 심도 깊게 생각해야 함에도 불구하고, 국민들, 심지어 대선 후보들까지 영웅 심리에 빠져 한건주의에 매달리고 있는 것 같다.

과연 국민통합은 가능한 것인가? 필자는 지금까지 자의든 타의든 소시민의 목소리로 국민통합추진을 직간접적으로 참여해 왔다. 그러나 중요한 것은 조국을 사랑하는 커뮤니티 일원들과 더불어 설득 및 토론이 이루어져야 함에도 불구하고, 국민통합의 의도가 없는 리더가 많은 것이 현실이다. 이들이 또 다시 이 좁은 국가를 사분오열로 찢어놓지는 않을까 필자는 심히 우려하는 바이다. 우리 조국의 소시민은 아직도 순수한 마음으로 조국을 사랑하고 충심으로 섬기고 있다. 또한 리더에게 적극적으로 협조하며 서로 포용하고 관용하면서 강인한 시민정신으로 오늘도 한 단계 더 성숙해지고 있다. 국민의 사명감으로 지혜를 모아 풀뿌리 민주주의를 자칭하면서 묵묵히, 그리고 꿋꿋이 따르고 있다.

　필자는 국민통합을 추진하는 지도자들이 고질적인 계략과 고도의 술수로써 인간성 상실의 문제를 심각하게 자행하고 있음을 우려하는 바이다. 리더의 윤리와 도덕이 휴지 조각처럼 팽개쳐 버려지고 있으며, 이기주의적 구조는 개인의 주권적 양심과 명예를 실추시키는 망국적인 행동이 될 것이다. 지도자들이 모일 때마다 '하나 되자 또는 평화, 번영, 통일'이라고 외치지만 자신들의 이해관계 따라서 관용과 사랑이 없는 비양심적인 행동을 보인다. 필자는 보다 수준 높은 차원의 국민통합을 바란다. 진정으로 통합을 원한다면 '평화'와 '침묵의 가치'의 목소리에 소리를 높여야 할 것이다. 국민통합의 본질을 떠난 껍데기식 국민통합을 외친다면 소시민들의 진노(震怒)를 피할 수 없을 것이다.

　진실을 진실대로 말하고 믿음의 목소리가 통할 수 있는 세상이 되어야 한다. 그러기 위해서는 각자가 옳은 일에 부끄럽지 않아야 한다. 리더는 설령 불이익과 고통이 올지라도 정의와 소시민 편에 서서 반드시 진리와 자유의 목소리를 내야 한다.

　필자는 작금의 끊임없는 분열과 갈등을 보이는 대선정국을 보면서, 저들은 지금 조국을 하나로 묶는 것이 아니라, 공동체를 파괴하는 이익 집단으로 밖에 볼 수 없다. 특히 리더는 소시민들의 순수한 의도와 주장에 귀 기울이면서, 조국의 번영에 균형적 발전을 추구하는 분명한 공통분모를 만들어 내야한다.

　우리 조국은 수없는 당리당략(黨利黨略)으로 인한 분열로 국민적 고통을 겪어 왔다. 이 또한 분단의 역사만큼이나 충격과 고통이 크다. 하지만 늦지 않았다. 늦은 때란 없다. 이제부터라도 한국의 역사 분단을 뒤로 하고, 국민통합 역사에 한 획을 긋는 의미 있는 정책이 이루어져야 한다.

시대는 영웅주의 리더십보다 섬김의 리더를 원한다!

자신의 성격을 판별하기에 가장 좋은 방법은 무엇일까? 그것은 아마도 자신이 가장 강력한 적극성과 생동감을 느꼈던 특별한 정서적 행위와 윤리적 행동이 무엇인가를 알아보는 방법이다. 왜냐하면 바로 그 순간에 '이것이 진정한 나다'라는 내면의 소리를 들을 수 있기 때문이다. 이 말은 윌리엄 제임스의 편지에서 나오는 말이다.

현대에서 리더십의 유형을 나누어 볼 때, 지도자의 유형에 따라서 좀 더 업무 지향적인 리더십 스타일을 보여주고 특히 긍정적인 유형의 리더는 자신감과 유연성을 보여주며 국가 통솔을 통한 결과 산출에 초점을 맞춘다. 이 유형의 지도자는 두뇌가 좋고 합리성을 강조하며 변화와 영향력을 발휘하는 도전적인 사람으로 적극적인 성격을 띤다. 일반적으로는 리더십 과정에서 리더십의 결정 행위는 국민이 표명하는 환경적 요인의 제약을 받게 된다. 그러나 이 제약은 리더십이 어떻게 대응하느냐에 따라서 판명되기 때문에 역시 리더십의 판단과 결정이 문제의 중요한 관건을 갖고 있다고 보아야 할 것이다.

카리스마(Charisma)리더십이란 그의 부하를 능가하는 상당한 특색도 없고 지배 집단 출신도 아니며 어떤 지위를 장악함도 없이 우수한 견인력을 행사하거나 놀랄 만한 추종을 획득할 수 있게 하는 특수한 자질을 말한다. 이는 비이성적이며, 비전통적이며, 비관료적이다. 따라서 카리스마적 리더십은 원래 불안정한 시대에 어떤 놀랄 만한 성취에 의해서 확립된다. 오직 계속적인 능력 발휘, 즉 예언, 영웅주의 또는 카리스마의 관례를 통해서 발전된다.

한편 지도력(Leadership)있는 리더는 조직의 목표를 달성하기 위해 내외 상황에 대한 정확한 정보를 수집, 분석, 평가하여 결단내려야 한다. 제 때에 적절한 결정을 낼 수 없다면 그의 지도력은 의(義)를 잃게 된다. 작금은 고도로 발전한 다원화된 사회다. 이런 환경에서 살아남기 위해서는 지도자의 상황 판단 기능이 매우 중요하다고 필자는 본다.

구약성서에 예언의 선지자 느헤미야는 주어진 목표를 위해 자신의 모든 것을 희생해 가면서 다른 사람을 섬기고 목표를 이룬다. 섬김의 리더십을 보여준 대표적인 인물이다. 섬김은 지도자의 가장 이상적인 모습이며, 성서가 요구하는 참다운 지도자의 모습이라고 할 수 있다. 곧 지도자로서 국민을 위한 섬김의 통한 자세가, 성서가 가르치는 진솔한 리더의 모습인 것이다.

예수께서는 국민을 위해 자기 목숨을 희생하면서도 복종하시고 섬기셨다. 섬김을 통해 국민들을 자기에게로 이끌기를 원하셨던 것이다. 그러면 섬김 리더십의 효과는 어떤 유용한 가치가 있는가. 먼저 우리는 혼자서가 아니라 섬김을 통해 더불어 목표를 향해 움직일 수 있어야 한다. 또한 섬김은 시너지 효과를 얻을 수 있고, 각 개인은 어렵지만 합쳐지면 더 큰 효과가 나타날 수 있다. 섬김은 설득 방법, 헌신적인 경청을 통해 얻을 수 있고 봉사를 통해 더 많은 것을 얻을 수 있다.

한 집단에서 사용되는 리더십은 여러 가지 결정요인의 상호작용으로 나타나는 부산물이다. 어느 조직에서나 획일적으로 하나의 리더십만이 발휘되는 것은 아니다. 주어진 상황이나 조직의 규모, 구성원의 인적사항 등 많은 관계 요소들이 작용하면서, 그 때 가장 바람직한 리더십이 결정되는 것이다. 소시민은 자유 성향이든, 진보 성향이든 별 관심이 없다. 그저 사회적인 다양한 형태로 서로가 타협하는 작은 통섭(Small Consilience)을 원할 뿐이다. 리더의 오만한 지도 스타일은 적(Grievance)을 너무 많이 만들어 낼 수 있으며, 더 심각한 문제가 발생하여 불만이 많아 잠재적 성장이 둔화되므로 실패하게 될 가능성이 높다. 지도자들이여! 카리스마 이전에 섬김의 자세부터 갖춰라!

제왕을 꿈꾸는 자들이여 서로 칭찬의 말을 하자!

　사전에 보면 대통령 (大統領, president)은 외국에 대하여 국가를 대표하고 행정권의 수반(首班)이 되는 최고의 통치권자를 의미한다. 특히 대통령의 헌법상의 지위는 집행권의 구조에 따라 다르다. 집행권이 일원적 구조에 입각하고 있는 경우에는 미국형 대통령제에서와 같이 입법부·사법부와 함께 동렬(同列)에 위치한다. 또한 대통령의 임기는 정부형태에 따라서 차이가 있다. 그리고 권한과 의무는 매우 대단하다. 대통령은 내란죄 또는 외환죄(外患罪)를 범한 경우를 제외하고는 재직 중 형사상의 소추(訴追)를 받지 않는 특권을 누릴 뿐만 아니라, 국가원수 또는 행정부의 수장으로서 광범한 권한을 행사한다. 대통령의 의무는 각 국가의 헌법에 따라 차이가 있으나, 일반적으로 헌법준수의 의무, 영업활동의 금지, 겸직의 금지, 청렴의 의무 등을 들 수 있다.

　미국의 경제학자 피터 드러커(Peter F. Drucker)는 "인간에게 있어서 가장 중요한 능력은 자기표현이며, 현대의 경영이나 관리는 커뮤니케이션에 의해서 좌우된다."고 말하며 자기표현의 중요성을 강조하였다. 따라서 자기표현은 무형자산으로서 사람, 정보, 노하우로 이루어진 하나의 고급 상품이라고 할 수 있다. 자기표현 스피치(speech)의 사전적 의미는 말하기, 말씨, 말투, 발언, 화법 또는 '말하는 능력'을 통칭하는 말이다. 영, 미국인들이 쓰는 스피치는 좁은 뜻으로는 연설로 사용하지만, 넓은 뜻으로는 연설, 웅변, 토론, 토의, 회의, 좌담, 대화, 화술, 화법, 커뮤니케이션 등에 이르기까지 그 범위가 대단히 넓은 것이다.

　이러한 스피치 중 상대방의 의사소통에 있어 가장 기본적인 스킬이 있는데 그것은 다름 아닌 '칭찬'이다. 하지만 칭찬이 언제나 같은 효과를 나타내는 것은 아니다. 예를 들면 자기보다 지위가 높은 사람이 낮은 사람에게 칭찬을 하는 것은 효과가 크다. 반대로 자신보다 지위가 낮은 사람이 칭찬을 하면 효과가 덜하다. 또한 남에게 칭찬을 받고 싶은 욕구가 강한 자존감이 약한 사람은 칭찬이 효과적이며, 권위적인 사람 또한 칭찬에 약하다. 이런 사람의 호감을 사는 데는 칭찬이 필수적이다. 그리고 칭찬은 상호보완성이 있다. 이것은 유사성과는 달리 나와 다른 새로운 생각이나 태도가 때로는 자극과 신기함을 주며, 인간 경험의 다양함을 알게 해주는 묘미가 있기 때문이다. 그러나 이 두 가지를 종합해 볼 때 인간은 서로 의견이나 태도가 다르더라도 자기에게 호의를 보인 사람을 의견이 같으면서도 호의를 보인 사람보다 더 좋아한다는 연구도 있다.

우리는 일상생활에서 나와 항상 의견이 같거나 다른 사람을 만나게 된다. 이 경우 원래 자기와는 의견이 달랐던 사람이 자기와 일치하는 방향으로 전향한다면 원래부터 같은 의견을 가진 사람보다 더 좋아하게 된다. 반대로 처음에는 의견이나 생각이 맞아 참 좋아했는데 시간이 다를수록 의견이나 친교가 처음 관계보다 못하면 호감이 극도로 떨어진다고 한다. 그래서 심리학에서는 이를 가리켜 '호감의 득실론'이라 한다.

다른 사람과 싸웠을 때와 달리 둘도 없이 절친했던 친구와 싸우면 대판 원수지간이 되는 것이나, 서로 열렬히 사랑했던 부부일수록 이혼할 때는 서로를 더욱 증오하게 되는 것은 호감의 득실론으로 잘 설명된다.

결국 칭찬 스피치는 의사전달의 체계적인 행위라고 정의 할 수 있으며, 생각과 아이디어 그리고 경험과 노-하우를 듣는 사람에게 제대로 전달함으로써 의사결정을 할 수 있도록 칭찬으로 설득하고 이를 원하는 목표로 이끌어 내는 전략적 칭찬 스피치를 말한다. 금년에 제왕을 꿈꾸는 자 들이이여 이제는 전략적 비방보다 서로를 상호 인정 해주는 칭찬을 하자.

할 걸음 나아가 "입을 열면 침묵보다 뛰어난 것을 말하라. 그렇지 않으면 가만히 있는 것이 낫다."라는 독일의 속담을 기억하자.

조직의 리더여! 설득 스피치부터 익혀라!

'조직(組織, organization)'의 사전적 의미를 살펴보면 어떤 기능을 수행하도록 협동해나가는 체계(system)이며, 개개의 요소가 일정한 질서를 유지하면서 결합하여 일체적인 것을 이루고 있는 형태를 말한다. 그런 의미에서 모든 사회현상이 조직을 가지고 있다고도 할 수 있다. 즉 간단한 구조를 가진 미개사회에서, 분업(分業)의 발달에 따라 사회 전체가 여러 부분으로 나누어지고, 여러 부분이 각기 독자적인 구실을 가지고 서로 복잡하게 맺어져 있는 오늘날과 같은 근대사회로 발달해온 것이며 특히 체계를 통한 하나의 통일적 전체를 구성하는 과학적 혹은 철학적 명제의 집합이며 체계의 통일은 오늘날에는 대상(對象)이 되는 실재(實在) 구조와의 일치 조응(一致照應)으로서보다도, 대개의 경우 그것을 구성하는 명제 상호간의 내적 정합(內的整合)이라는 측면에서 고찰된다고 본다.

프랑스의 사회학자 뒤르켐은 이 현상을 '환절사회(環節社會)에서 조직사회로의 발달'이라는 말로 이론화하였다. 그런데 조직이라는 말은, 오늘날의 사회학에서는 인간집단의 조직을 뜻하는 경우가 많다. 현대사회의 많은 여러 집단들은 그 목적 달성을 위하여 합리적으로 조직되어 있으며, 사람들은 여러 조직 속에서 일정한 역할이 부여되므로 그에 의해 집단의 사회적 역할에 참여하고, 집단의 조직 속에 들어감으로써 사회 전체에 연결되는 것이다.

현대는 '집단욕구의 분출' 시대라 일컬어지듯이, 현대사회에서는 무수한 집단의 조직이 파생하여, 관공서·회사·노동조합 등 온갖 조직이 거대화되고, 또한 능률주의에 따라 기능적으로 합리화되어가고 있다. 이런 뜻에서 현대는 조직의 시대라고 한다. 그런데 이 같은 조직의 거대화와 기능적 합리화는 조직 속에서 리더의 한 마디는 한 마디 이상의 의미를 지닌다. 조직을 살리는 비전이 되기도 하고, 혼란과 파멸로 이끄는 비수가 되기도 한다. 리더의 올바른 스피치는 사람의 가슴을 울려 조직 성과를 이끌어내며, 더 나아가 조직을 살리고 세상을 움직인다. 조직을 죽이고 살리는 리더의 스피치는 리더가 지녀야 할 성공한 스피치 커뮤니케이션 원칙들을 지켜야 한다.

말하는 사람이 전달하는 정보를 상대방이 이해할 수 있으려면 여러 가지 단계를 거쳐야 한다. 즉 스피치 커뮤니케이션은 메시지를 보내고 받는 작업으로서 듣는 사람에게서 반응이 있을 때라야만 비로소 성공한 커뮤니케이션이 이루어지는 것이다.

먼저 전달할 가치가 있는 메시지를 반드시 준비해야 하며 커뮤니케이션을 하기 위해서는 우선 전달할 만한 정보와 지식, 가치가 있는 메시지가 있어야 한다. 스피치하기에 앞서 자신의 생각을 충분히 정리하는 습관을 갖는다. 또한 상대방의 주의와 관심을 사로잡고, 신뢰를 쌓아야 한다. 스피치 커뮤니케이션에서 상대방의 관심을 계속 붙들어 두려면 자신의 메시지를 상대방의 관심사와 연계시켜야 하며 그런 다음, 상대방의 신뢰를 얻기 위해 노력해야 한다. 무엇보다도 중요한 것은 상대방의 이해를 돕는 것이며 스피치 커뮤니케이션에서 중요한 것은 상대방이 이해하는 것이다. 처음부터 상대방을 설득하려는 것은 무리이다.

특히 조직에 있어 어조와 감정에 주의한다. 대화할 때 싸우는 것 같이 말하는 사람들도 있다. 무조건 상대의 말을 반박하려고 하는 사람들도 있다. 이런 사람들은 상대방의 견해는 잘 들으려고 하지 않고 관심도 가지지 않는다. 따지는 투로 말하거나 격앙된 감정이 섞이지 않도록 주의해야 한다. 감정이 격해진 사람과 말할 때에는 되도록 빨리 자신이 상대방을 이해하고 동감한다는 것을 알려주어야 한다. 그래야 상대방이 마음을 진정하고 자신의 말에 귀를 기울이게 된다.

상대방을 정중하게 설득해야 한다. 상대방을 설득하려면 먼저 발표자의 메시지를 이해하게 만들어야 한다. 상대방이 자신의 메시지를 이해했다는 확신이 들 때에만, 상대방으로 하여금 자신이 원하는 행동을 하게 만드는 설득 단계에 들어갈 수 있다.

칭찬을 인정하는 사람은 꿈을 이룬다

어떤 심리학자가 재미있는 실험을 했다. 학교 선생님에게 한 반에서 5명의 학생을 임의로 선택한 다음, 선택된 학생들에게만 일부러 계속해서 칭찬해 주라고 주문했다. "너, 요새 보니까 공부하는 자세가 많이 좋아졌어! 공부에 재미를 붙인 것 같구나! 너 이제 틀림없이 성적이 오를 거야. 내가 장담하지!" 그러면서 선생님에게도 그 사실을 애써 믿도록 했더니, 나중에 그 학생들의 성적이 실제로 향상되었다는 것이다. 그것을 심리학에서는 '피그말리온 효과(Pygmalion effect)'라고 부른다.

피그말리온은 그리스 신화에 나오는 키프로스 왕의 이름이다. 그는 왕궁에 있는 미녀 조각상을 보고 반했다. 그는 마치 사람인 것처럼 조각상을 사랑했다. 하늘에 있는 신이 그 모습을 보고 감동을 받아, 그 조각상에 생명을 불어넣었다. 그래서 사람이 되게 했다는 것이다. 누군가 내게 좀 부족한 듯 보일 수도 있다. 그러나 그를 믿어주고 칭찬해 주면 실제로 그렇게 된다는 것이다. 그것이 바로 피그말리온 효과이다. 상대방을 인정해 주고 중요한 존재로 느끼게 만드는 힘, 이것이 바로 칭찬이다.

사람의 인생은 기쁨과 슬픔, 희망과 절망, 행복과 불행으로 나누어 볼 수 있다. 사람이 살아가면서 어찌 좋은 일만 있겠는가. 마음대로 되지 않는게 세상의 이치이다. 그러므로 우리는 칭찬하는 습관은 무엇보다도 열린 마음을 갖는 것이 최고의 방법이다. 희망적인 사실은 칭찬의 습관은 반복과 연습을 통해 학습할 수 있다는 것이다. 당신이 필요하다고 생각하고 원하는 어떠한 칭찬의 습관도 배울 수 있다. 의지와 일관성을 통해 자신이 원하는 방식으로 칭찬의 인격과 개성을 만들어 갈 수 있다. 칭찬의 좋은 습관이 성공과 행복을 가져오듯이 나쁜 습관은 문제를 만들고 낭패를 보게 한다. 그러나 칭찬의 습관은 모든 사람들에게 큰 꿈을 가능하기 때문이다. 당신이 칭찬 습관 통해 시작되는 이 순간 성공적인 커뮤니케이션의 시작이다.

칭찬의 양은 행동 변화를 위해 필요한 만큼 충분하게 주어져야 한다. 일반적으로 어떤 새로운 행동을 처음으로 형성시켜 주고자 할 때는 칭찬을 충분하게 자주 하는 것이 좋다. 목표 행동에 이르기까지는 많은 작은 단계가 있을 수 있다. 그럴 경우 미리 엄밀한 계획을 세워 점진적으로 목표에 다가가는 전략이 필요하다. 고로 속이 들여다보이는 칭찬일지라도 듣는 사람은 즐겁다 중년 부인들이 만나면 서로 예뻐졌다고들 야단이다. 자세히 뜯어보면 별로 예쁜 구석도 없는데 서로들 예뻐졌다고 하면서 좋아한다. 처음에는 인사말로 생각해 그냥 웃어넘기다가도 옆에서 거드는 사람들이 늘어나면 이게 인사말만은 아니구나 하는 생각이 들기 시작한다. 그러면 칭찬은 어떻게 하는 것이 효과적일까? 무턱대고 추켜세우면 되는 것인가? 그렇지 않다. 칭찬도 많은 노력과 훈련이 필요하다. 또 나름대로의 방법이 있다.

우리는 지금부터 모든 사람들에게 보살핌, 주목, 애정, 인정, 사랑, 칭찬 이야말로 상대방에게 줄 수 있는 가장 소중한 선물이며 큰 꿈을 이룰 수 있는 결정체이다. 그 꿈을 이루기 위해 서로가 칭찬은 인정하는 것이다. 또한 칭찬은 진실한 마음이다. 그리고 칭찬은 사람을 성장시킨다. 말 한 마디의 칭찬의 표현은 언어적 칭찬과 비언어적 칭찬 태도가 일치해야 한다. 칭찬받을 행동을 하면, 바로 그 자리에서 칭찬한다. 칭찬은 구체적이어야 한다.

핀잔 섞인 칭찬은 하지 않느니만 못하다. 칭찬 자체에 인색하지 말자. 무조건적인 사랑을 경험하게 해 준다.

칭찬은 분명 가난한 자의 양식이 되어 줄 것이다. 마크 트웨인은 '좋은 칭찬 한 마디에 두 달은 활력 있게 살 수 있다'라고 말한 바 있다. 이는 칭찬을 들으면 누구나 기분이 좋아지고 활력이 생기기 때문일 것이다.

물은 거꾸로 흐르지는 않는다

"한 사람이 꾸는 꿈은 단지 꿈이다. 그러나 만 명이 하나의 꿈을 꾸면 그것은 현실이다" 100~200만에 불과한 인구로 광활한 대륙을 점령하여 호령했던 몽골의 위대한 왕 칭기즈칸(Chingaiz Khan)이 한 말이다. 그는 역사상 가장 유명한 정복 왕 가운데 한 분이다. 유목민 부족들로 분산되어 있던 몽골을 통일하고 제위에 올라 몽골의 영토를 중국에서 아드리아 해까지 확장시켰다.

역사적 자료를 보면 칭기즈칸은 다면적인 성품을 가지고 있었던 듯하다. 그는 뛰어난 체력, 강한 목표의식, 강철 같은 의지를 가지고 있었다. 그는 고집이 센 사람이 아니었기 때문에 아내들이나 어머니를 포함한 모든 사람의 조언을 즐겨 들었다고 한다. 또 그는 평생 자신에게 충성할 사람들을 주위에 끌어 모았다. 그리하여 그의 추종자들 중에는 동료 유목민 뿐만 아니라 정착 문화 세계에 사는 문화인들도 있었다.

그는 무엇보다도 적응력이 뛰어나고 배울 줄 아는 사람이었다. 함께하는 삶의 의미를 잘 깨우치고 있었던 것이다. 그는 소수의 인구만으로도 당시 인구 1~2억의 중국을 점령했다. 그가 차지한 영토는 알렉산더, 나폴레옹, 히틀러의 영토보다 더 넓었다. 그는 유목민 부족을 모두 통일했고, 수적 열세에도 불구하고 중앙아시아와 이란을 통치했던 화레즘 샤(Khwārezm-Shāh)왕조 같은 대제국을 정복했다.

또 그렇게 하면서도 자신의 부족들을 피폐시키지 않았다. 그는 아들인 오고타이(Ogotai)를 후계자로 선임하고, 다른 아들들이 오고타이의 말에 따르도록 세심한 배려를 했으며, 오고타이에게 강성한 군대와 국가를 물려주었다. 칭기즈칸이 죽었을 때, 베이징에서부터 카스피 해에 이르는 광대한 지역이 몽골 제국의 영토로 복속되었고 그의 부장들은 페르시아와 러시아를 침공했다.

또한 그의 후계자들은 중국, 페르시아, 러시아의 대부분 지역에까지 세력의 판도를 넓혔다. 그들은 칭기즈칸이 미처 생각지 못했던 그들의 정복지역을 잘 조직된 제국으로 개편하는 일을 실행했다. 칭기즈칸은 파괴와 약탈을 자행했으나 그가 벌인 정복전은 몽골 제국의 출현을 처음으로 알렸다는 점에서 중요한 의미를 갖는다. 몽골 제국은 중세와 현대를 통틀어 가장 영토가 큰 제국이었다.

이처럼 한 리더의 영향력은 삶에 있어 위대한 시너지 효과를 생성하게 한다. 예컨대 다른 사람을 긍정적인 방향으로 이끌어갈 수 있는 사람이 바로 위대한 영향력이다. 오로지 혼자 앞서가는 것은 올바른 리더의 모습이 아니다. 다른 사람을 변화시켜 좋은 방향으로 이끌 수 있는 사람이 자신의 인생 및 구성원도 성공으로 이끌어 갈 수 있다는 것을 잊지 말아야 한다. 뛰어난 리더가 되기 위해서는 끝까지 책임을 다해 일할 뿐만 아니라, 자신의 가치와 열정을 기꺼이 조직이나 시민사회에 투자할 수 있어야 한다.

작금, 우리는 사회 속에서 살아가면서 누군가를 만나 영향을 주거나 받는다. 전혀 모르는 사람이 아니고서는 항상 서로에게 영향을 주고 살아간다. 진정한 리더란 자신이 의도하든 그렇지 않든 다른 사람에게 영향력을 행사하는 사람이다. 인격이나 실력이 뛰어난 사람은 그렇지 못한 사람에게 영향력을 더 행사한다. 그러나 그 반대의 경우는 드물다. 영향력이라는 것은 흐르는 물과 같아서 높은 곳에서 낮은 곳으로 흐르지 거꾸로 흐르지는 않는다. 그것은 자연의 법칙과도 흡사하다. 굳이 어떤 행동을 취하지 않아도 자연스럽게 따르게 되는 사람이 있다.

이제 남은 일은 영향력을 행사할 수 있도록 부단한 노력을 기울이는 것뿐이다. 진정한 리더는 스스로를 빛나게 하고 변화시키고자 하는 노력, 나아가 다른 사람을 변화시키고자 하는 노력으로 자신을 갈고 닦아 나아가는 사람이기 때문이다. 그러나 여기에서 잊지 말아야 할 것이 있다. 맹목적으로 대중의 의견을 따르고 좇는 사람이 되기보다는 그들보다 더 앞선 사람이 되어야 한다는 것이다. 결국 위대한 리더십은 타고나는 것이 아니라, 꾸준한 학습으로 연마해 비로소 자신으로 만드는 것이다.

한편 미국 39대 대통령 지미카터의 퍼스트 레이디였던 로살린 카터는 "좋은 리더는 사람들이 가고 싶어 하는 곳으로 그들을 이끌어간다. 위대한 리더는 사람들이 절대로 가고 싶어 하지 않지만 꼭 가야 하는 곳으로 그들을 이끌어간다"라고 말했다.

아름다운 꽃은 나비가 찾아온다
"인맥을 관리하는 데에도 솜씨가 필요"

스탠퍼드(Stanford)대학교 경영대학원의 경영학 박사인 제프리 페퍼(Jeffrey Pfeffer)는 "사람을 남기는 장사"이며 "기술이나 가격은 경쟁 기업이 쉽게 모방할 수 있지만, 사람의 의욕과 창의성을 극대화시키는 인력개발 정책은 쉽게 모방할 수 없는 장기적인 경쟁우위의 원천이다"라는 말을 했다. 즉, 명품 인맥이 인생 최대의 경쟁력이요, 차별화를 이룰 수 있는 가장 강력한 무기라는 것이다. 명품 인맥과 함께 하는 사람은 인생이 아름답다.

이렇듯 성공한 사람 뒤에는 항상 든든한 명품 인맥이 있었다. 우리가 위인이라고 부르는 역사적인 인물들, 그들 뒤에는 항상 위대한 스승이 자리하고 있다. 그들은 스승과 제자라는 관계를 뛰어 넘어 서로의 명품 인맥이 되었음을 알 수 있다. 특히 명품 인맥 속에는 효과적인 '소통'이 자리를 잡고 있었다. 소통은 주어진 시간 안에 상대방의 이해 여부를 결정짓는 것으로, 그 가장 중요한 요인은 상대방의 지식수준을 들 수 있다.

일반적 지식이란 다른 사람의 말을 이해할 수 있는 능력, 즉 어휘와 문법을 이해할 수 있는 언어적 능력과 논리체계를 이해할 수 있는 사고력을 일컫는다. 또 어휘와 문법, 그리고 논리에 대한 이해력은 대체로 교육 수준과 비례한다고 한다.

그러므로 명품 인맥관리는 사람과의 관계형성이다. 오묘하면서도 알 수 없는 것이 사람과의 관계이다. 하지만 자연에도 일정한 솜씨(skill)가 있듯이 사람과 인맥을 만드는 과정에도 일정한 솜씨가 존재하는데 그 솜씨를 잘 따르기만 하면 쉽게 자신이 원하는 것을 이룰 수 있다. 그중 하나가, 사람 사이에 형성되는 관계를 확대하고자 한다면 반드시 소통의 솜씨가 가까운 사람부터 이루어 져야 한다는 것이다.

사람은 누구나 희로애락의 감정을 갖고 있다. 어떤 때는 기쁨에 들떠 있기도 하고 어떤 때는 실망하여 착잡한 기분에 빠져 있기도 한다. 상대방의 감정 상태를 잘 이해하고 감정을 활용할 수 있어야 소통이 된다.

이 세상에는 엄연히 솜씨가 존재한다. 자연의 질서에도 솜씨가 있듯이 사람이 살아가는 데도 솜씨가 있다. 솜씨라는 것은 반드시 지켜야만 하는 규범으로 공식대로 하면 이루어진다는 것이다. 이와 마찬가지로 명품 인맥을 관리하는 데에도 다양한 솜씨가 필요하다. 이 솜씨를 무시해서는 절대 명품 인맥을 형성하거나 구축할 수 없다.

먼저 명품 인맥에 대한 목표를 정해보자.

명품 인맥은 우리의 인생을 바꾼다. 우리의 인생은 지금까지 어떤 사람들을 만났느냐에, 그리고 앞으로 어떤 사람들을 만나느냐에 달려 있다. 특히 가장 효율적으로 사용할 수 있는 가장 좋은 방법은 뚜렷한 명품 인맥 목표를 설정하는 것이다. 뚜렷한 목표를 설정하는 것은 인생에 대한 설계를 잘하기 위해 절대적으로 필요한 전제조건이다. 인생 목표가 무엇인지를 정확히 인식해서 분명하게 설정하게 되면, 자신의 인생이 나아갈 방향을 알게 되어 자신이 지닌 가치를 제대로 실현할 수 있게 된다. 여기서 중요한 것은 당장 행동으로 옮길 수 있는 목표를 설정해야 한다는 것이다. 기한을 정하고 예상되는 결과를 명시하라. 특히 명품 인맥에 대한 목표를 정해보자. 얼마나 많은 인맥을 만들 것인지 기한을 정하고 구체적인 인맥의 수에 대한 목표를 정하라.

둘째 불필요한 인맥은 과감하게 정리하라.

명품 인맥은 성공을 위해 필요한 것만이 아닌, 우리들의 운명이요 생명이라 할 수 있다. 우리가 어떤 사람을 만나느냐에 따라 우리의 생각과 행동이 바뀌고 운명이 바뀐다. 그런데 개중에는 엄청난 인맥을 형성하고 있다고 자랑하고 다니는 마당발형의 사람이 있다. 이리저리 쫓아다니느라 하루

24시간이 모자랄 정도이다. 시간도 시간이지만 몸도 마음도 지칠 대로 지친다. 그러니 이런 사람들이 구축하고 있는 인맥의 깊이는 유대관계의 끈이 강하지 못하고 약할 수밖에 없다. 이런 인맥은 진정한 인맥이 아니다. 너무 많은 사람들과 만나는 시간을 줄여라. 그 시간을, 당신에게 좀 더 필요한 사람이나 긴밀한 관계로 발전시키고 싶은 사람에게 할애하라. 그렇지 않으면 그 확보된 시간에 자신의 내실을 키우는 것도 좋은 방법이다. 좋은 책을 읽거나 감동적인 영화를 봐도 좋다.

당신이 필요로 하는 명품 인맥과 인연의 끈을 이어가고 싶은가? 그렇다면 가장 먼저 당신의 내공을 키워야 한다. 실력을 갖춘 사람이 '명품 인맥'이라는 무기까지 겸비했을 때 비로소 날개를 달 수 있다. 그리하여 당신이 만나는 사람에게 긍정적 영향력을 행사하라. 그들의 인생을 긍정적인 방향으로 변화시켜라. 명품 인맥을 구축하는 것. 의외로 간단하다. 상대방이 찾아올 수 있는 매력을 갖춘 실력 있는 사람이 되는 것이다. 아름다운 꽃은 나비를 부르지 않아도 나비 스스로 찾아오는 법이다. 그것이 바로 명품 인맥이다.

창조시대, 나는 과연 가슴 뛰는 삶을 살고 있는가?
개인 브랜드는 스피치의 힘

성공한 사람들의 비법 중에 '시크릿의 법칙'이 있다. 그것은 간절히 바라면 이루어진다는 것이다. 이러한 '끌어당김'의 법칙은 자신이 영향력 있는 사람들에게 다가가는 것이 아니라 사람들이 나를 중심으로 모여들게 만드는 것이다. 개인 브랜드의 힘을 구축한다는 것은 바로 '끌어당김의 법칙'을 갖춘다는 것과 매한가지이다.

창조의 시대 브랜드란 굳이 길게 설명하지 않아도 어떤 회사인지, 어떤 사람인지에 대한 질문에 그 자체로서 즉각적이고 선명한 답변이 될 수 있다. 이것이 바로 브랜드의 힘이다. 아무리 그 분야에서 자신이 최고라고 자처하는 사람이라 하더라도 다른 사람들이 자신의 이름이나 브랜드를 언급하지 않는다면 결코 성공했다고 할 수 없다. 사람들은 콘텐츠가 아니라 브랜드에 열광하기 때문이다.

이창호스피치의 브랜드 리더십을 지도하는 데 필요한 요소 중 하나가 바로 스피치의 힘이다. "탄탄한 개인 브랜드를 구축한 사람만이 진정한 리더가 될 수 있기 때문이다. 그렇다면 스피치의 힘이란 무엇인가? 개인 브랜드란 떠오르는 스피치 이미지를 뜻한다. 개인의 차원에서 생각하면, 그 사람을 말할 때 떠오르는 스피치 이미지가 바로 그 개인의 브랜드"가 될 수 있다.

개인 브랜드를 구축하는 과정의 속성상 사람들은 무엇이든 하겠다는 마음으로 덤벼들게 된다. 하지만 무언가 남과 다른 것을 찾는 훈련을 하지 않으면 제대로 된 브랜드를 만들 수 없다. 가장 중요한 것은 다른 사람들이 인정할 만한 스마트 콘텐츠가 있어야 한다는 것이다. 개인 브랜드를 인정하고 그것을 사용할지 말지를 결정하는 것은 자신이 아닌 다른 사람이기 때문이다.

자기 경영 시대에서 개인 브랜드의 취약점은 스마트 네트워크의 힘으로 보강해야 한다. 더 이상은 상하전달식의 피라미드 구조의 시스템이 먹혀들지 않는 것이다. 이제는 수평적인 구조의 개인 브랜드 네트워크를 통해 협업(協業)의 가치를 만들어내야 한다. 새로운 가치를 창출하는 데 있어서 개인 브랜드 네트워크는 신속한 의사 결정을 내리게 해준다. 나아가 최고의 브랜드 파워를 발휘할 수 있게 해준다. 이를 통해 개인 브랜드는 빠르게 진화할 수 있다.

시대가 변하면서 사람들의 가치관 역시 변하고 있다. 예전에는 먹고 살기 위해 돈을 버는 일로 어쩔 수 없이 일을 하고 살았지만, 새로운 시대에는 밥벌이도 되면서 동시에 스스로가 좋아하는 일을 하며 살고 싶어 하는 사람이 늘어나고 있다. 스스로가 원하는 일을 하고 자유롭게 여유를 즐기며 가슴이 뛰는 삶을 살겠다는 사람이 늘어나고 있는 것이다. 이러한 가슴 뛰는 삶을 살겠다는 의지가 바로 개인 브랜드를 향한 첫걸음이다.

사람들은 평범하게 사는 것을 선호하는 경향이 있다. 그것은 남의 눈에 띄지 않으며 적당히 맞춰 살아가기에는 안성 맞춤이다. 그러나 평범함은 사람들의 기억에 오래도록 남지 않는다. 평범하게 그저 그렇게 사는 사람들은 브랜드로서 자리매김 할 수가 없다. 사람들은 좋든 싫든 선명한 인상을 가진 것을 기억한다. 즉, 강렬한 인상을 남겨야 가슴에 남는다는 것이다.

작금, 아날로그 시대와 스마트 시대가 극명하게 대치하는 창조시대이다. 이러한 21세기에 각 개인들은 어떻게 대처할 것인가? 새로운 시대는 상상력과 공동체 창조를 요구하고 있다. 그것들은 각 분야에서 부를 창출하며 미래를 진화시키는 키워드가 되고 있다. 기업들은 이전까지의 경영 방식인 시스템 경영의 틀에서 벗어나 창조 시대 경영이라는 새로운 경영 방식을 도입하고 있다. 그것이 21세기의 신개념 경영 트렌드다. 그들은 이러한 노력으로 재도약을 꿈꾼다.

한편 '나는 어떤 사람인가?', '정말로 내가 하고 싶은 것은 무엇인가?' 이러한 고민은 스스로 자신을 찾을 수 있게 만든다. 그리고 자신과의 대화에 좀 더 솔직해지도록 만들기도 한다. 이러한 질문들은 현재 자신이 하고 있는 것에서 한 발 더 나아가 앞으로 하고 싶은 것을 찾아가게 만든다. 그것들을 하나하나 찾아 이루어 나가는 것이야말로 브랜드 구축에 있어서 가장 큰 핵심이다. 나의 가슴을 뛰게 만드는 그 무언가를 찾아내는 것이 필요하다. 자신의 아이덴티티 구축을 가능하게 하고 나를 나답게 하는 것이 바로 개인 브랜드의 힘이다.

행복을 만드는 어드레스(연설)의 힘

　아리스토텔레스는 어드레스의 힘을 인격적인 설득 방법(ethos), 감성적인 설득 방법(pathos), 논리적인 설득 방법(logos) 가운데 특히 인격적인 설득 방법을 강조했다. 인격에서 우러나오는 진정한 눈 빛, 정제된 몸 짓을 공감할 때 모든 어드레스(address)가 빛난다.

　특히 문화강연 · 경제강연 · 학술강연 등의 강연 어드레스에서는 몇몇 사람과의 일상생활에서의 대화는 물론이고 대중 연설에서도 많이 사용하는 가장 전형적인 어드레스의 형태이다. 대화형 스피치는 자연스럽게 말을 하는 데에 중점을 두고 누구나 알아듣기 쉬운 용어, 그리고 구체적이고 재미있는 사례를 들어가며 유머스럽게 이야기를 하는 형태이다.

　기존의 문화강연 · 경제강연 · 학술강연 등은 지적 성장을 목적으로 한 설득 중심이었지만, 최근에는 지적인 이해뿐아니라 설득과 함께 행동 촉진을 요구하는 방향으로 나아가고 있는 추세이다. 그러므로 어드레스는 주최자와 청중이 무엇을 기대하는지 분명하게 파악하고 어드레스 할 필요가 있다.

　또한 정치연설 · 선거연설 · 시정방침연설 등의 연설 어드레스에서는 대부분의 경우 불특정 다수의 사람을 대상으로 자신의 주장과 생각을 이해시키고 최종적으로는 행동을 촉구하는 어드레스를 말한다. 따라서 지적(知的)으로만 이해시키거나 '그 말이 맞긴 하지만 난 하고 싶지 않아'라는 반응을 보인다면 그 효과는 충분하지 못했다고 할 수 있다. 지적으로 이해시키고 감정적으로도 납득시켜 최종적으로는 청중이 스스로 행동을 하도록 의지적인 공감을 불러일으켜야 한다.

　예를 들어 연설은 정치활동 · 노동운동 · 학생운동 등과 같은 특수한 경우에 이루어지는 '1대 다수'의 어드레스다. 많은 비즈니스맨들이 노동조합에 소속되어 있으므로 그들 앞에서 어드레스 할 기회도 많을 것이다. 또 위원장이나 사무국장 같은 지위에 오르는 사람은 한정되어 있지만, 분과위원이나 대위원 등의 직책을 맡게 되는 경우가 상당 수 있을 것이다. 그리고 젊은 사람이 임원이 된 경우, 스피치에 대한 소양이 없으면 비굴해지거나 반대로 허세를 부리다 그 경박함을 드러내게 되는 경우가 종종 있다. 요즘에는 예전처럼 독특한 어조로 호언장담하는 절규 및 웅변형의 스피치와 자신의 생각을 강력하게 밀어 붙이는 강한 어드레스도 줄어들었다.

그럼에도 불구하고 동화구연ㆍ만담ㆍ설교 등의 화예 스피치가 있다. 화자(話者)가 듣는 사람의 입장에서 말을 하는 것이 아니라 자신의 생각과 주장을 그대로 전달시키려고 하는 조금은 이기적이고 일방적인 형태의 스피치이다. 이야기의 중간 중간에 자신이 한 말을 확인이라도 하려는 듯이 "그렇지요? 이해가 됩니까?" 등의 표현을 많이 사용한다. 이런 형태의 스피치는 주로 교사, 경찰관, 목사 출신들이 많이 사용하는 방법으로 그다지 좋은 스피치의 방법이라고는 할 수 없으나 순간적으로 대중의 감정을 자극하여 행동을 자아내는 대중 어드레스에는 효과를 볼 수 있다.

이것은 특정 대상, 특수한 지리, 특수한 의도를 가지고 이루어지는 스피치다. 형태가 정해져 있거나 독특한 모습과 어조를 사용하는 것이 이 스피치의 특정으로, 일종의 기법을 수반하지 않으면 효과적인 화예(花蕊)가 될 수 없다.

이것들은 내용의 정확함이나 진실을 요구하는 것이 아니라, 스토리의 구성과 기술을 즐기는 것이 목적이며, 쌍방의 용인(容認)하에 성립되는 것이다. 웃음과 감동을 통해 인생의 고민 등을 승화시켜주는 설교 같은 것도 화예의 일종이라 할 수 있다.

화예는 이론보다 느낌을 중시한 화법에서 발달했다. 비즈니스나 일상생활 속에서 이야기를 화예의 경지까지 높이기란 어려운 일이다. 하지만 고도의 화예까지는 이르지 못하더라도 화예적인 이야기는 마음의 휴식이 되며, 스피치의 효과를 높이는 데 도움이 된다. 어드레스는 때로 그것을 듣고 즐기는 마음과 여유도 필요하다.

한편 알렉스「준비된 행운」중에 '우연만을 믿는 사람은 준비를 하는 사람을 비웃는다. 준비를 하는 사람은 우연 따위에는 신경을 쓰지 않는다. 행운이 찾아오지 않는 데에는 그럴 만한 이유가 있다. 행운을 움켜쥐려면 미리 준비를 해야 한다. 행운을 맞이할 준비는 자기 자신밖에 할 수 없다. 그리고 그 준비는 누구나 당장 시작할 수 있다'라고 했다. 고로 어드레스를 준비하는 순간 행복을 만드는 것이다.

나에게는 소박한 꿈이 있다

탈무드를 읽다 보면, 한 노부부의 이야기가 전해진다. 어느 날 아내가 남편에게 간곡히 청했다. "경전에 나오는 가르침을 꼭 배워보세요." 아내의 말에 남자는 펄쩍 뛰었다. "내가 글을 모른다는 걸 알면서, 그럼 나보고 글을 깨치는 것부터 시작하란 말이오? 이 나이에 새로운 걸 시작하다니 다른 사람들이 뭐라 하겠소!"라며 남자는 언짢은 투로 답했다. 그러자 아내가 묵묵히 있다가 마구간에서 당나귀 한 마리를 가져다 달라고 했다. 남자가 당나귀를 데려오자 아내는 당나귀의 등에 다진 흙을 얹고 씨를 심었다. 얼마 뒤 마구간에 가보니 당나귀 등에 새싹이 무성하게 돋아 있었다.

아내는 남자에게 당나귀의 고삐를 쥐어주며 시장에 다녀오라고 했다. 시장에 도착하자 많은 사람들이 당나귀와 남자를 에워쌌다. 그들은 당나귀를 신기한 듯 쳐다보며 손가락질하고 크게 웃었다. 당황한 얼굴로 돌아온 남자에게 아내는 웃으면서 말했다. "내일도 당나귀를 데리고 시장에 다녀오세요."라는 말에 남자는 영문을 몰랐지만 속이 깊은 아내인지라 그 말을 따랐다. 그런데 이튿날에도 사람들은 당나귀를 보며 웃어댔다. 다음날에도 남자는 당나귀를 시장에 데려갔다. 그러나 더 이상 웃는 사람도, 신기하다는 듯 쳐다보는 사람도 없었다. 그저 그들은 갈 길을 가고, 할 일을 묵묵히 할 뿐이었다. 남자가 이 사실을 전하자, 그제서야 아내가 말했다.

"당신이 지금 글을 배우겠다고 하면 처음에는 누구나 웃을 것입니다. 하지만 조금 지나면 아무도 당신에게 신경 쓰지 않을 거예요." 남자는 그 길로 아이들을 가르치는 교사를 찾아가 글을 배우기 시작했다. 그리고 수 년 뒤 훌륭한 랍비가 되었다. 부끄러움을 무릅쓰고 지금 시작한다면, 우리에게 그리던 내일은 언제나 찾아올 것이다.

모름지기 여성 리더는 소시민들과 통(通)하고 흐르는 물처럼 좋은 관계를 형성해야 한다. 모든 국민들이 진정한 마음으로 믿고 따를 수 있는 현명한 관계를 만들어야 한다. 명령하고 지시하기 보다는 스스럼없이 먼저 다가가 의견을 묻고 소시민들의 말을 잘 들어 주고, 따뜻한 마음으로 보호하고 살펴줄 수 있어야 한다.

특히 힘들고 지쳐 있을 때 용기를 주고 희망을 줄 수 있는 격려의 말을 할 수 있어야 한다. 자신의 마음을 이해해주고 따뜻하게 안아줄 수 있는 정이 넘치는 누이 같은 포근한 리더, 모든 사람들에게 편안함을 주는 정성이 가득한 리더를 갈망한다.

무릇 여성 리더란 따뜻한 마음이 무엇인지 그 추진력으로 난국을 타개하는 역할을 해야 한다. 적극적으로 국민과 함께 상호작용을 해야 한다. 그리고 리더의 또 다른 중요한 덕목은 항상 국민의 편에 서서, 무엇이 좋고 무엇이 필요한가를 판단하고, 조용히 국민의 목소리를 존중하며, 세기(世紀)의 아픔까지도 안아줄 수 있는 성품이다.

비판적 견지에서 다소 감정적인 색채를 주장한다고 해도 합리적인 토의, 토론을 받아들일 줄 아는 포용력이 있는 여성 리더를 국민들은 바라고 있다. 하지만 소통이 제대로 이루어질 수 없게 된다면 소통의 욕구가 분노의 싹을 키우기 마련이다. 분노의 싹은 점진적으로 자라나서 더 큰 분노의 함성이 되어 순간 돌발적인 모습으로 나타날 수 있다.

이런 시점에서는 여성 리더의 주장처럼 100% 국민대통합(consilience)에 목적을 두어야 한다. 언론은 새로운 정책을 앞두고 훌륭한 정책과 창의적 아이디어들이 나왔다고 평가하기도 하고 질책하기도 한다. 하지만 그러한 평가와 질책은 너무나도 섣부른 판단일 것이다.

정책에 관한 평가는 분명히 국민들의 몫이며, 국민들이 몸으로 느낄 정도로 시행된 후 나올 수 있는 결과라고 본다. 이 나라를 일으키는 것은 국민들의 몫이지만, 그럼에도 불구하고 국민들을 하나로 뭉치게 할 수 있는 실질적인 정책은 결국 여성 리더의 몫이다.

한편 나에게는 소박한 꿈이 있다. 이제 여성 리더와 함께 내 손길 닿는 곳, 발길 머무른 곳에 손에 손잡고 한마음으로 나란히 걸어가는 꿈이다.

독특한 칭찬은 성장 에너지이다

　미국 심리학자 엘마 게이츠는 인간에게 '사회적 승인의 욕구'가 있다고 말 했다. 세상 모든 사람들은 크든 작든 꿈을 꾼다. 그것은 돈일 수도 있고 명예일 수도 있다. 가족들과 세계 여행을 하는 것일 수도 있다. 사랑하는 사람과 멋진 전원주택에서 사는 것일 수도 있고, 자신의 분야에서 최고의 전문가가 되는 것일 수도 있다

　피그말리온 효과(Pygmalion Effect)는 누구나 타인의 기대감이나 관심을 받으면 바람직한 방향으로 바뀌는 효과를 말한다. 피그말리온(Pygmalion)은 그리스 신화에 나오는 키프로스의 왕으로 자기가 이상형으로 여기는 여자를 상아로 조각해 놓고 그 여인상과 사랑에 빠진다. 매일 같이 그 여인상을 바라보며 조각상을 닮은 여인과 결혼하게 해 달라고 갈망한다. 마침내 아프로디테 여신이 그의 간절한 기도에 응답하여 이 여인상에 생명을 불어넣어 주었다.

　피그말리온의 조각상처럼 세상 모든 것은 꿈꾸는 대로 이루어진다. 자신이 어떤 결과를 기대하느냐에 따라 결과가 달라질 수 있다는 말이다. 행복한 생각을 하면 행복해지고, 불행한 생각을 하면 불행해진다.

　사람을 가장 기분 좋게 하는 것이 칭찬이며, 사람은 누구나 칭찬을 받고 싶어 한다. 칭찬 받고 싶어 한다는 말 속에는, 우리 사회에서 칭찬 받는다는 것이 말처럼 쉽지 않다는 속내가 담겨 있음을 알 수 있다. 상대방의 경계심을 누그러뜨린 다음 적절한 칭찬으로 말문을 열고자 한다면, 반드시 아래의 비결에 정통할 필요가 있다. 심리학자들은 칭찬의 기법에 대해 다음과 같이 제안하고 있다. 먼저, 즉시 칭찬해라. 칭찬거리가 있을 때는 미루지 말고 바로바로 하는 것이 바람직하다. 칭찬은 모아서 하는 것보다 즉시 해야 효과적이다. 또한 구체적으로 칭찬해라. 애매모호하게 칭찬하지

말고 영업 실적, 아이디어 제공, 헌신적 지원 등 구체적 행동을 거론하며 칭찬하는 것이 더 효과적이다.

다음으로 공개적으로 칭찬해라. 여러 사람이 있을 때는 아무 말 없다가 혼자 있을 때 조용히 칭찬하면, 칭찬 효과는 감소한다. 가급적 많은 사람 앞에서 공개적으로, 그리고 공식적으로 칭찬하라. 또한 화끈하게 칭찬해라. 이번에는 잘했지만 너무 자만하지 말라거나, 옥에 티가 있었다거나 하지 말고, 이왕 하는 칭찬이라면 화끈하게 하는 것이 효과적이다. 그래야 칭찬받는 사람의 감동이 높아지는 법이다. 그리고 보상과 함께 칭찬해라. 말로만 칭찬하는 것도 좋지만 작은 선물이나 인센티브를 제공하면 더 큰 효과를 볼 수 있다.

위와 같이 칭찬 기법을 몸에 익히면 남을 자주 칭찬할 수 있게 된다. 칭찬을 자주 하면 사람 관계가 좋아지고, 학습 성과도 높아진다. 그리고 무엇보다 스트레스가 해소되며, 자기 자신도 칭찬을 더 많이 받을 수 있게 변화한다.

칭찬을 받으면 사람이 기분이 좋아지는데, 이것은 칭찬 받았을 때 사람의 뇌 속에서 '도파민(dopamine)'이라는 신경전달 물질이 분비되면서 쾌감을 느끼게 되기 때문이다. 이것은 사람의 혈액에서 '인터루킨(interleukin)' 등 각종 면역 강화 물질의 분비를 촉진시켜주며, 다시 뇌로 피드백 되어 불필요한 스트레스 호르몬의 분비를 억제시키고, 사람을 긴장·흥분시키는 교감 신경계의 활성을 억제하는 역할을 한다. 결국 사람의 몸이 편안한 상태에 놓이게 되는 것이다. 즉, 칭찬 받은 사람은 면역체계가 활성화되어 병에 걸릴 확률이 더 낮아지고, 늘 마음이 편안하여 건강한 몸을 유지할 수 있다.

한편 근대 심리학의 창시자 윌리엄 제임스는 "우리의 가능성에 비하면, 우리는 반만 깨어있다. 절반 밖에 깨어 있지 않다. 우리의 육체적 정신적 능력의 일부만을 사용하고 있을 뿐이다"라고 말한다. 바로 칭찬의 효과는 잠자고 있는 인간의 잠재력을 깨워 육체적 정신적 능력을 최대한으로 발휘될 수 있도록 하는 것이다.

이창호스피치의 칭찬 스킬은 "아주 일반적이고 쉬운 것부터 솔직히 인정하고 칭찬부터 하자. 그리고 독특한 칭찬은 상대방의 성장 에너지"를 만들어낸다.

윈윈관계는 피드백 스피치이다

공자가 말씀하시기를 "근자열 원자래(近者悅 遠者來)"라 했다. "가까이 있는 사람을 기쁘게 하면 멀리 있는 사람도 찾아온다."는 말이다. 주변 사람을 만족시키고 기쁘게 하고 그들로부터 존경을 받으면 하나 둘 사람들이 모여들게 마련이다.

모든 사람은 관계적 동물이라고 할 수 있으며, 다양한 사람들과 관계를 맺으면서 살아갈 수밖에 없을 정도로 사람 관계는 매우 중요하다. 그럼에도 불구하고 경쟁과 협력을 통해 상호 이익을 추구하는 윈윈(win-win)의 관계가 무엇인지 고민할 필요가 있다. 사람 관계가 성공의 85% 이상을 차지한다는 연구결과에서 말해 주듯이 결국 사람 관계가 부합되지 않으면 따르는 사람이 없는 법이다.

또한 사람 관계는 네트워크지수(NQ)에 달려 있다. 아무리 실력이 뛰어나고 지적 능력이 탁월해도 사람 관계가 나쁘면 구성원으로서 실패할 확률이 높기 때문이다. 그래서 사람 관계를 일컬어 윈윈의 사람 관계라 할 수 있다. 윈윈의 사람 관계는 협력적 사람 관계를 추구하며 상호협조와 공존하는 관계라 할 수 있다.

사람 관계의 윈윈 관리는 무엇보다 행동 관리가 선행되어야 한다. 행동하지 않으면 얻어지는 것이 아무것도 없듯이 행동으로 옮겼을 때 비로소 관계를 구축할 수 있다. 단, 윈윈 관리를 형성하고자 한다면 부지런히 발(發)을 움직이는 다양한 노력이 필요하다.

아울러 윈윈 관계에서 믿음은 나 자신이 믿는 것이고, 신뢰는 상대방이 인정하는 것이다. 그러므로 윈윈 관리를 잘하기 위해서는 먼저 신뢰감을 형성하는 방법이 필요하다. 진정한 윈윈 관계는 서로 신뢰할 수 있을 때 형성되는 핵심 역량이다. 신뢰한다는 것은 조건부로 믿는 것이 아니라 전적으로 믿어주는 것이다. 예를 들어 '일을 잘하기 때문에', '잘 대해주기 때문에', '내게 다시 돌아오는 것이 있기 때문에' 이와 같은 조건부 신뢰는 정성이 깃든 신뢰가 아니다. 진정한 윈윈 관계는 신뢰를 바탕으로 구축됨을 인식되어야 한다.

또한 윈윈 관계는 공감(共感)한다는 것이다. 상대방의 감정을 공감한다는 것은 상대방의 경험, 정서 상태, 생각, 가치, 옳고 그름 등을 상대방의 관점 및 입장에서 이해하고 느끼는 것이다. 진심으로 상대방을 배려하는 것이고, 사랑해 주는 것이며, 보다 더 인격적으로 대하는 것이다. 윈윈 관계에서는 공감을 받으면 이해받고 존중 받는다는 느낌을 갖는다. 곁에 든든한 지원자가 있다는 것을 인식하게 되면 자신이 처한 다양한 상황도 긍정적으로 인식하게 된다. 특히 어려움을 극복하고 무한 도전하고자 하는 용기가 생긴다. 이처럼 공감은 다른 사람의 마음을 얻을 수 있는 강력한 원동력이 된다.

우리가 남이가? 즉, 마음과 마음이 통했을 때, 함께 있는 시간이 즐겁고 행복할 때, 긍정적 감정 교류가 이루어질 때 그제서야 비로소 원원 관계로 발전할 수 있다. 자연스럽고 평안한 분위기를 만드는 것이 원원 관계를 만드는 핵심 비결이다. 따라서 원원 관계는 무엇보다도 공감에서 비롯된다.

원원 관계에서는 절대 부정적 화법(話法)으로 말하지 않는다. 부정적으로 말하는 것은 상대방을 황폐화시키는 것이다. 관계 사이의 갈등은 대부분 험담, 비평, 비난, 불평, 뒷 담화(談話)같은 부정적인 언어를 사용함으로써 자연적으로 발생한다. 따라서 부정적인 화법은 어떠한 경우라도 사용하지 않는 것이 좋다.

한편 이창호스피치가 주장하는 피드백 스피치(feedback speech)를 활용해야 한다. "상대방이 스피치 하는 것을 정성과 감사하는 마음으로 경청하고, 결과물에 대한 피드백에서 최초의 결과를 인정해 주고, 소통하면서, 격려해 주는 것이 피드백 스피치"이다.

예컨대 사람 관계 간에 문제가 발생하는 것은 대부분 피드백을 잘못하거나 섣불리 판단해 버리기 때문이다. 상대방에게 업무 지시를 받았다면 그리고 완전히 이해하지 못한 부분이 있다면 반드시 피드백 스피치로 주지해야 한다. 즉 '에이, 설마, 또, 방금' 등 하는 생각이 상호간 불신과 오해를 증폭시키기 때문이다.

명품 리더들이여 '정책과 원칙'으로 승부하라

요즘 새로이 탄생한 신조어 중에 코피티션(Co-opetition)이란 말이 있다. 코피티션(Co-opetition)은 협동(Cooperation)과 경쟁(Competition)의 합성어로 동종 업종 간의 상호 협력과 경쟁을 통해 이익을 추구하는 것을 뜻한다.

2012년 대선을 향해 정진하는 유력 주자들은 이번 선거의 명품 리더십을 어떻게 생각하고 있을까? 작금, 남녀노소를 불문하고 전국이 온통 제18대 대통령 선거에 대한 관심뿐이다. 국민들의 눈과 귀가 대선에 집중되고 있고 뜨거운 관심을 받고 있다. 텔레비전과 신문을 포함한 각종 언론매체에서는 차기 대선 후보들에 대한 주된 내용들이 헤드라인에 장식되고 있고, 어느 후보가 차기 명품 리더가 될지 촉각을 세우고 있다.

왜 일까? 그만큼 제18대 대선은 국민들이 거든 기대감이 크다는 반증일 것이다. '뉴 대한민국 호'를 이끌어 갈 맞춤형 명품 리더를 갈망하고 있기 때문일 것이다.

이번 선거를 통해 국민들은 동서화합을 이루고 계층 간의 갈등을 극복하며, 빈부격차를 해소할 수 있는 명품 리더, 인격과 덕망을 갖추어 모든 국민들이 믿고 따를 수 있는 그런 명품 리더를 원하고 있다.

국민들이 요구하는 새로운 명품 리더에 대한 시대정신이다.

앞으로는 정략적으로 정치적 성향만을 앞세우는 리더, 당리당략과 자기 이익만을 추구하는 리더, 상대 후보를 비방하거나 인신공격을 일삼는 리더, 도덕적으로 문제가 있는 리더, 정책의 알맹이가 없는 리더는 더 이상 '뉴 대한민국 호'를 이끌어갈 명품 자격이 없다.

미래비전 '뉴 대한민국 호'를 이끌어 가는 명품 리더가 되고자 한다면 어떻게 해야 할까? 가장 먼저 네거티브보다 정책으로 승부를 걸어야 한다.

즉, 18대 대선 리더십은 철저하게 정책으로 승부해야 함을 의미한다. 당리당략, 지역적 색깔, 이념적 성향에 의존하는 자세는 구시대적 발상이다. 또한 개인적인 영웅 심리에서 벗어나 국민을 섬기고 국민을 사랑하는 정책, 향후 100년 후의 국가의 미래 비전을 제시하는 정책, 국가적 사명감과 가치관을 가진 정책, 국민을 최우선으로 생각하고 민생을 보살피는 정책, 경제 성장을 이끌고 국민들의 민생을 책임지고, 국민들이 행복감을 느낄 수 있는 정책, 진정 살맛나는 나라를 만들어 감동을 주는 정책, 더 이상 비난이나 비방이 아닌 정책으로 철저하게 승부하는 고품격 전략이 필요하다.

이러한 모습이 국민들이 기대하고 요구하는 명품 리더의 진정한 모습이다. 각 후보들은 국민들의 시대적 요구에 적극 반응하고 이를 충족시켜야 한다. 더불어 국민들이 요구하는 리더 상에 대해 곰곰이 생각해 보아야 한다. 국민들 또한 철저하게 정책으로 평가해야 함을 기억해야 한다. 다른 일도 아닌 '뉴 대한민국 호'가 성공결의, 성공의지 100년을 책임질 한 국가의 명품 리더를 선택해야 하는 일이다.

작금, 선거가 막바지로 접어들수록, 후보 간 경쟁이 치열하면 할수록 정책 대신 상대방을 비난하고자 하는 마음이 고개를 들까 필자는 심히 걱정이 앞선다. 제발 이번 선거 만큼은 창의적으로 소통하고 비방이 없는 공정한 선거, 인신공격이 없는 깨끗한 선거, 정책으로 승부하는 섬김의 선거가 되었으면 하는 바람이다.

둘째, 원리원칙으로 승부를 걸어야 한다. 뉴 대한민국 호가 선진국으로 정진하기 위해서는 무엇보다 정치 선진국을 실현하는 것이 무엇보다 급선무이다. 정치가 안정될 때 비로소 지속적인 성장을 추구할 수 있다. 깨끗한 선거, 투명한 정치를 실천하고 원칙으로 지킬 수 있는 소신 있는 명품 리더가 차기 대권을 쥐었으면 하는 것이 필자의 진정한 바램이다.

혹, 차기 명품 리더가 되기를 꿈꾸는 후보들 또한 대한민국 국민의 한 명의 동반자이다. 후보 간 서로 물고 뜯는 아전투구(牙錢投球)식의 싸움은 미래 뉴 대한민국 호의 발전에 아무런 도움이 되지 않는다. 인정할 것이 있으면 상대를 인정하고 배려하며 정당한 경쟁을 통해 국민들에게 모범을 보여야 함을 잊지 말자. 결과에 깨끗이 승복하는 모습이 진정한 명품 리더로서 갖추어야 할 아름다운 모습일 것이다.

대선은 당(黨) 대 당(黨), 개인 대 개인 간의 경쟁이다. 더불어 한 국가를 이끌어 갈 검증된 명품 리더를 선택해 가는 과정이기에 경쟁은 반드시 필요하다. 하지만 경쟁을 하되 대선 후보 또한 대한민국의 일원임을 한시도 잊어서는 안 된다. 개인의 자격을 넘어 대한민국 전체를 생각하는 자세가 필요하다. 자신이 속해 있는 당(黨)의 이익을 먼저 생각하는 자세를 버리고 국민과 국가를 최우선으로 생각하는 초당적 자세가 무엇보다 필요하다. 이것이 국민들이 요구하는 명품 리더의 참모습일 것이다.

한편 이창호스피치 주장은 "나만 잘 되면 그만이라는 생각, 그리고 '너 죽고 나 살자.'는 정치적 영향력을 행사했던 네거티브 선거운동은 올바르지 못하다. 경쟁할 것이 있으면 정정당당하게 경쟁하고 협력할 것이 있으면 덕심(德心)으로 협력하여 공공이익을 추구하는 자세가 필요하다. 또한 리더는 선언을 통해 이끌어 가지만, 명품 리더는 선한 영향력을 통해 이끌어 간다."

가시에 찔리지 않고서는 장미꽃을 딸 수 없다

중국의 장자는 "우물 안의 개구리는 바다만 모르고 사는 것이 아니라 강도 모르고 시내도 모른다. 그러한 것도 모르면서 어찌 바다를 알 것인가"라고 했다. 자녀 교육은 한 나라의 미래를 위한 것이며, 더 나아가서는 인류의 발전적 역사를 위한 가장 중요한 기초 준비라고 할 수 있다. 그러므로 자녀교육이 무너지면 나라가 무너지고 미래가 어두워지게 된다.

우리가 아는 지식은 자신의 경험을 뛰어넘을 수 없다. 자녀들에게 가장 좋은 교육을 시켜서 훌륭한 사람을 만들고자 하는 것은 세상의 어느 부모나 다 같은 바람이다. 그러나 지식을 가르치는 것만이 교육의 전부는 아니다. 또한 세상에서 출세하고, 부자가 되고, 명예를 얻는 것이 전부가 아니다. 어떤 사람이 되었는가가 더 중요하다.

부모는 자녀의 잘못에 대해 사랑의 징계를 해야 할 책임과 의무 그리고 관찰을 부여받았다. 자녀의 잘못을 앞에 놓고 부모는 사랑의 매를 들어야 한다. 자녀이기에 앞서 한 사람이고 한 인간이기 때문이다. 징계를 통해 전해진 부모의 가치관이 자녀에게는 인생의 닻과 같은 역할을 하면서 올바른 마음과 균형 있는 삶의 자세를 심어 준다. 때로 자녀들은 많은 일들을 장난으로만이 아니라 재미로, 즐겁고 바라던 결과나 행동들의 결과로 행한다는 것입니다. 그럼에도 불구하고 문제는 그러한 행동이 다른 사람들에게 해를 끼치는 것이거나, 또는 잘못된 행동이라는 사실을 모른다는 것이다. 바람직하지 않은 행동을 하지 않도록 하는 과정은 자녀 삶의 이른 시기에, 심지어 자녀가 스스로 이것을 알기도 전에, 시작해야 한다.

이제 막 걷기 시작한 자녀가 옳고 그름에 대해 희미한 생각도 가지지 않은 채 무언가를 행할 때조차도, 오히려 바람직하지 않은 행동은 항상 좋지 않는 결과를 가져온다는 것을 알게 된다면, 나쁜 행동을 포기하게 될 것이다. 반대로 자녀가 어떤 행동이 유쾌한 결과를 가져온다는 것을 안다면 그 일을 하고자 할 것이다. 이런 일은 자녀가 그런 일들을 깨닫지 못할 때조차도 일어난다.

자녀들은 대체로 불안과 잘못을 느낄 때 운다. 자녀가 울 때마다 꼭 껴안아준다면, 상당히 좋지 않는 활동과 어떤 즐거운 결과들과 연결시키게 될 것이다. 또한 이런 식으로 매번 의사소통하려고 할 것이다. 그렇게 되면 더 자주 울 것이다. 왜냐하면 안기는 것이 좋기 때문이다. 그러므로 반드시 징계는 벌로 사용되어야 한다.

그리고 자녀들이 징계하는 자의 권위에 순종해야 한다는 것을 보여주고 느끼도록 해야 한다. 이렇게 하는 것은 분명히 징계의 중요한 한 측면이다. 더구나 나쁜 행동을 했음에도 불구하고 칭찬을 듣도록 해서는 절대 안 된다. 만일 자녀들이 나쁜 행동이 훌륭한 시도가 아니라는 것과, 또한 나쁜 행동을 한 결과가 그렇게 하지 않으려고 했을 때보다 훨씬 더 좋지 않은 징계를 받게 된다는 것을 알게 된다면, 자녀들은 나쁜 행동을 포기하고 규칙에 순응하게 될 것이다.

자녀에게 징계는 바로 이러한 행동을 고치고, 잘못된 습관을 수정하는 목적으로 주어지는 것이다. 예들 들면, 교통 법규를 지키는 것이나 세금을 내는 것은 우리가 임의로 선택해서 결정하는 활동일 수 없다. 법에 의하여 벌과금을 물리는 것은 우리가 법을 지키도록 만드는 데 있다. 즉, 징계는 어떤 일은 행하도록 하고, 어떤 일을 행하지 않도록 하며, 하지 말아야 할 행동을 했을 경우에는 벌이 따라온다는 것을 깨닫도록 하는데 있다.

한편 소통교육전문가 이창호는 자녀에게 징계 교육을 시키는 것을 아름다운 장미꽃을 갖는 것에 비유한다. 아름다운 장미를 가지려면 가시에 찔려야 한다는 것이다. 예컨대 자녀에게 실망한 경험이 있더라도 그 경험이 있다면 잃어버린 것이 절대 아니라고 감히 말한다.

강한 치아보다 부드러운 혀가 더 오래간다
인간관계에서 최후의 승리자는 온유한 마음

'히아로우' 하아로우의 실험이론 중에서 심리학자인 하아로우 교수가 이런 실험을 했다. 젖을 먹는 아기 원숭이들 앞에 엄마 원숭이 대신 두 개의 인형을 만들어 놓았다. 하나는 철사로 엄마 원숭이처럼 만들어 그 가슴에 우유병을 넣어두었다.

그리고 다른 하나는 부드럽고 두꺼운 천으로 만든 엄마 원숭이 인형에다 우유를 넣어 두었다. 그런데 아기 원숭이들은 철사로 만든 엄마 원숭이 인형으로 가지 않고 모두 부드럽고 두꺼운 천의 엄마 원숭이 인형에 모여 우유를 먹었다.

이 실험을 통해 동물들도 부드럽고 온유한 것을 원한다는 것을 알게 된다.

하아로우의 실험이론처럼 인간관계도 그렇다. 날카롭고 딱딱하고 매정한 사람보다 부드럽고 온유한 사람을 찾기 마련이다. 같은 재능, 같은 기술, 같은 능력을 가진 사람이라도 사회에서 원하는 사람은 온유한 마음을 가진 사람이다. 부드럽고 온유한 사람에게 친구가 있고, 이웃이 있기 마련이다. 온유한 마음이 있는 곳에 훈훈한 인간관계가 형성되고 건전한 사회생활이 있다. 온유함으로 사람을 대하게 되면 경직된 관계도 부드러워지고 서로에 대한 신뢰감도 깊어질 수 있다.

이처럼 사람의 성공 요인에서 지능이나 기술 훈련보다는 인간관계가 절대적인 영향을 끼친다. 사람들은 대개 직무수행의 실패보다는 인간관계의 실패로 어려움을 겪는다. 그만큼 사람이 살아가는 데에는 다른 사람과 어떤 관계를 맺느냐가 중요하다. 방법은 단순하다. 좋은 인간관계를 가지려면 '온유한 마음'으로 다른 사람을 대하면 된다.

온유한 자는 말 그대로 따뜻하고 부드러운 마음씨를 가진 사람이다. 온유한 마음은 황폐한 관계를 회복시켜 주고 관계를 풍성하게 한다. 행복한 사람이 되고 싶으면 마음의 세계를 이해해야 한다. 모든 것은 마음에서 나오기 때문이다. 행복도, 불행도 마음에서 나온다. 사랑도, 미움도 마음에서 나온다. 몸을 잘 쓰는 것도 중요하지만 마음을 잘 쓰는 것은 더 중요하다는 얘기다.

마음이 차가워질 때 우리는 교만해지고, 악해지기 마련이다. 마음이 차가워질 때 사랑이 식어가고, 귀하게 여기는 마음이 사라진다. 쉽게 남을 비판하게 된다. 따라서 마음은 따뜻하고 부드러워야 한다. 사람들은 따뜻하고 부드러운 사람을 좋아한다. 따뜻한 사람은 따뜻한 마음을 소유한 사람이다. 따뜻한 사람은 친절하다. 따뜻한 사람은 사람들을 따뜻하게 한다. 만물은 따뜻한 기운 아래 소생한다.

홍자성이 쓴 채근담에 다음과 같은 말이 있다.

"천지의 기운은 따뜻하면 낳아서 기르고, 차면 시들어 죽게 한다. 그러므로 성질이 차가운 사람은 받아서 누리는 것 또한 박할 것이니 오직 화가 있고, 마음이 따뜻한 사람이라야 그 복이 두터우며 그 은택 또한 오래 가는 것이다."

비판은 삼가야 하지만 분별력은 가지고 살아야 한다. 우리 인생에서 분별력은 아주 중요하다. 지혜는 분별력이다. 선택하고 결단할 때 중요한 것은 분별력이다. 그러므로 우리는 냉철한 머리로 분별할 줄 알아야 한다. 마음은 따뜻해야 하지만 머리는 차가워야 한다. 머리가 뜨거우면 분별력을 상실하게 된다. 분별은 차가운 머리로 해야 하지만, 사람을 품는 것은 따뜻한 가슴으로 해야 한다.

한편 따뜻한 마음으로 인생의 최후 승리자가 되도록 따뜻하고 부드러운 마음을 품고 살자. 사람은 누구나 장단점을 갖고 있고, 아무리 훌륭한 사람이라도 단점이 있게 마련이다. 따라서 일방적으로 누구를 탓할 수는 없는 일이다. 강한 치아보다 부드러운 혀가 더 오래가듯, 조금만 더 상대를 이해하는 마음으로 다가간다면 우리사회의 풍요가 좀 더 앞당겨지지 않을까?

외로운 백로로 살지 말고 공존지수를 넓혀라

어느 사회나 연(緣)문화라는 게 있다. 혈연, 지연, 학연, 종교연, 직장연 등으로 연결된 사람들끼리 끈끈한 관계를 맺고 서로 밀어주고 끌어주는 것이 핵심이다. SNS네트워크 시대인 요즘엔 새로운 인맥이 중시되고 있다. 그 변화의 중심에는 사람은 무엇보다 '공존지수' 또는 NQ(Network Quotient)중요하다는 것은 사실이다.

그럼에도 불구하고 사람은 모두 생김새, 생각, 가치관, 태도, 신념, 종교 등이 모두 다르듯이 인맥을 구축하고 관리하는 방식도 다르다. 내성적인 사람과 외향적인 사람은 사람을 대하는 태도부터 다르고 인맥을 형성해 가는 방법 또한 다르다. 이러한 인맥의 유형은 성격과 취향에 따라 다르기 때문에 어떤 것이 더 좋고 나쁘다고는 단정 지을 수 없다.

사람은 관계를 형성하면서 성장하고 발전하며 그 속에서 행복감을 느낀다. 관계 형성을 통해 비로소 완전한 사람으로 성장할 수 있다. 서로에게 마음으로 다가가는 존재가 되어야 하고 마음과 마음이 서로 통하는 이심전심(以心傳心)의 관계를 만들어야 한다.

물론 인간관계에서 중요한 것은 신뢰이다. 진정한 명품 인맥은 서로 신뢰할 수 있을 때 관계가 형성된다. 신뢰한다는 것은 조건 없이 믿는 것이다. '일을 잘하기 때문에', '잘 대해주기 때문에', '내게 다시 돌아오는 것이 있기 때문에' 등의 조건부로 믿는 것이 아니라 그냥 전적으로 믿는 것이다. 이러한 신뢰는 하루아침에 형성되지 않고 일관성 있는 말과 행동이 지속적·반복적으로 이루어질 때 형성된다.

또 신뢰는 인간관계에 있어서 가장 기본이면서도 중요한 핵심가치이기 때문에 사람들과의 관계에서 신용불량자가 되면 그 만남은 유지되지 못한다. 사람들이 하나 둘 상대방 곁에서 멀어져 가고, 금전적이 되었든 그 무엇이 되었든 간에 도움이 절실히 필요할 때 도움을 받을 수 없다. 더 큰 문제는 누구도 당신이 하는 말을 믿지 않는다는 것이다.

그래서 인간관계에서 사람과 사람이 서로 믿으면 미라클(Miracle)이 일어난다. 신뢰가 쌓이면 협력과 단결이 잘 이루어지고, 신뢰가 두터운 곳에서는 위험을 참을 수 있다. 한 번 쌓여진 신뢰는 견고하다. 따라서 신뢰는 인간관계의 알파(alpha)와 오메가(omega)된다.

나 자신이 먼저 주변사람을 성공으로 이끌어줄 수 있으며, 격이 높은 인맥과 실력을 갖춘 '브릿지 피플'(Bridge People)이 진정한 명품 사람이다.

우리는 NQ(Network Quotient)의 원조라고 말할 수 있는 예수 그리스도는 돈도 배경도 없는 평범한 목수의 아들이었지만, 아무런 조건 없이 자신을 낮추고 많은 이들에게 자신의 것을 아낌없이 나눠줌으로써 대중의 마음을 얻었고 세상을 생명의 길로 이끌었다.

명품은 듣기만 해도 괜히 기분 좋아지는 말이다. 명품이란 상품 자체가 자기 스스로에게 부여하는 가치이자, 실질적인 사용가치를 웃도는 흉내 낼 수 없는 고품격을 지닌 물건, 아주 귀하고 값진 물건을 말한다. 또 누구나 명품 하나쯤은 소장하고 싶어 한다. 명품이 가지는 그 가치 때문이다. 명품을 가지면 없는 사람도 왠지 모르게 있어 보이는 것 같은 효과를 가져 온다. 그래서 심리학에서는 방사효과라고 한다.

한편 이런 명품은 상품에만 적용되는 것이 아니다. 사람도 명품이 있다. 가는 곳마다 사람들을 끌고 다니는 사람, 상대방의 이목을 끄는 사람, 부러움의 대상이 되는 사람들이 있다. 얼굴에 빛이 나고 광채가 난다. 무엇보다도 아우라(Aura)가 대단하다. 그 앞에서 서면 위압감을 느끼기도 한다. 왜 그럴까? 바로 그 사람의 명품 이미지 때문이다. 상대방에게 명품 이미지를 심어주는 것은 성공의 출발이자 명품 인맥을 구축하기 위한 시금석이라 할 수 있다. 신뢰가 구축된 사람들은 효율적인 공존지수가 높다. 외로운 백로로 살지 않고 '공존지수'지경을 넓혀 오늘도 자기 자신의 인맥 지도를 쉼 없이 넓혀 명품을 만들어 가고 있다.

"우리는 현재에 승부를 거는 수밖에 없다"
인간에게는 과거, 현재, 미래의 세 가지 시간이 있다

'조엘 오스틴'의 긍정의 힘 中에서 나는 아이들에게 항상 이렇게 말해 준다. "너희는 아빠보다 멋진 삶을 살게 될 거야. 너희는 잠재력이 많거든, 꼭 위대한 일을 이룰 거야." 아이들에게 교만을 심어 주려는 것이 아니다. 나는 아이들이 큰 비전을 품기를 바란다. 어렸을 때부터 커다란 가능성을 보기 원한다. 우리 마음속에는 뿌리를 내리려는 씨앗이 있다. 그것은 하나님이 주시는 비전이다. 하나님은 엄청난 소망과 기대의 씨앗으로 우리를 채워주신다. 이 씨앗은 무럭무럭 자라서 엄청난 열매를 맺기만 기다리고 있다. 오늘은 우리의 날이다. 오랫동안 병마에 시달린 사람은 오늘이야말로 건강을 회복할 때다. 온갖 나쁜 습관에 중독된 지 오래라면 이제 자유를 얻을 때다. 산더미처럼 쌓인 빚에 눌려 지쳤는가? 걱정 마시라. 지금 해방이 다가오고 있다. 이제부터는 성장이다.

자녀를 키우다 보면 자녀가 칼이나 포크 같은 위험한 물건을 쥐고 있는 것을 볼 때가 있다. 엄마가 당황해서 빼앗으려고 하면 오히려 그것을 더욱 꼭 쥐고 안 놓으려고 승강이질을 하다가 다치게 된다. 이때 좋은 방법은 자녀에게 관심을 끌 수 있는 흥미로운 물건을 주고 꼭 쥐고 있던 위험한 물건과 바꾸게 하는 것이다. 우리의 문제도 마찬가지다. 큰 문제 앞에서 너무 그것에만 매달려 고민하면서 잠 못 이루는 밤을 보낼 때가 있다.

실제 2차 세계대전이 막바지에 이를 무렵, 연합군은 전쟁고아들을 위해 막사를 제공하여 그들을 적당히 정착시킬만한 장소를 물색했다. 그러는 동안 그들은 자라고 성장했다. 그런데 막사의 장교들은 아이들이 밤에 거의 잠을 자지 못한다는 사실을 알고 매우 당황했다. 장교들은 왜 고아들이 밤에 잠을 자지 못하는지 심리학자들에게 그 문제를 의뢰했다.

마침내 그 심리학자들은 매일 밤, 자녀들이 잠자리에 들었을 때 늘어선 침대 사이로 한 사람이 다니면서 자녀들의 손에 작은 빵조각 하나씩 쥐어주게 했다. 매일 밤 빵조각을 쥐는 일로써 하루를 마감하게 했던 것이다. 그랬더니 며칠 안 되서 그들은 밤새도록 깊은 잠을 잘 수 있었다.

과연 그 이유는 어디에 있었을까? 낮 동안에 충분히 음식을 먹을 수 있었음에도 불구하고 그들은 내일은 어떤 일이 일어날 것인가에 대한 염려 때문에 오늘 가진 것을 즐길 수가 없었던 것이다. 자기 손에 빵조각을 챙겨 쥐고서야 그들은 적어도 그 다음날 아침 식사 걱정은 하지 않아도 됨을 알았던 것이다.

인간에게는 과거, 현재, 미래의 세 가지 시간이 있다. 현재는 과거의 성적표 같은 것이다. 과거에 어떻게 살았는가의 결과가 현재이다. 지금 본의가 아닌 상황에 처해 있다면 과거에 그렇게 될 만한 생활을 했기 때문이다. 만일 현재가 만족할 수 있는 것이라면 과거에 그렇게 되도록 노력했기 때문이다. 그리고 현재의 생활 방식이 미래를 결정한다.

미래는 현재의 결과이다. 여기서 우리가 어떻게 살아야 좋은지를 알 수 있다. 현재라는 시간에 전력투구하는 것이 최선이다.

그런데 과거의 결과인 현재의 자기에게 사로잡혀 후회하거나 혹은 나약해지거나 하는 사람이 너무나 많은 듯하다. 과거는 이미 먹어버린 음식과 같은 것이다. 이제 와서 어떻게 되는 것도 아니다. 깨끗이 잊어버리고 현재를 충실하게 보내는 것이 어떨까?

무엇인가를 할 때마다 조건을 붙이는 사람이 있다. "시간 여유가 있으면", "돈이 생기면", "인정해준다면", "하고 싶은 마음이 생기면" 인생의 승부는 현재를 무대로 삼을 수밖에 없는데도 모든 일을 뒤로 미루어 놓는다. 이것은 가장 나쁜 태도이다. 현재라는 시간에 아무것도 하지 않은 채 그냥 흘려보내고 마는 것이다. 어떤 일을 성취한 사람에게 공통된 점은 무엇인가? 그것은 결과를 묻지 않고 현재에 전력투구 했다는 것이다. 또 중요한 건 누구든 도중에 포기해 자괴감에 빠질 수도 있지만 "괜찮다! 또 다시 시작하면 된다"는 마음만으로도 충분히 가치 있는 일이다.

한편 중국 속담에 '적선지가(積善之家)에 필유여경(必有餘慶)'이라는 말이 있다. 지금 좋은 일을 많이 쌓아두면 반드시 좋은 일이 돌아온다는 말이다. "좋은 일을 생각하면 좋은 일이 일어난다. 나쁜 일을 생각하면 나쁜 일이 일어난다."고 말하기도 한다. 결국 우리는 현재에 승부를 거는 수밖에 없다.

"바로 그 이름은 희망이란 걸세"
현대인들 중 95%는 열등감에 시달린다

'알렉산더의 보물' 중에서 알렉산더 대왕이 세계제패의 야망을 품고서 출발할 때의 일이다.

알렉산더 대왕은 자신이 소장하던 보물을 전부 남에게 나누어 주었다. 대신 한 사람이 왕의 참뜻을 빈정거리며 물었다.

"폐하의 보물을 전부 사람들에게 나눠줘 버려서, 폐하의 보물창고는 텅 비게 되었습니다. 저로서는 폐하의 참뜻을 도무지 알 수가 없습니다."

이에 알렉산더 대왕은 미소를 띠우며 대답했다.

"짐은 모든 보물을 다 내준 것이 아니다. 짐이 비장하고 있는 보물은 아직 간직하고 있다."

"폐하, 비장의 보물이라고 말씀하신다면……."

"바로 그 이름은 희망이란 걸세. 희망이 있기에 오늘도 짐이 있을 수 있단 말일세."

〈슈레더〉는 말했다. "절망은 희망의 또 다른 이름이다. 힘든 장애물에 부딪혀 넘어지고 실패하는 것은 결코 부끄러운 일이 아니다. 실패 역시 꿈에 속하는 것이기 때문이다"라고. 세상에는 열등감에 빠져 움츠린 생활을 하는 사람들이 참 많은 것 같다. 〈맥츠웰 멀츠 Maxwell Maltz〉 박사의 말에 따르면, 세상 사람들 중 적어도 95% 정도는 열등감을 느끼고 있다고 한다. 그렇다면 왜 열등감을 느끼면서 살고 있을까?

그것은 잘못된 가치 기준 때문이다. 우리는 돈과 명예와 권력을 가치 기준으로 삼고 다른 사람들과 자신을 비교하곤 한다. 특히 TV에 나오는 극중 인물을 자신과 비교함으로써 열등감에 빠지는 일이 많이 있다. 그렇지만 우리는 다른 어떤 사람에 비해 열등한 존재도 아니며 반대로 우월한 존재도 아니다. 우리들은 한 사람, 한 사람이 유일무이한 존재로 창조되었기 때문이다. 그리고 각자에게 독특하고 귀한 재능들을 가지고 있다.

이렇듯 우리를 괴롭히는 심리적인 질병 중 하나는 열등감이다. 의사인 맥스웰 멀츠는 "오늘을 사는 현대인들 중 95%는 열등감에 시달린다."고 말했다. 그러면 이 열등감은 어디서부터 생길까? 열등감은 타인과의 비교에서부터 온다. 다른 사람과 나의 용모, 학벌, 재능 가정환경 등 비교하면서 많은 이들이 불필요한 고통을 안고 살아가고 있다. 지나친 열등감을 가진 사람들은 극단적인 독선이나 아집에 얽매일 수 있고, 또한 자기의 열등감을 메우기 위해 허세와 사치 그리고 과대포장 등의 징후를 보이기도 한다.

또 이런 열등감에서 미움과 질투가 생겨나기도 하고, 쉽게 낙심하고 포기하는 나약한 자세를 보이기도 한다. 열등감은 때로는 부정적인 방향으로 보상받으려 한다. 그럴 때 타인에게 엄청난 피해를 줄 수도 있음을 명심해야 한다.

그러면 열등감을 극복하고 적극적인 삶을 살아가는 방법은 무엇일까?

첫째로는 자신을 있는 그대로 드러내는 것이다. 속이거나 숨기려 하지 말고 자신의 단점이나 부족함을 있는 그대로 드러낼 때 우리는 열등감을 극복할 수 있다. 사람들은 누구나 진실한 사람, 믿을 만한 사람을 존경하기 때문이다.

둘째로는 각기 다른 모습으로 지어졌음을 기억해야 한다. 인간이란 모두 각기 다른 외모와 성격, 재능으로 창조되었다. 강가에 굴러다니는 돌도 똑같은 모습이 없듯이 사람들은 모두 각기 다른 모양을 지녔다. 지구상 모든 인구 중 똑같은 사람은 아무도 없다.

셋째로는 우리가 존귀한 존재들임을 생각해야 한다. 내가 아무리 부족해도 인간이라는 하나의 작품이다. 그렇기에 우리는 자기 자신에 대해 자존감과 자부심을 가져야 한다. 나는 지구상에 하나밖에 없는 유일한 하나의 작품이라고 생각하며 보다 긍정적이고 자신감 있는 삶을 살아가기를 바란다.

한편 하루 86,400초 동안 멋지게 활용하는 시간은 과연 몇 초나 될까? 가장 현명한 비법은 시간을 아낄 줄 아는 것이다. 그럼에도 불구하고 후회하지 않고, 두려워하지 않고, 피곤을 느끼지 말아야 한다. 내일의 꿈을 키우는 유일한 길이 희망이다. 희망이 있는 자에게는 신념이 있다. 신념이 있는 자에게는 목표가 있으며, 목표가 있는 자에게는 계획이 있고, 계획이 있는 자에게는 실천이 있다. 예컨대 실천이 있는 자에게는 성과가 있고 성과가 있는 자에게는 반드시 행복이 있다.

"청소년 봉사활동…의무는 곧 선행의 밑거름"

'모랄 헤저드'로 불리는 윤리, 도덕의식의 해이 현상은 과거에는 없었던 말이다. 그 중에서도 가장 큰 문제는 일진회, 학교폭력 등으로 일그러진 청소년 문제이다. 부모가 있고 스승이 있음에도 불구하고 청소년들은 점점 더 비뚤어진 길로 나아가고 있다. 우리 부모세대들이 깊이 반성해야 할 부분 중 하나다.

'청소년은 우리의 미래'라고 표현하는 경우가 많다. 그런데 작금의 시대를 지켜보고 있자니 우리의 미래가 어떻게 될지 실로 안타깝기만 하다. 미래를 결정하는 것은 현재라는 말이 있다. 지금의 시도가 먼 미래에 희망이나 불행으로 작용할 수 있다는 것이다. 그렇다면 우리는 무엇을 해야 하는가. 또한 누가 지금의 상황을 책임져야 하는가.

누군가를 탓하려는 게 아니다. 누군가를 모함하고자 또는 책임을 전가하고자 이야기를 하려는 것은 더더욱 아니다. 단지 누구를 위한 것인지를 묻고 싶을 뿐이다.

한국전쟁을 직접 겪지는 못했지만, 그 잔재 속에서 자라온 나로서는 힘겨운 고통 속에서도 사람 냄새가 나던 그 때를 그리워하지 않을 수 없다. 모두가 못 살고 힘들어 했던 그 시절,

그래서인가? 서로 정을 쌓으며 신뢰할 수 있었던 기본적 윤리의식은 있었던 것 같다.

이제 그 세대들이 책임의식을 갖고 현실을 개선하기 위해 나서야 함은 분명해 보인다. 먼저 인간성 회복 운동과 같은 윤리, 도덕성 회복 운동에 앞장서야 한다. 내 자식과 남의 자식을 구분하는 이기적인 생각은 버려야 한다. 내가 남의 자식을 귀하게 여기면 남도 내 자식을 귀하게 여기는 것처럼 말이다.

일진회 등 학교폭력이 난무하는 상황을 볼 때, 청소년들이 약한 자에게는 강하고 강한 자에게는 약한, 일부 기성세대의 모습을 닮아가는 것은 아닌지 반성도 해야 한다. 1가구 1자녀시대, 협동심보다는 이기심을 가르치는 것이 가정 교육의 핵심이 되어버렸다. 이렇게 가정에서 비롯된 개인주의는 학교로, 더 나아가 사회로 파급되며 문제를 야기시키고 있다.

교육 기관들도 그렇다. 점수에 얽매인 교육, 좋은 대학 보내기에만 급급한 현실은 윤리나 도덕성 등 인성교육을 펼칠만한 여유를 갖지 못하고 있다. 청소년들에게 있어 가장 필요하고 절실한 교육이 무엇인지 되새겨 볼 일이다.

그래도 다행인 것은 1996년부터 전국적으로 시행된 학생사회봉사활동

이다. 교과 위주의 교육과정 운영으로 소홀해진 인성교육의 강화측면에 있어서 매우 의미 있는 일인 것 같다. 비록 형식적인 측면을 배재할 수는 없지만 그렇다 하더라도 청소년들이 봉사활동을 하며 질적인 가치를 찾아 감동을 느끼고, 학교와 집이라는 좁은 세상에서 탈피해 그들만의 새로운 사회를 알아가는 과정 속에서 감동의 의미를 친구들과 나누게 되는 동기가 될 것이다.

의무로 시작됐지만 수련 활동, 교류 활동, 문화 활동 등을 통해 균형 잡힌 성장을 하게 될 것이다. 그러다 보면 자연스럽게 선행으로 바뀌게 될 것이고, 또 선행이라는 바람직한 모습을 통해서 조금씩 다른 시각으로 볼 수 있는 계기와 희망이 도사리고 있기 때문이다.

필자는 직업의 특성상 많은 곳에서 봉사활동을 해왔다. 그럴 때마다 줄곧 '나는 또는 나만큼은 시간을 채우기 위해서가 아니라 진심으로 선행하는 것'이라고 자부해왔다. 또 그런 나의 선행을 누군가에게 보여주기 위해서 생색내기도 했었다. 그러나 어느 순간 그런 내 자신이 한없이 부끄러워졌다. 그 이유는 봉사활동에 참여하면서 참다운 사람들, 참다운 세상을 참다운 사랑으로 감싸 안을 줄 아는 아량과 눈이 뜨이면서 부터다. 처음에는 그냥 의무감에서 시작했지만, 어느 순간 나도 모르게 참다운 선행을 하고 있었던 것이다.

공공 교육기관에서는 사회봉사 활동을 의무화하면서 청소년들의 사회참여를 높이려는 움직임으로 분주하다. 그러나 학생들의 생각과는 달리 학부모들의 '입시를 위해 시간을 낭비하는 귀찮은 일'이라는 식의 그릇된 생각이 다반사다. 학교에서 지정한 원래 의도와는 달리 학부모들의 반응은 시간 낭비라고 여기는 분위기이다. 그것도 모자라 청소년의 사회봉사활동의 토대가 되는 기관들에 대해서도 곱지 않은 시선으로 바라보는 사회적 분위기도 문제다.

그렇다면 청소년을 위한 사회봉사기관이나 그 중심이 되는 청소년들이 활발하게 사회에 참여하도록 하려면 어떻게 해야 할까? 우선 청소년을 '사회 구성원'으로 인정해 주는 분위기가 조성되어야 한다. 다양하고 깊이 있게 참여하고 활동할 수 있도록 도움을 주고, 계기와 동기부여를 보다 폭넓게 만들어 주고 아낌없는 칭찬으로 그들을 격려해 주어야 할 것이다. 칭찬은 고래도 춤추게 한다고 하지 않았던가. 누구나 좋은 사회, 행복하고 평등한 사회를 꿈꾼다. 꿈만 꾸어서는 사회를 변화시킬 수 없다.

한편 자라나는 청소년들은 아직 많은 것을 보고 받아들이고 배우는 과정에 있다. 힘이 들면 서로 돕고 의지하는 것이 도리이고 이치이다. 남이 없으면 나도 없다. 따지고 보면 우리는 서로에게 의지해 살고 있다. 청소년 사회봉사활동은 그 중요한 진실을 일깨우는 좋은 계기가 될 것이다. 그리고 이런 문제의 해결을 위해 우리 기성세대들이 앞장서고 노력하며 좀 더 모범적인 모습을 보인다면 반드시 사회적 문제는 개선될 수 있을 것이라고 본다. 이러한 기성세대의 역할은 비단 가정이나 사회뿐만 아니라 기업에서도 머지않은 미래에 적용됨을 잊지 말아야 할 것이다.

우리에게 필요한 것은 긍정의 힘이다
미리 걱정하지 마

노만 빈센트 필 박사의 독수리 이야기 중에 이런 이야기가 있다. 산골의 한 소년이 산에서 독수리 새끼 한 마리를 잡아왔다. 철사로 다리를 꽁꽁 묶어 먹이를 주면서 마당에서 키웠다. 독수리는 날아가겠다고 수없이 날개를 퍼덕거렸다. 그 때마다 철사에 묶인 다리에서 피가 났다. 어느 날 언제 풀어졌는지 독수리의 다리를 묶고 있던 철사가 풀려 있었다. 그러나 다 자란 독수리는 날아갈 생각을 하지 않고 얌전히 날개를 접고 마당 이곳저곳을 헤집고 다니며 먹이를 주워 먹고 있었다. 왜 그럴까? '나는 날 수 없어. 나는 묶여 있잖아.'라고 생각했기 때문이다.

우리는 수없이 많은 걱정거리를 안고 산다. 그 중에는 밤잠을 설칠 만큼 심각한 것도 있다. 순간적으로 머리를 스치고 지나가는 것도 있다. 그런 걱정거리들 중에 어느 것이 진짜일까? 이런 것을 연구한 미국 대학의 심리학팀의 연구 결과를 보면 사람들의 걱정거리 중 40%가 실제로 일어나지 않는 것들이었다. 공연한 걱정을 그만큼 많이 한다는 것이다.

또 걱정거리 중의 30%는 이미 과거에 있었던 일에 대한 것이었다. 이제 와서 걱정한다고 해결될 수 없는 이미 지난 과거의 일들이다. 다시 말해 쓸데없는 걱정거리들이다. 나머지 10%는 병에 관한 걱정거리다. 그중엔 실제는 걸리지 않을 병에 관한 것도 많다. 진짜로 걱정할만한 것은 8%밖에 되지 않는다.

그러나 그 8% 중에서도 정말로 머리를 싸매고 걱정할만한 것은 별로 없다는 결론, 우리는 아무리 걱정해야 소용도 없는 일들에 대해 걱정들을 하고 있다. 아니면 쓸데없는 걱정들을 가지고 괴로워하고 있다는 얘기다.

어린 아이는 하루에 400~500번을 웃는다고 한다. 그런데 장년이 되면 이 웃음은 하루 15~20번으로 감소된다고 한다. 이처럼 인간은 기쁨과 웃음 속에서 태어나 점점 기쁨과 웃음을 잃어버리며 끝난다. 어렸을 때 그렇게 기쁨 속에 잘 웃던 사람이 삶을 살아가며 기쁨을 상실한 채 웃음을 상실해 간다. 이유는 삶의 한계를 경험하면서 오는 불안과 염려 때문이다. 하지만 정작, 인간이 고민하고 염려하는 일들 가운데 타당성을 가지고 있는 것은 과연 얼마나 될까?

이에 대해 노만 빈센트 필 박사는 "사람들이 걱정하고 불안해하는 것 중에 40%는 지나간 과거에 대한 것이며, 50%는 아직 존재하지 않는 미래의 것이며, 10%만이 현재를 위한 것"이라며 "늘 최악의 상황에서도 긍정적인 생각을 갖자"고 말했다. 또한 영국의 대문호 셰익스피어는 "근심은 생명의 적이다"라고 했다.

염려는 우리의 건강을 해칠 뿐만 아니라 우리의 삶 전체를 파괴하는 무서운 힘을 가지고 있다. 생명을 단축시킬 뿐 아니라 새로운 창조적인 일에 전념할 수 없도록 조정한다. 시카고 러쉬대학교 메디컬 센터에서는 65세 이상의 노인 1064명을 대상으로 걱정 및 스트레스에 대한 반응을 조사한 후 3년부터 6년이 경과된 시점에 이들 중에서 누가 알츠하이머병에 걸려 있는지를 조사한 적이 있다.

결과는 걱정이 많고 스트레스에 민감한 사람들일수록 노년기에 알츠하이머병에 걸릴 위험이 그렇지 않은 사람보다 배 이상 높은 것으로 나타났다. 많은 사람들은 근심 자체를 잊어버리라고 조언한다. 근심을 이길 수 있는 유일한 길은 믿음을 갖는 것이다.

한편 염려는 말썽이 생기기도 전에 말썽이 생길 거라고 믿는 잘못된 믿음이다. 사람들의 염려는 한도 끝도 없다. 우리에게 그날 그날 필요한 것은 긍정의 힘이다. 궂은 날이 올까, 맑은 오늘부터 미리 염려하지 말라. 만일 궂은 날이 오더라도 비는 피하면 되는 것이기에. 미리 걱정하지 마! 이 말이 생각난다. 모험을 하지 않으면 얻어지는 것이 없듯이, 행동하지 않으면 얻어지는 것이 없다.

"Nothing adventured, nothing gained"

용기를 주지 않는 희망이란 존재하지 않는다
당신은 어딘가에 꼭 필요한 사람

'남궁정부'의 꿈꾸는 구두 5만 컬레 중에서 "나에게는 내 팔을 부끄러워하지 않아야 할 의무가 있다. 내가 나의 장애를 부끄러워한다면 어떻게 장애를 가진 사람들을 위한 신발을 만들 것인가." 지하철사고로 오른팔을 잃은 구두장이. 40년간 구두 만드는 일밖에 모르던 그는 눈앞이 막막해져왔다. 생계를 잇게 해준 팔을 잃었으니 무엇을, 어떻게 해야 할지 엄두가 나질 않았다. 열흘 만에 퇴원한 그의 눈에 들어온 것은 '장애인용 구두'였다. 그리고 장애인에게 필요한, 세상에 단 하나밖에 없는 구두를 만들기로 결심했다. 쉽지 않은 일이었지만 도전했다. '필요한 사람'이 되고 싶었기 때문이다. "절대로 포기하지 말라", "제 아무리 부자라도 가진 것보다는 가지지 못한 것이 더 많다. 나에게 없는 것을 생각하면 온통 불가능하지만 있는 것이 집중하면 온통 가능한 일만 보인다.", "이제는 나의 필요가 아니라 발이 불편한 사람들에게 필요한 일이니까, 꼭 해야 하는 일이 되었다."

이 책의 주인공인 남궁정부 아저씨는 많은 돈을 벌고 있진 않았지만, 오랜 시간 구두장이를 해 온 평범하고 건강한 사람이었다. 그러던 어느 날, 동료들과 술을 많이 마시고 지하철 철도에 떨어져 팔을 잃고 만다. 그는 절망에 빠졌다. 하지만 살아야겠다는 의지로 사람들의 말림에도 불구하고 끝까지 외팔로 장애인을 위한 신발, 즉 정형제화를 만들었다. 그리고 그는 열심히 노력하였다. 그 결과 많은 사람들의 신임을 얻는 훌륭한 외팔 구두장이가 되었다는 이야기다.

이 책을 읽으면서 많은 것을 느끼고 깨달았지만 무엇보다 내가 가장 많이 감명 받았던 이유는 이 책이 "당신은 어딘가에 꼭 필요한 사람"이라고 말하고 있었기 때문이다. 그렇다면 이쯤에서, 누군가가 나에게 너의 꿈이 무엇이니? 라고 물으면 자신 있게 대답할 사람이 몇이나 될까?

그는 사람들에게 있어 "당신은 세상에 꼭 필요한 사람"이라는 말을 듣는 것이라고 한다. 이 말보다 더 듣기 행복한 말은 없을 것이다. 나로 인해 내 이웃이 기쁘다면 정말 내가 이 세상에 꼭 필요한 사람일 것이다. 바로 그가 그랬듯이 그의 정형제화로 인해 꿈을 가지게 된 사람들이 얼마나 많은지. 그가 지금껏 5만 켤레의 구두를 만들었다고 하니 정말 대단하다고 생각된다. 5만 켤레의 구두 중에 똑같은 구두는 단 한 켤레도 없다는 것도 정말 대단했다.

한 때 필자도 생각해보면, 어쩌면 하와이에서 Shoe Repair shop(신발수선가게)에서 아르바이트를 했던 생각이 나 감정이 새록새록 떠오르고 있다.

이처럼 '희망 없는 상황에서 용기가 힘을 발휘할 수 있게 해줄 때 인간은 최고조에 달할 수 있다.' 예전에 어디에서인가 본 글귀다. 그 때는 마음에 깊이 와 닿아서 메모를 해 두었는데 얼마 전에 이 글귀를 다시 보게 되었다. 이번에는 마음에 와 닿지가 않고 오히려 의문이 일어났다. 과연 '희망 없는 상황에서 발휘할 용기가 있을까?'라는 생각이 들었다.

우리 주위에는 하고는 싶은데 두려움 때문에 못하겠다고 하는 사람들이 참 많다. 그럴 경우에는 먼저 '하고 싶은 것'에 대한 진정성을 검토해야 한다. 비전은 있는데 용기가 없다면 그것은 진품 비전이 아닐 수 있기 때문이다. 진품 비전을 가진 사람의 마음에는 희망이라는 오아시스가 만들어진다. 그 '희망의 마음 샘'에는 두려움과 목마름을 이겨낼 수 있는 '용기'라는 생명수가 솟아나기에 사막을 건널 힘을 준다. 그에 비해 짝퉁 비전을 가진 사람은 사막을 건너기 위해 물통을 준비하는 사람이다. 하지만 그는 끝없이 펼쳐진 긴 사막을 보며 도대체 얼마나 큰 물통을 준비해야 할지 가늠하기 조차 힘들어 계속 망설일 뿐이다.

이렇듯 용기란 두려움을 극복해야 한다는 당위에서 생겨나지 않는다. 용기란 흉내 내는 삶에서 벗어나 마음이 간절히 원하는 길로 나아갈 때 저절로 생겨나는 정신 에너지다.

세상에서 용기를 주지 않는 희망이란 존재하지 않는다. 두려움만 있고 용기를 주지 않는 희망은 희망이 아니다. 진정한 희망은 불확실함과 두려움을 뛰어 넘고 앞으로 전진할 용기를 주는 법이기 때문이다.

"문제 속에 기회가 숨어있다"
"중요한 것은 나에게 어떤 일이 일어났느냐가 아니라"

'엘리자베스 퀴블러 로스'의 인생수업 중에서 마지막으로 바다를 본 것이 언제였는가?

아침의 냄새를 맡아 본 것은 언제였는가? 아기의 머리를 만져 본 것은? 정말로 음식을 맛보고 즐긴 것은? 파란 하늘을 본 것은 또 언제였는가? 많은 사람들이 바다 가까이 살지만 바다를 볼 시간이 없다. 지금 그들을 보러 가라. 마지막 순간에 간절히 원하게 될 것. 그것을 지금 하라.

바쁜 사람일수록 '초시간법'과 같이 시간을 잘게 쪼개어 쓰는 시간 관리법에 관심이 많다. 그러나 우선순위와 가치 판단 등 효율성을 강조하는 제3세대의 시간 관리법은 오히려 사람을 시간에 얽매이게 하고 부자유하게 만들었다는 지적을 받는다.

또 독일 소설가 〈미하엘 엔데〉는 어른을 위한 동화 '모모'에서 시간 도둑인 회색 사나이들이 훔쳐 간 시간을 인간들에게 되찾아주는 모모라는 꼬마 소녀에 대해 이야기한다. 회색 사나이들은 사람들에게 불요불급한 시간을 절약하여 '시간 저축은행'에 적립해 두었다가 노년에 찾아 쓰라고 유혹한다. 유혹에 넘어간 사람들은 시간을 아껴서 돈을 벌려고 발버둥치지만 오히려 시간의 노예가 되었고, 여유를 잃은 삭막한 인생을 살아간다. 이는 단순히 시간 관리가 테크닉의 문제가 아니라는 것을 보여준다. 시간 관리는 사랑의 관계 속에서 이루어지는 성숙함이다.

그러면 당신은 작금까지 몇 번의 찬스를 만났는가? 다양한 사람들이 일생에 찬스(chance, 기회)는 세 번 찾아온다고 말한다. 지금까지 당신의 인생에 기회가 한 번도 찾아오지 않았다면 당신은 세 번의 기회를 남겨 두었을 것이다. 만약 한 번의 기회가 찾아왔다면 아직 두 번의 기회가 더 찾아올 것이다. 또 만약 두 번의 기회가 찾아왔다면, 마지막 한 번의 기회가 남아 있을 것이다. 만약 세 번 찾아왔다면 이제 더 이상의 기회는 찾아오지 않을 것이다. 기회는 바람처럼 왔다가 바람처럼 사라지기 때문에 왔을 때 반드시 잡아야 한다.

그러나 세 번의 기회가 다 지나갔다고 해서 후회하지는 말라. 기회는 찾아오는 것만이 아니라 변화로 만들 수도 있기 때문이다.

이처럼 어떤 변화로 시작한다는 시점에서의 문제가 생겼을 때 가장 중요한 것은 문제를 보는 시각이다. 문제에 대해 어떤 반응을 보이느냐는 문제 그 자체보다 더 중요하다. 문제에 대한 반응은 우리 안에서 일어난다.

이에 대해 〈에머슨〉은 "중요한 것은 나에게 어떤 일이 일어났느냐가 아니라, 내 안에 일어난 일에 대해서 어떤 반응을 보이느냐이다"라고 말했듯이 어떤 문제든 "문제 속에 자신의 기회가 감추어져 있다"는 사실. 즉 마음을 다스리며 조용함 가운데 문제를 바라보는 사람에게는 문제가 기회로 변화되기 때문이다.

한편 사람이 결정짓는 세 가지 성공 조건은 천부적인 재능, 성실, 기회라고 말한다. 그리고 더 중요한 성공은 덕을 세우는 것이 먼저 원칙이며 절대적이고 보편적이다. 이창호스피커는 "덕을 세우는 일에는 소통함으로 함께 풀어 가고자 하는 것을 보게 되었고, 절대적이고 보편적인 것은 상대적인 것에 적용하고 상대적인 것은 흐르는 물처럼 스스로의 힘"이라고 말한다.

이끄는 힘은 부드럽게 포용할 수 있는 모성
"어머, 어머니께서 기다리고 계시는 걸 잊어버리다니."

레프 톨스토이 문학작품 '북두칠성' 중에서 옛날, 이 땅 위에 극심한 가뭄이 찾아왔다. 나무와 풀도 마르고, 사람이나 짐승 모두 배고픔에 지쳐 물을 찾아 헤매었지만, 우물과 강도 말라버려서 한 방울의 물도 얻을 수가 없었다. 굶어 죽어가는 짐승도 많았다. 그런데도 한 소녀가 병에 걸려 누워있는 어머니를 위해 물통을 들고 메마른 황야로 떠났다. 그러나 황량한 벌판에는 물이라고는 찾아볼 수가 없었다. 찾다 지쳐서 마른 풀 위에 쓰러진 소녀는 어느 사이엔가 깊은 잠에 골아 떨어졌다.

한참 후 배고픔에 눈을 뜬 소녀는 자기의 곁에 놓여있던 작은 물통에 물이 채워져서 달빛에 반짝이고 있는 것을 보고 엉겁결에 물통에 입을 갖다 대었다. 그러나 곧 "어머! 어머니께서 기다리고 계시는 걸 잊어버리다니." 하는 생각에 집으로 날듯이 뛰던 소녀는 발밑을 주의하지 못해, 지나던 강아지의 발에 걸려 넘어졌다. 소녀의 물통은 땅 위에 떨어졌다. 물이 다 쏟아졌으리라고 생각하고 물통을 보니, 물은 그대로였다. 응석을 부리며 옆에 매달리는 강아지에게 소녀는 물통의 물을 조금 주었다. 그랬더니 나무로 만든 물통은 은으로 바뀌었다.

집에 돌아온 소녀는 "어머니, 물" 하며 물통을 어머니에게 건네려고 하자 "나는 괜찮다. 그보다 너나 마셔라." 하고 어머니는 딸에게 다정히 말하였다. 이때 다시 은 물통은 금으로 변했다. 소녀는 기뻐서 물통의 물을 마시려고 하였다. 막 물을 마시려할 때 방 문가에 허름한 차림의 길손이 나타나서, "미안하지만 물 한 잔 주시지 않겠습니까?" 라고 부탁하였다.

그 때 소녀는 잠자코 물통을 길손에게 넘겼다. 물통에서 흐른 한 방울 한 방울의 물은 반짝이는 다이아몬드가 되어서, 요술처럼 조용히 하늘로 올라갔다. 지금 반짝이는 북두칠성은 이 일곱 개의 다이아몬드이다.

러시아의 대문호 톨스토이는 말했다. "인간은 사랑에 의해 살고 있다. 그러나 자기에 대한 사랑은 죽음의 시초가 되고 이웃과 하나님에 대한 사랑은 삶의 시초가 된다"고. 그가 쓴 '북두칠성'은 매우 심오한 메시지를 담고 있다.

창의력을 얼마든지 확대할 수 있다는 인간만의 능력에 대한 것이다. 어떠한 어려운 난관에서도 인간이 가진 창의력을 최대한 발휘해 다른 사람의 입장을 이해할 수 있는 사람이야말로 이 세상에서 가장 훌륭한 사람이라는 것을 강조한다. 톨스토이는 이 이야기를 통해 읽는 사람의 상상력을 자극해 의식 공간을 순식간에 넓혀 주고 싶어 했다. 이는 곧 '변화를 두려워하지 않는 마음의 유연성'이다.

이렇듯 인생에서 승리한 사람들은 몸보다는 마음을 더욱 잘 쓰는 사람들이다. 마음을 경영하는 것이 자신을 경영하는 것이고, 마음을 다스리는 것이 자신을 다스리는 것이다. 마음을 새롭게 하는 것이 자신의 인생을 새롭게 하는 것이다. 그런 까닭에 우리는 매일, 매순간 마음을 잘 다스려야 한다. 마음을 잘 쓰면 복을 받고, 마음을 잘못 쓰면 화를 입는다는 말이 정당화되는 시점이다.

우리는 마음이 더러워지지 않도록 힘써야 한다. 또한 마음이 차가워지지 않도록 힘써야 하며, 거칠고 딱딱해지지 않도록 힘써야 한다. 사람의 마음을 열게 하는 것은 명령이 아니라 부드러움이다. 부드럽다는 것은 현실과 타협하거나 약해지는 것이 아니라 현실을 껴안을 만큼 크다는 것이고, 싸우지 않고도 이길 수 있을 만큼 현명하다는 것이다.

강한 사람이란 많은 사람들의 힘을 이끌어내는 사람임을 생각할 때 부드러움은 곧 강하다는 것을 의미하기도 한다. 밀림을 지배하는 힘은 강한 야성에서 나오지만 문명을 이끄는 힘은 부드럽게 포용할 수 있는 모성에서 나오는 것임을 알아야 한다. 그러므로 마음을 다스릴 때 가장 중요한 것은, 마음이 차가워지지 않도록 하는 것이다.

한편 마음에도 온도가 있다. 지혜로운 사람은 마음의 온도를 잘 조절할 줄 아는 사람이다. 만물의 영장인 인간이 의식 공간을 넓힘으로써 얻을 수 있는 가장 큰 장점은 한 마디로 말해 '변화를 두려워하지 않는 마음'이다. 어떠한 변화라도 받아들일 수 있는 유연한 마음을 가진 사람은 언제나 젊고 생기가 넘친다. 다시 말해서, 나이를 먹어도 모든 것을 긍정적으로 생각하는 사람은 늘 삶에 활기가 넘친다는 소중한 참 진리를 깨달으시기를 간절히 소망해 본다.

"그렇다면 이쯤에서 당신께 묻습니다."
하나도 안 마셨으니 더 마실 수가 없다

루이스 캐럴의 이상한 나라의 앨리스 중에서 삼월의 토끼는 앨리스에게 간곡하게 말했다.

"홍차나 좀 더 마셔.", "아직 하나도 안 마셨으니까 '더' 마실 수는 없지." 모자 장수가 말했다. "덜 마실 수가 없다는 말이겠지. 더 마시기는 아주 쉬우니까." 자… 그렇다면, "하나도 안 마셨으니 더 마실 수가 없다, 더 마시기 쉽다"는 말을 어떻게 이해할까? '자발적 가난'의 저자 〈슈마허〉는 적게 가진 사람보다 많이 가진 사람이 더 가지려 하는 현대인의 부에 대한 모습을 앨리스와 토끼의 대화에 빗대어 말하고 있다. 가난은 말 그대로 집안의 어려움을 뜻하는 말이다. 우리는 언제부터 가난을 곧 '돈이 없다'라는 뜻으로 쓰게 되었을까?

다양한 사람들의 나침반이 돈과 물질을 향해 있다. 빈곤, 차별, 전쟁, 질병, 환경오염 등 우리가 겪는 어려움은 모든 생명을 외면하고 물질만을 추구하는 것에서 비롯된다. 인류에게는 돈이 아닌 진짜 재산들이 있다. 신선한 공기, 맑은 물, 마음의 평화, 사랑, 건강 등……. 돈으로 살 수 없는 것들이 있다.

우리 부모님 세대의 가난은 절대적 빈곤과 가난이 아닌 비교에서 오는 가난함이었다.

우리 세대의 가난은 어떤가. 선택 사양적인 자발적 가난이 아니던가. 어떻게 보면 비슷한 것 같으면서 다른 가난이다.

문득 좋아하는 책조차도 소유로 느껴져 모두 내다 버리셨다는 말씀을 하신 법정스님의 '무소유'가 떠오른다. 그리고 얼마 후 법정스님께서 세상을 떠났다. 소유욕에 불탄 현대인을 책망하듯 그는 살아생전, 무소유를 외쳤다. 그의 외침은 "가난해도 행복할 수 있다, 가난해져서 더욱 행복해질 수 있다" 이것이야말로 자발적 가난이 추구하는 해법이다.

작금 성공이라는 단어를 단 유수의 저작물들이 부의 축적에 주안하고 있다. 정작 성공적인 삶에 관한 이야기임에도 곡선 논리의 진모를 지나치기도 한다. 자발적 가난은 소유를 부정하는 것이 아니다. 소박한 삶을 통해 얻는 존재적 가치를 드러내는 것이다.

자발적 가난은, 단순히 소유를 폐기하는 것이 아니다. 자발적 가난은 노블레스 오블리제 (Noblesse oblige)의 실천 철학이다. 능력에 따라 일하고 필요한 만큼만 가지는 연습이 자발적 가난이다. 하고 싶어도 할 수 없을 때 사람은 겸허해진다. 즉, 자발적 가난은 절대적 빈곤을 넘어선 시대에 비교를 넘어서는 가난함이다. 할 수 있어도 하지 않으려는 진정한 용기와 절제가 필요하다.

재물의 소유가 존재의 가벼움으로 변질되는 것 조심하라는 경고인 것이다. 동시에 욕심, 욕망으로부터의 가난을 요구하고 있다. 행복, 웃음, 절제, 겸손, 여유, 배려, 나눔 등은 자발적 가난이 가져다주는 느낌들이다. 충분한 부자가 아니어도 주어진 선택의 기회를 따라 가난을 소유함으로써 가벼운 영혼이 되고 싶다고 생각하는 찰나, 이것 또한 욕심일까.

그렇다면 이쯤에서 당신께 묻는다. 당신은 지금 행복한가? 자신이 누구인지, 늘 살피는가? 좀 더 웃는가? 좀 불편하더라도 상대의 입장을 헤아리는가? 가진 게 적어도 여유로운가? '예'라고 대답하셨다면, 그렇다면 당신은 지금, 자발적 가난으로 가고 있는 중이다.

한편 소통교육전문가인 이창호는 "성공한 사람이란? 갈망을 바라보고 멀티플레이어(Multiplayer)의 능력이 있어야 한다. 고로 멀티플레이어는 모든 사람으로 부터 배울 수 있는 사람이며, 자신의 약점을 조정 할 수 있는 사람이다."라고 조용한 주장을 한다.

과거의 덫에서 탈출하라
그 때 그건 아무것도 아니었는데

맥스웰 몰츠의 성공의 법칙 中에서 인간의 뇌 속에 담긴 기록을 재생할 때마다 약간씩 변하는 경향이 있다고 한다. 이들에 대한 현재의 기분과 생각, 태도에 따라 음색이나 성질이 변하게 된다. 우리는 이제 과거가 현재에 영향을 미친다는 사실 뿐 아니라 현재도 분명히 과거에 영향을 끼친다는 사실을 알게 되었다. 즉, 과거에 의한 일방적인 지배도, 저주도 받지 않는다는 것이다. 현재 우리의 사고, 현재의 정신적 습관, 과거 경험에 대한 자세, 그리고 미래를 바라보는 태도 등 이 모든 것이 과거의 기록에 영향을 미친다. 과거는 현재 사고하는 바에 따라 변화, 수정, 또는 대체될 수 있는 것이다.

우리는 언제나 뒤를 돌아보며 생각한다. 지금에 와서 생각해보면 '그 때 그건 아무것도 아니었는데…' 이는 과거에 그만큼 충실하지 못한 삶을 살았기 때문이다. 하지만, 그것들이야말로 매우 중요한 것이었고, 중요할 것들이다. 사람들은 과거의 행동을 생각함에 있어서 큰 오류를 범하는 경우가 많다. 여기서 말한 오류란? 과거의 행동을 현재의 기준으로 판단하는 것을 의미한다. 즉, 과거의 자신 또한 존중해야 한다는 얘기다. 과거를 돌아볼 때, 이를 절대적으로 간과해서는 안된다.

과거의 모습은 현재의 '나'로 투영될 것이며, 지금의 내 모습 또한 미래의 '나'로 투영될 것이기 때문이다. 그러니 적어도 현재의 모습은 과거의 연장선상에 있을 뿐이다.

지금의 내 모습은 과거의 숱한 내 선택의 결과이다. 그러므로 누구를 원망하거나 미워할 필요 없이 스스로의 부족함을 인정해야 한다.

시인 〈바이런〉이 말했듯이 '사람의 미래에 대한 최대 예언자는 과거이다'라는 단순한 진리가 주는 파장은 엄청나다. 매순간의 삶에 충실해야 하는 이유도 이런 것 때문이 아닐까? 따라서 과거를 반추하는 것에 있어서, 단지 옛날을 그리워하는 데서 결코 멈추어서는 안된다. 앞으로 살아가야 할 날들을 생각하고 쌓아왔던 과거의 경험들이 세상을 살아가는 힘이 될 수 있도록 승화시켜야만 내 것이 된다.

이처럼 이미 지난 시간이 무의미한 것만은 아니기에 과거를 통해서 남은 삶을 어떻게 사느냐에 대한 답을 얻는 것이 무엇보다 중요하다. 남들보다 힘들게 살더라도, 그 고난이 끝이 없을 것만 같더라도 그걸 이기려는 결연함을 잊지 않고 산다면, 당신에게 있어 인생의 반은 이미 의미가 있는 것이다.

또한 과거에 자신이 했던 행동들은 과거 자신의 가치관과 행동양식에 의해 이루어진다. 과거의 자신은 현재의 자신과는 다른 가치관과 다른 행동양식들을 가지고 있다는 걸 명심해야 한다. 좀 더 극적으로 표현하자면, 과거의 나는 현재의 나와 또 다른 사람, 즉, 이미 다른 사람이나 다름없다. 그 이유는 간단하다. 과거를 거슬러 현재의 나는 변화된 삶을 살고 있기 때문이다. '현재의 나'와 걸 맞는 크기의 '과거의 나'를 채운다면, 그것이야말로 과거와 현재를 잇는 연장선이기 때문이다.

미래가 현재의 연장선상에 있다는 것은 끊임없이 현재를 개선하고, 발전시키라는 의미로 받아들여야 한다. 현재의 삶이 만족스럽다고 안주하는 것은 결국 미래에도 안주하겠다는 의지의 표현이다. 지금 고통을 감내하더라도 최선의 삶을 살겠다는 것은 미래의 삶이 충실할 수 있음을 예고한다.

그 방황의 시간은 새로운 방황으로 이어지고, 끊을 수 없는 고리는 강물처럼 이어져 소중한 당신 삶의 일부분이 될 것이다. 그렇다면 단 한 순간의 삶도 절대로 소홀히 할 수 없다는 결론으로 귀착한다. 지금의 사소한 행동들이 굳어져 삶을 지배하고, 그것이 고착화된다. 지금 하는 생각과 말과 행동이 결국 미래의 나를 만드는 세포가 된다. 이 모든 것이, 단 한 순간에 달려있음을 명심해야 한다.

한편 소통교육전문가 이창호는 "크레이티브 파트너십은 인간에 대한 믿음과는 정반대로 행하고, 내 이익을 위해 옆에 있는 누군가를 밟고, 내 욕구를 충족시키기 위해 인간의 탈을 서슴없이 벗어 던지는 어리석음에 대해, 이미 내 마음속에서 저 먼 곳으로 날려버리자."라고 했다. "불같은 열정과 이를 받쳐주는 정직함으로 과거를 존중한다면 아마도 우리의 미래는 풍요로울 것"이다, 그것이야말로 결연함의 출발점이 아닐까?라고 말하며 "스피치는 정보를 전달하는 최고의 수단으로 주장"을 한다고 했다.

'죄의 값은 사망이다' 자신과의 싸움부터 이겨라

클리블랜드 대통령의 일화 中에서 제22대 미국 대통령으로 클리블랜드가 당선됐다는 소식이 전해지자 어떤 감옥에서 한 죄수가 예사롭지 않은 놀라움을 보였다. 가까이 있던 다른 죄수가 무슨 까닭이 있을 듯싶어 물어보았더니 그는 자신의 과거지사를 한숨을 쉬며 털어놓았다.

한창 나이 때의 클리블랜드가 어느 변호사의 서기로 있을 때의 일이다. 그는 한 친구에게 이끌려서 술을 마시러 갔다. 그는 걸어가던 도중에 문득 사무실에 남겨둔 일이 생각이 났다. 오늘 하지 않으면 안 될 일이었다. 그래서 그는 친구에게 "미안하지만 나는 갈 수 없구나. 해야 할 일이 생각났어."라며 되돌아가려고 했다.

그러자 클리블랜드의 친구는 "그럴 수야 없지. 할 일이라면 나중에 해도 상관없잖아."라고 말하면서 그를 막무가내로 끌었다. 그래도 클리블랜드가 망설이자 그 친구는 "자, 한 번 즐겁게 마시고, 그리고 나서 열심히 일하면 돼."하며 꽤나 집요하게 매달렸다. 클리블랜드는 거의 질 듯했다. 하지만 그는 마침내 친구의 유혹을 뿌리치고 사무실로 돌아갔다. 그 후 그는 자신의 관리에 더욱더 힘써서 버팔로 시장이 되고, 뉴욕 주지사가 되고, 드디어 대통령이 되었다.

그 때 클리블랜드를 유혹하던 친구가 바로 이 죄수라니, 그의 입에서 한숨이 나오는 것은 당연한 일이었다. 자기 친구가 대통령이 되었는데, 자신은 감옥신세를 지고 있으니 얼마나 자신의 인생이 후회스러웠겠는가.

이 이야기는 한때 미국 사회에서 회자(膾炙)되었던, 유명한 클리블랜드의 인생반전(人生反轉)에 관한 일화다. 그가 한나라의 대통령의 자리에 오르기까지의 내용을 면밀히 살펴보기로 하자. 나쁜 친구들과 어울려서 죄를 짓고 돌아다니는 클리블랜드라는 청년이 있었다.

어느 주일 날 나쁜 일을 하려고 아침에 한 친구와 만나 다른 친구를 만나러 걸어가다가 어느 교회 앞을 지나가게 되었다. 무심코 클리블랜드가 그 교회 벽에 부착되어 있는 간판을 쳐다봤다. '죄의 삯은 사망이다'라는 설교 제목이 눈에 띄었다.

클리블랜드는 죄만 짓고 다녔고 오늘도 그렇게 가려고 했는데, '어? 죄의 값은 사망이라고?' 갑자기 마음이 이상해졌다. 그래서 친구에게 "야! 우리 놀러가는 거 오후에 가고 교회 들어가서 한 번 예배나 드리자."라고하자 그 친구는 "너 미쳤냐? 지금 친구들이 기다리고 있는데 무슨 교회에 들어가서 예배냐?" 그래서 둘은 그 교회 앞에서 말다툼을 하면서 싸웠다.

하지만 클리블랜드는 친구의 유혹을 과감히 뿌리치며 "그러면 너 혼자

가라! 나는 못 가겠다."하고 그 교회에 들어가 '죄의 값은 사망이다'라는 목사의 설교를 들었다. 이 설교를 듣고 나서 그는 많은 눈물을 흘리며 '나는 내 인생을, 왜 이렇게 살고 있을까?' 깊이 회개하고, 그 날부터 크리스천의 창조적 삶을 살기 시작했다고 한다.

30년이 지났을 때 미국의 역사는 클리블랜드를 미국의 제22대 대통령으로 뽑았다. 그 때 큼직한 클리블랜드의 사진과 함께 미국의 대통령에 당선되었다는 뉴스를 한 늙은 죄수가 감옥에서 눈물을 흘리면서 읽고 있었다. 그리고 그는 30년 전 바로 그 날 아침 '죄의 값은 사망이다'라고 부착되어 있었던, 그 교회 벽의 간판기억과 클리블랜드가 변호사의 서기로 있을 때 술을 권했던 친구가 바로 자신이라고 설명했다고 한다.

이처럼 우리는 싸움 중 가장 힘든 싸움은 자신과의 싸움이라고 흔히들 말한다. 양심, 마음, 생각과의 싸움이 그것이다. 사람의 의지는 이들에 의하여 결정되고 실천된다. 남을 속이고 알아차리지 못하게 함은 어려워도 자신을 속이고 그것을 스스로 깨닫지 못하기는 쉽다. 자신과의 싸움은 자신의 마음과 생각으로 결정할 수 있기 때문이다.

자기를 이기는 것보다 더 큰 승리는 없다는 말처럼 자기 자신을 지배할 수 있는 사람만이 다른 사람을 올바로 지도할 수 있다. 그러려면 매사에 적극적으로 참여하여 그 때마다 부딪히는 어려움을 피하지 말고 참으면서 능동적으로 대처하여 이겨내는 의지가 있어야 한다. 그런 인내와 의지는 내 삶의 또 하나의 소중한 재산이 되어 자기의 목표를 실현할 수 있는 기회가 될 것이다.

앞서가는 사람은 앞날을 내다보는 사람이다. 내일을 위해 준비하는 땀의 밭이랑을 열심히 일구어 가는 노력을 아끼지 말아야 한다. 내일을 준비하는 사람은 오늘 하루를 충실하게 살아가지만 오늘에 충실하지 못한 사람은 그의 내일이 텅 비게 될 것이라는 것을 잊지 말아야 하겠다. 현재의 어떤 어려움도 잘 극복하고 주변의 유혹에 이끌리지 말고 밝은 내일을 준비하는 사람이어야 한다. 어떠한 어려움과 유혹도 내일을 꿈꾸는 사람의 의지는 꺾을 수 없기 때문이다.

한편 사람이 살아가면서 배워야 할 중요한 것 중 하나는 어려움을 이겨내는 슬기와 그 과정 속에서 겪는 고통과 땀의 의미를 터득하는 일이다. 또 살면서 고통과 기쁨을 맛보아 가며 성장해야 커서도 땀 흘려 일할 줄 안다. 땀 흘리며 일하는 사람을 우러러 볼 줄 알며, 노력의 가치를 이해할 수 있는 것이다. 쓰러지려는 자리에서 다시 딛고 일어서는 사람은 스스로를 이겨가고 있는 사람이다.

인생은 결코 쉬운 것이 아니기 때문이다. 어려운 극기의 과정을 통과해야 평탄한 인생길을 발견할 수 있다. 우리는 작은 사람의 가치도 소중히 볼 줄 알아야 한다.

행복한 나눔 바이러스 감염된 사람들

4일 오후 서울 여의도 국회 헌정기념관 대강당에서 열린 '제6회 대한민국 나눔대상' 시상식에서 이창호박사(이창호스피치리더십연구소 대표, 대한명인)가 "행복한 나눔, 바이러스 감염된 사람들"을 강연을 했다. 나눔 문화를 선도하는 나눔뉴스 신문사(상임대표 최종옥)와 사단법인 인간성회복운동추진협의회(이사장 권성)가 공동으로 주최하고, 서경일보, 스타저널이 주관했다.

특히 '대한민국 나눔대상'은 우리사회 각 분야에서 본연의 업무를 충실히 하면서 국가와 지역사회 발전은 물론, 특히 나눔과 기부 기증 등 사회봉사를 열심히 실천하는 아름다운 사람들을 찾아 정부와 국회, 그리고 정당, 언론 시민단체가 함께 참여하여 이분들을 격려하고 시상하여 이를 언론을 통해 널리 알려 우리사회의 나눔 문화를 확산시키는 데 뜻이 담겨있다.

이창호 박사 강연의 주요 내용은 다음과 같다.

실제, 1980년대 후반 미국의 하버드대학 의대에서 의대생들을 봉사활동을 참여시킨 후에 체내 면역수치를 측정했더니 크게 증강되었었다는 실험결과가 있었다. 그리고 그 학생들에게 테레사 수녀의 전기를 읽힌 후에 다시 체내면역체계를 측정해봤더니, 또 다시 면역체계가 매우 높아졌다고 한다.

과학자들은 이 실험결과를 통해서, 봉사활동을 하거나 아니면 타인이 봉사활동을 하는 것만을 보더라도 우리 몸의 면역기능이 좋아지고 건강해진다는 것을 알게 되었다. 그리고 이것을 '테레사 효과' 또는 '슈바이처 효과'라고 이름 붙이게 되었다고 한다.

이렇듯 타인에 대한 나눔을 실천하는 것을 생각한다거나, 타인이 봉사활동을 하는 것을 보기만 해도, 우리 몸의 내부에서 나쁜 병균과 싸우는 좋은 면역물질들이 많이 나와서 몸이 건강해진다고 한다. 나눔과 봉사는 이렇게 자신뿐만 아니라 타인들에게도 좋은 영향을 미친다.

심리적으로 좋은 영향뿐만 아니라 신체적인 건강까지도 좋아진다는 것은 한편으로 신기하기까지 한 일이다. 굳이 맹자의 학설인 성선설(性善說)까지 인용하지 않더라도, 우리 인간은 스스로 착한 일을 하거나, 타인이 착한 일을 했다는 이야기만으로도 마음이 좋아지고 몸까지 건강해진다고 한다. 그 중 아주 고무적인 현상 중의 하나는 이렇게 나눔의 가치를 알고 봉사를 하는 사람들은 일종의 바이러스가 되어 점점 늘어난다는 것이다.

현대를 사는 우리는, 참으로 복잡한 세상을 살아간다. 얼마나 복잡하고 다양하고 바쁜지 말로 표현하기가 어려울 지경이다. 각종 과학기술의 발달은 우리에게 많은 편리함을 가져다 주었지만, 우리를 더욱 복잡하고 혼란스럽게 하는 역효과도 함께 제공한다. 우리가 사는 사회는 더욱 발전하고 있다. 그 변화의 속도가 점점 빨라짐을 체감하는 찰나다.

강연자를 비롯한 대부분의 사람들은 바쁜 일상 속에서 한치 앞도 보지 못한 채, 하루를 살아가기에 급급하다. 도시생활을 하는 사람들 중에는 하루에 한 번도 하늘을 올려다보지 못하고 사는 사람들이 태반이 넘는다고 한다. 하늘이 우리 머리 위에 있다는 것을 잊고 살아간다. 하늘을 올려다 볼 마음의 여유조차 없는 것이다. 강연자 역시 크게 다르지는 않다. 오직 앞만 보고 내 앞가림만 하고 살다 보니, 주위를 돌아볼 틈도 없었던 것 같다. 그러다 보니 너무도 많은 것들을 잊고 살아가는 것이 우리의 현실인 듯하다.

한해를 갈무리 짓는 12월, 서재 한견에 꽂혀있는 아주 오래된 시사 잡지에서 '나눔 바이러스'란 단어를 발견했다. 자세히 들여다보니 우연한 기회에 불우한 이웃들을 위해 식사 도우미로 시작한 봉사활동이 이제는 생활이 되어버린 어르신들의 이야기를 다룬 내용이었다. 평소 같으면 그냥 지나쳐버릴 기사였지만 왠지 나의 마음과 눈을 사로잡았다.

읽다보니 참 인상 깊었던 말이 많았는데 그중에서 불우한 이웃을 위해 봉사활동을 활발히 펼치는 어떤 이의 나눔에 관한 이야기였다. 그는 사람들이 나눔을 너무 크게 생각한다고 안타까워했다. 나눔은 그렇게 거창하게 생각하지 않아도 되고 자신이 갖고 있는 것이 어떤 것이든 그것을 조금만 주면 된다고 했다. 나누는 것만큼 쉬운 일도 없다고 그는 이야기 했다.

나눔이란 것은 참 쉬운 것이라고 하는 그의 말을 듣고 많은 생각을 하게 됐다. 사실상 나눔을 너무 거창하게 생각해서 실천하지 못하는 경우가 많다. 지금 당장 현실이 어려운데 남을 돕는다는 것은 생각지도 못하고, 내가 지금 모든 것이 부족한데 타인에게 나눈다는 것은 더더욱 생각지도 못하는 것이다. 나중에 여건이 되면 봉사도 하고 나누기도 하고 살 것이라고 말하는 사람들도 있다. 훗날 돈을 많이 벌어 경제적이나 환경적으로 여유가 되면 이웃과 나누겠다는 사람들도 있다. 이런 현실에서 나눔은 아주 작은 것부터 시작하면 되고, 나눔은 매우 쉬운 일이라고 하는 그의 말에 시사하는 바가 크다.

그는 나눔의 대상도 나누는 것들도 제한이 없다고 했다. 돈이 있는 사람은 돈을 나누고 시간이 있는 사람은 시간을 나누고, 재능이 있는 사람은 그 재능을 나누면 된다고 했다. 한꺼번에 모두 다 나눌 필요도 없고 아주 조금씩 나누면 된다고 했다. 한 번에 아주 조금씩 나눈다면 그다지 어렵지도 않을뿐더러 더 많이 여러 사람에게 나눠줄 수 있다는 것이다. 그렇게 나눔을 시작하면 쉽게 이웃들에게 힘과 용기를 줄 수 있고 우리 자신도 보람 있는 삶을 살 수 있다는 그의 말에 공감을 하면서도, 필자 역시 나누는 삶을 실천하는데 인색했었던 게 아닌가 하는 반성을 하며 스스로에 대한 부끄러움을 느꼈다.

작은 나의 행동과 마음이 힘든 이웃에게 힘과 용기를 주고 희망을 전해줄 수 있다면 얼마나 보람 있는 일인가. 거창하지 않게, 내가 가진 조그만 것을 기꺼이 이웃에게 줄 수 있는 마음만 가지면 될 것 같다. 몇 백 원의 돈으로도 추위에 떨고 있는 사람들에게 따뜻한 아랫목을 선물할 수 있다. 나의 노력 봉사나 시간 투자로 이웃에게 도움을 줄 수 있는 것이다. 많은 사람들이 조금씩만 힘을 나누어서 보태도 큰 힘이 될 수 있다. 나눔은 그 크기보다는 실천이 훨씬 더 중요하다. 내가 가진 여러 것들 중에서 내가 나눌 것은 무엇인가 찾아보고, 나눔의 실천을 체험해봐야겠다. 행복바이러스는 나누는 만큼 더 큰 눈덩이로 우리에게 다가오며, 나눔 바이러스는 베푸는 만큼 더 풍성해진다는 그의 마지막 인터뷰가 생각난다.

며칠 전의 일이다. 아침에 눈을 뜨려니, 온몸이 물 먹은 솜 마냥 천근만근이어서 도저히 일어날 수가 없었다. 무언가 나를 침대에서 잡아당기는 것 같은 느낌이었다. 어처구니없게도 우려했었던 감기바이러스에 감염되어 버린 것이다. 감기바이러스 전염의 속도가 얼마나 빠른지 잘 알기에, 직업이 직업인지라 그렇게 조심을 했는데도 잡히고 만 것이다.

　이윽고 병원을 찾게 되었다. 뉴스를 통해 일교차가 큰 탓에 바이러스가 전국에 유행이라는 말은 들었지만, 이렇게 사람들이 많을 줄은 몰랐다. 진료접수를 해 놓고 앉을 자리도 없어, 한쪽에 서서 대기실을 구경했다. 간호사들은 흡사 월말의 복잡한 은행창구 여직원들처럼 환자들 부르고 순서를 정하고, 진료비 계산하느라 정신이 없었다. 학생 환자들은 뭐가 좋은지 자기네들끼리 낄낄거리고 있었고, 아이들 데려온 부모들이나 감기에 걸린 어른 환자들은 굳은 표정으로 있었다. 굳어있는 어른들의 표정과, 밝은 청소년들의 표정이 확연하게 달랐다. 참 재미있는 풍경이었다.

　바이러스는 전염성이 매우 강하다. 한 번 감염되면 주위로 전파하는 속도가 매우 빠르다. 일반적으로 컴퓨터 바이러스나 눈병 등 각종 질병에 관련한 바이러스는 감염 속도도 매우 빠르고 우리 생활에 끼치는 해가 적지 않다.

　그러나 그 의미를 역으로 뒤집어 '행복바이러스', '웃음바이러스'와 같이 좋은 의미로 사용한다면 얘기는 달라지지 않을까. 행복바이러스나 웃음바이러스, 긍정바이러스는 주위에 큰 도움을 주는 바이러스다. 특히 최근에는 각종 행복한 나눔을 추구하는 프로그램이 전염병처럼 주위로 파급되는 효과가 크다. 웃음만 보더라도, 아이들처럼 재잘거리고 웃을 수 있는 것도 바이러스처럼 전염이 된다. 누군가가 웃음을 시작하면 주위에 있는 사람들은 그다지 우습지 않더라도 따라서 웃게 된다. 그러다 보면 스스로도 웃게 된다. 질병바이러스의 전염이야 타인들에게 고통을 주지만, 웃음바이러스는 다른 사람들에게 행복감은 물론 체내에 면역력 수치를 높여주면서 치료 효과도 동시에 전해준다. 나는 아이들의 웃는 모습들을 보면서 감기의 불편함을 잠시나마 잊을 수 있었다.

　한편 퇴임 후 전 세계를 돌며 집짓기 봉사활동을 펼쳤던 미국의 어느 전직 대통령의 아름다운 모습에서도 확인할 수 있듯, 타인들을 위해 나누는 삶이야말로 이 사회를 조용히 지탱하는 큰 힘이다. 그 힘이 나눔이라는 바이러스가 되어 희망의 증거가 되길. 이어 나눔이 인생의 한 기쁨이라고 자신 있게 이야기하는 사람들을 보면서 나눔의 행복이 얼마나 큰 것인가를 간접적으로나마 느낄 수 있는 계기가 되었으면 한다.

세상을 이끄는
스피치의 힘

2장

소통

말 솜씨를 가장 훌륭하게 전달하는 스킬

아무리 까다로운 전문적인 지식이라도 알기 쉽게 설명하여 말을 잘하면 뭇사람의 존경을 받는 시대이다. 이에 반해 제아무리 박학다식하다 하더라도 말이 서투른 사람은 평가 절하되기 십상임을 알아야 한다. 당당하게 논리적으로 말할 수 있는 능력을 배양하고, 사회생활에서도 주눅 들지 않고 자신감을 형성하여 인간관계 속에서도 자신을 노출시킬 수 있는 적극적인 성격으로 변화시키려는 노력은 이제 선택 아닌 필수이다.

오래전에 영국 옥스퍼드 대학에서는, 포기를 모르는 세기의 정치가 윈스턴 처칠(Winston Churchill)을 초빙하여 대중 스피치를 열었다. 세계 각국의 기자들까지 취재에 열을 올려 분위기는 고조되었다. 사람들의 우레와 같은 박수를 받으며 스피커인 처칠이 입장하였다.

그는 말했다. "나의 성공의 말은 딱 세 가지입니다. 첫째로는, 절대로 포기하지 않습니다. 둘째로는, 절대로, 절대로 포기하지 않습니다. 마지막으로는, 절대로, 절대로, 절대로 포기하지 않습니다." 처칠은 간결하면서도 단순한 한 문장 강조했다. 그 문장은 사람들의 뇌리에 다양한 메시지를 남겼다.

그는 이렇게 몇 마디 뛰어난 스피치로 성공의 말을 하고 스피치를 마쳤다. 그가 강단에서 내려간 뒤에도 강연장 전체는 조용하기만 하였다. 1분 가량 침묵을 지키던 청중들이 뜨거운 박수를 치기 시작하였다. 그 박수는 멈출 줄 모르고 계속되었다. 그 때 처칠 수상이 했던 성공의 말은 "먼저 적이 나를 이기지 못하게 한다는 배수진을 치고는 절대로 포기하지 않는 것"이었다.

리더가 조직을 이끌어나가는 힘, 구성원이나 파트너에게 긍정적이고 발전적인 영향이 가장 많이 요구되는 자질 중 단연 으뜸은 말(Speaker)이다. 어느 누구나 논리적이든 비논리적이든 말을 할 수 있다. 또 그 양도 생각여하에 따라서 많이 할 수도 적게 할 수도 있다. 하지만 누구나 이해할 수 있게 정돈하여 논리적으로 말하기란 쉽지 않다. 말을 한다는 것은 머리에서부터 나온다는 것을 이미 과학적으로도 충분히 증명한 것처럼 말하기는 어렵다. 그것은 단순한 지식 이상의 고난이도 작업이다.

그 이유는, 알고 있는 것이 많아야 그때그때 상황을 뒤엎을 수 있는 순발력이 생기기 때문이다. 그렇다고 해서 말하기가 일부 지식층에게만 국한되거나 낯선 단어인 것만도 아니다. 누구나 가능한 것이다. 끊임없는 노력과 연습을 통해 말하는 실력을 향상시킬 수 있다.

예컨대 상대방의 말을 꼬투리 잡고 싶을 때는 우선 그 사람이 어떤 사람인지, 어떤 생각을 가지고 있는 사람인지를 파악해야 한다. 화가 난다고 말하는 중간에 끼어들어 말한다면, 이미 그 순간 당신은 패배가 된다는 것을 명심해야 한다. 상대방이 하는 이야기를 끝까지 들은 후에 당신의 생각을 말해야 한다.

상대방이 말할 때, 당신이 대처할 말을 생각한 뒤 상대방이 한 말의 순서에 따라서 하고 싶은 말을 하면 된다. 말을 할 때 중요한 건 '언제, 어디서, 누가, 무엇을, 어떻게, 왜' 등 육하원칙의 순서대로 말하는 것이다. 또 '요지는, 왜냐하면, 요컨대' 등을 적용해 볼 수도 있다.

서두르지 말고 차분하게 상대방의 이야기를 끝까지 듣고 난 뒤, 잠깐 사이에 자신의 생각을 논리적으로 정리해서 조리 있게 말하면 된다. 또 인내심을 갖고 적정하게 꾸준히 노력하다 보면 어느 정도 논리적인 대화가 가능해지는 것을 느낄 수 있을 것이다.

이처럼 말솜씨란, 듣는 사람으로 하여금 우리가 하는 말을 듣고 행동으로 옮기거나 다시 한 번 생각하게 해주는 능력이다. 이러한 말을 통해 자신의 의사를 적극적이고, 좀 더 분명하게 표현할 수 있다. 또 리더십을 함양함으로써 다양한 인간관계속에서 자신을 타인에게 정확하게 인식시키는 동시에 상호 관계를 증진시킬 수 있다.

한편 이창호스피치는 "상대방에게 자신의 의견을 분명히 드러내는 사람은 자신감 있어 보이며 당당해 보인다. 이렇듯 말솜씨란 여러 사람에게 자기의 의견을 토로하는 것"이며 다시 말하면 "말하는 사람이 느낀 감정이나 그의 사고를 바탕으로 주의 또는 주장을 상대방 앞에 표현하고 전달하는 형태를 일컬어 말솜씨를 가장 훌륭하게 전달하는 스킬"이라고 할 수 있다.

세상에서 가장 가치 있는 힘은, 바로 칭찬의 힘

이태리 어느 작은 고을에 유명한 오페라 가수가 되는 것이 꿈인 한 청년이 있었다. 그는 혼자 열심히 노래를 연습하다가 드디어 오페라 가수 오디션을 치를 수 있는 기회를 얻었다. 이 청년은 정말 최선을 다해 노래했지만, 아쉽게도 오디션에서 떨어지고 말았다. 오디션에 낙방한 이 청년은 심하게 좌절했다. 그리고 집에 돌아와 다시는 노래를 부르지 않겠다고 결심했다. 이때 그를 지켜보던 어머니가 다가와 이렇게 이야기했다. "아들아, 나는 네가 세상에서 가장 아름다운 목소리를 지녔다는 것을 안단다. 이 엄마는 네가 부르는 노래 소리를 들을 때마다 얼마나 행복한지 모른단다. 엄마는 네가 꼭 유명한 오페라 가수가 되리라 믿는다." 이 청년은 어머니의 칭찬과 격려에 힘입어 다시 노래를 시작했다. 그리고 결국 그는 세계적인 오페라 가수가 되었는데, 그의 이름이 바로 엔리코 카루소이다.

이처럼 칭찬이 진정한 힘을 발휘하도록 하려면 우선 칭찬하고자 하는 사람의 장점과 그 사람의 잘한 일들을 세심히 지켜봐야 한다. 다시 말해 평소에 관심을 가지고 지지를 해야 한다는 것을 의미한다. 그렇다면 사람들의 내면에서부터 적극적이며 긍정적인 반응을 일으켜 더 좋은 결과들이 발생하려면 어떻게 해야 할까? 켄 블랜차드는 다른 사람들이 잘한 일에 초점을 맞추고, 긍정적인 일을 강조하며, 벌을 내리기보다는 시간을 주는 태도를 가지라고 말한다. 이것은 "사람은 누구나 어떤 행동에 대해 관심을 가질수록 그 행동이 반복 된다"는 원리에 기초한 것이다. 즉, 누군가의 잘한 점, 긍정적인 부분에 관심을 가지면 가질수록 그 사람은 그 부분을 더욱 계발하기 위해 노력한다는 것이다.

특히 칭찬이라는 단어를 사전에서 찾아보면, '잘한다고 부추겨주는 것, 또는 그러한 말, 좋은 점을 일컬음, 미덕을 찬송하고 기림'이라고 되어 있다. 즉 칭찬이란 '장점을 찾아 말해주는 것'이라고 요약할 수 있다. 우리는 많은 사람들 속에서 관계를 맺으며 살아가는데, 일반적으로 타인으로부터 자신의 존재를 인정받을 때 성공적인 인간관계를 형성했다고 받아들인다. 또한 자신을 인정해 주는 사람들과 더불어 살아갈 때 기쁨과 보람을 느낀다. 그 이유는 '인정 한다'는 말 자체가 '신뢰 한다'는 말의 의미를 갖고 있기 때문이며, 이는 우리가 신뢰받는 존재가 되고 싶다는 뜻과 일맥상통하기 때문이다.

칭찬의 말을 들으면 일단 기쁨을 느끼지만, 칭찬이 주는 의미는 그 이상이다. 칭찬을 받음으로써 자신이 높이 평가받고 있다는 자긍심과 함께 이제까지 자신이 깨닫지 못했던 능력이 있음을 확인하게 된다. 그리고 더욱 분발해야겠다는 마음을 가지면서, 서서히 일에 재미를 느껴 능동적으로 행동하게 된다. 칭찬은 미처 깨닫지 못했던 마음에 용기와 열정을 불어넣어, 그 안에 새로운 꿈을 꾸게 하고 가능성을 심어주는 마법 같은 것이다. 그렇듯, 사람을 성장시키는 비결이 바로 칭찬인 것이다.

그리고 많은 사람들이 같은 마음으로 상을 주고 그간의 노력에 칭찬을 표하게 되며 '가장 가치 있는 사람(Most Valuable Person)'이라는 칭찬을 듣게 되는 것이다. 모든 커뮤니케이션이 그렇듯 진심으로 상대방을 아끼는 마음 없이는 칭찬도 겉치레에 불과하다. 반드시 긍정적인 일에 초점을 맞추어 칭찬해야 한다.

유명인사의 성공담을 들어보면, 어린 시절 또는 가장 힘들었던 시절에 누군가가 던진 칭찬 한 마디로 그의 인생이 변화한 경우가 많다. 누군가의 삶에 아름다운 기억으로 남고 싶다면 지금부터 칭찬을 생활화해야 한다. 그냥 칭찬이 아니라 언어적 태도와 비언어적 태도가 일치된 칭찬을 해야 하는 것이다. 자, 지금부터 옆에 있는 누군가에게 칭찬의 한 마디를 해보자!! "넌 정말 훌륭하구나!"

멀티엘리트는 커뮤니케이션에 강하다!

오늘날 현대 사회에 있어서 대화의 기술은 자신의 사상과 감정을 주고받는 데 있어 가장 중요한 부분으로 인식되고 있다. 어른과 아이의 대화, 남자와 여자의 대화, 젊은이와 늙은이의 대화, 손님과 상인의 대화, 상사와 부하의 대화, 국민과 정치인의 대화 등 실로 대화야 말로 시대 속에서 호흡하며 내일을 창조하는 가장 중요한 열쇠인 것이다. 현대를 '대화의 시대', '협상의 시대'라고도 한다. 멀티엘리트의 커뮤니케이션의 능력은 품격 있는 스피커(speaker)의 필수 능력이며, 이는 말하는 이의 인격, 성격, 사상, 감정 등을 나타낸다.

대화에서 말하는 이는 듣는 이에게 호의를 보여야 한다. 그리고 자신이 전하고자 하는 내용을 정확하게 알려 주어야 한다. 말하는 이는 호소력과 설득력이 있어야 대화의 목적을 달성할 수 있다.

대화의 종류는 다양하게 나눌 수 있다. 문답(問答), 잡담(雜談), 상담(相談), 의논(議論), 상담(商談), 간담(懇談), 밀담(密談), 교섭(交涉), 면담(面談), 잔화(電話), 한담(閑談) 등이 있다. 그렇다면 대화란 도대체 무엇인가? 사전을 보면 "서로 대면하여 하는 이야기, 화법, 대담"이라고 풀이하고 있다. 조금 더 크고 자세한 사전을 찾아보면 "직접 마주보고 이야기하는 것, 또 그 말, 회화(會話)와 똑같은 의미로 쓰여 지거나, 회화 가운데 다고 새로운 느낌을 주는 경우 등 그 의미는 일정하지 않으나 보통은 특정한 개인과 특정한 개인이 일대 일의 형태로 상대하여 서로 듣고 서로 말하는 경우"라고 해석해 주고 있다.

멀티커뮤니케이션의 능력은 누군가가, 누군가에게 어떠한 목적을 위해, 말이라는 매체를 빌어 전달하고 상대방이 받아들이는 것을 의미한다. 그리고 이 양방향의 소통이 원활하게 이루어질 때 비로소 대화가 성립한다. 실제의 대화에서는 시기와 장소와 경우가 대화의 성립 요건으로 등장한다. 이른바 T·P·O라는 것이다. T는 때(Time), P는 장소(Place), O는 상황(Occasion)으로서, 이들 세 가지 요소는 멀티커뮤니케이션이 이루어지기 위한 불가분의 조건이다. 이 조건들은 듣는 이와도 밀접한 관계에 있다.

물론 커뮤니케이션은 시대와 함께 다양한 과정들을 겪으면서 변천되어 간다. 사람이 행하는 대화는 사회 공동체의 속성을 떠날 수 없으며, 그 사회에 많은 영향을 받는다는 것이다.

사람은 사회적 동물로 대화(對話)없이는 살아가지 못한다. 그러므로 대화란 누구든지 태어날 때부터 자연스레 터득하는 인간의 본질적인 요소이기도 하다. 멀티엘리트(Multi elite)는 커뮤니케이션에 훌륭한 능력을 지닌 사람을 뜻한다.

그렇다면 이야기(대화)의 기능에는 어떤 것들이 있을까. 우선 듣는 이를 즐겁게 해주어야 한다. 그리고 듣는 이에게 전하고자 하는 정보를 명확하게 전달해야 한다. 또한 중요한 내용을 전달할 때에는 깊은 인상이 남을 수 있도록 감명과 여운을 반드시 줘야 한다.

한편 대화를 할 때 반드시 염두에 두어야 할 몇 가지 내용이 있다. 먼저 대화 내용은 간결하고 명료해야 한다. 그리고 그 목적은 흥미와 재치가 있어야 한다. 마지막으로 가장 중요한 것은 이야기할 때 첫째도, 둘째도, 그리고 셋째도 되도록이면 부정어법을 삼가라는 것이다. 부정어법은 부정적 사고방식을 스스로 고백하는 꼴이 되기 때문이다.

끝으로 멀티엘리트 커뮤니케이션은 항상 인간 상호간의 신뢰를 확립해야한다. 물론 이를 위해서는 정보 · 의사의 교류, 즉 커뮤니케이션의 풍부함과 솔직함이 분명히 필요하다. 의사소통이 원활하게 교류되지 않으면 매니지먼트(Management)의 결과를 평가 · 반성할 수 없다. 매니지먼트의 효과적인 전개를 위해서라도 풍부하고 질 높은 멀티엘리트 커뮤니케이션 유지를 도모하지 않으면 안 된다. 그러기 위해서는 진의의 왜곡 된 커뮤니케이션 장애를 파악하여 그것을 제거해야 할 것이다.

커뮤니케이션 기술을 익히자!

옛날에 우리나라가 어렵던 시절, 정월 초이렛날에는 '이레놀음'이라는 특별한 풍습이 있었다. 이는 친한 이웃끼리 쌀을 성의껏 거두어 모듬 밥을 해먹고, 윷놀이를 하며 하루를 보내는 풍습이다. 모듬 밥이란 여자들이 아침부터 쌀자루를 메고, 집집마다 돌아다니며, 생활 정도에 따라 쌀을 거두어들인다. 거둔 쌀 중에 밥할 것만 남기고, 모두 팔아 김, 조기 등 반찬거리를 사고 약간의 술을 마련한다. 그렇게 하여 동네 어른들에게 바치고, 동무들끼리 오순도순 한 자리에서 밥을 먹는 행사와 같은 것이었다. 이러한 우리 고유의 풍습은 더불어 사는 모습으로, 커뮤니케이션의 기초라고 할 수 있다.

사회생활과 비즈니스의 많은 부분은 커뮤니케이션 기술에 의해 좌우된다. 조직생활에 있어서 상대를 설득하여 자신이 원하는 바를 얻는 커뮤니케이션 기술이야말로 가장 중요한 설득 기술이다. 설득이 필요한 순간은 무수히 많다. 흔히 자기가 전하고자 하는 내용을 잘 말하는 것이 '커뮤니케이션' 능력이라고 생각하지만, 이에 못지않게 상대방으로부터 내가 원하는 답을 얻기 위해 대화를 이끌어가는 기술도 대단히 중요하다. 상대방에게 물건을 판매하거나, 프리젠테이션을 할 때, 업무 회의를 할 때는 물론이고 자신이 담당하는 업무의 거의 모든 단계마다 설득이 필요하기 때문이다.

또한 말을 할 때 우리는 언어의 힘인 유인력(powers of attraction)과 대중 커뮤니케이션에서는 생각과 지식을 전파하는 언어의 힘인 전파력(powers of propagation)을, 그리고 설득 커뮤니케이션에서는 승리를 이끄는 언어의 힘인 설득력(powers of persuasion)을 가져야 한다.

한편 우리나라의 속담 중에서도 이 커뮤니케이션과 관련된 속담이나 이야기 등이 많은데, "쌀은 쏟고 주워도 말은 하고 못 줍는다.", '어'해 다르고, '아' 해 다르다." 등이 이에 속한다. 설득력을 가진 자는 남들보다 토론에 강하며, 프리젠테이션에 강하고, 협상에 강할 수밖에 없다. 설득력은 개인의 경쟁력을 넘어서, 기업과 국가의 경쟁력을 만드는 중요한 힘이다.

이렇게 중요한 역할을 하는 '스피치 커뮤니케이션'이지만, 스피치에 대한 이해와 관심, 그리고 능력이 현저히 부족하다는 것이 현실이다.

전문방송인 오프라 윈프리의 말하는 태도는 우리에게 많은 것을 말해 준다.

첫째로는 타인의 아픔을 함께 하는 자세로 말하면 타인의 공감을 얻기가 쉽다는 것,

둘째로는 항상 긍정적으로 말하라는 것. 다시 말해 '나쁘다', '틀렸다'보다는 '다시 생각해볼 여지가 있다'로, '안 된다'보다는 '노력 해 보겠다'로 말하면 호감을 준다는 것이다.

그리고 셋째로는 감정 표현을 자제해 무표정하게 말하면 진정한 메시지를 전하기 어렵다는 것이다. 특히 사랑스럽고 따뜻한 표정은 드러낼수록 설득력이 높아진다는 사실을 기억해야 한다.

필자는 스피치를 구사하는 사람은 항상 진솔하게 말해야 하며, 말할 때의 태도나 표정이 말의 내용과 분리되지 않도록 정성을 들여서 말하라고 주장하고 싶다. 그러면 바위 같은 고집쟁이도 당신에게 설득 당할 수 있을 것이다.

스피커의 기본은 긍정적 의사소통이다!

작금에 생활을 하면서 가장 많이 논의하는 주제 중의 하나는 '성공적인 리더십과 스피치(leadership & speech)의 비결'이다. 역량 있는 리더의 리더십은 주도적으로 자신에 대한 건강한 태도를 형성한다. 또 효과적으로 자기를 관리하는 방법과 효과적인 인간관계를 위한 기술을 습득하는 과정이라고도 할 수 있다. 또한 자아존중감을 확립하고 자신이 처해 있는 조직 속에서 원만한 상호작용을 가능케 해주는 가장 기본적인 수단이 의사소통(communication)이다.

기본적으로 의사소통이란 감정, 태도, 신념, 아이디어를 전달하는 과정으로 서로를 이해하고, 서로에게 영향을 미치는 모든 수단을 의미한다. 바람직한 의사소통은 상대방을 이해하고자 노력하고 상대방의 입장에서 문제를 발견할 때 이루어진다. 상대방과의 차이점을 발견했을 때 그에 대한 느낌과 의미를 교환하는 과정 역시 의사소통의 범주에 속한다.

이러한 의사소통은 두 가지 중요한 기능을 가지는 데 그 내용은 다음과 같다.

첫째로 의사소통은 구성원의 행동을 통제하는 기능을 한다. 의사소통은 구성원이 해야 할 일을 명료하게 하고, 권한과 책임 범위를 설정하며, 업무 처리의 절차와 지침을 전달하여 그들의 행동을 통제하는 것이다.

둘째로 의사소통은 의사결정의 기초가 되는 정보를 파악하고 평가하는 데 필요하나 자료를 제공하여 의사결정이 원활히 이루어지게 한다.

셋째로 구성원들의 동기 유발을 촉진시키는 기능을 한다. 의사소통은 구성원들의 임무와 목표를 설정해 주고, 수행이 적절한지 알려 주며, 성과를 확대하기 위해서 무엇이 요구되는지 알려 준다. 또한 의사소통은 구성원의 협동을 이끌어 내고 조직의 목표에 참여하도록 유도한다.

의사소통의 네 번째의 기능은 느낀 바를 표현하는 감정적인 것이다. 의사소통을 통해 자신의 기쁨이나 만족감, 또는 고충을 표출하고 감정을 교환할 수 있다.

사람들은 의사소통을 통해 타인들에게 영향을 미치고 또 영향을 받는다. 의사소통 없이는 집단이나 조직이 존재할 수 없다. 특히 조직에서의 원활한 의사소통은 공동의 목표를 달성하고 연결시킨다. 의사소통을 통해 구성원의 근무 의욕을 증진하고 사기를 고양하며 협동심을 고취하고 생산성을 향상시킨다.

성공적인 스피커는 항상 긍정적인 사고와 긍정적인 말을 한다. 고대의 통치자 가운데 가장 현명했던 솔로몬 왕의 말을 인용하면, "사람은 마음으로 생각하는 만큼 된다." 만일 우리 생각이 우리의 존재를 결정한다면, 이는 곧 우리의 가능성이 생각에 의해 결정된다는 의미이다. 긍정적인 사고를 가진 사람은 남을 무자비하게 쓰러뜨려서 이기려고 하지 않는다. 그들은 아름답고 멋지고 정정당당하게 이기려고 노력한다. 우리는 이러한 점을 명심하고 항상 긍정적인 생각과 언행을 실천해야 할 것이다.

유쾌한 설득은 상대의 마음을 사로잡는다!

 사람은 모두 제각기 자라온 배경과 성격이 다르다. 이와 마찬가지로 커뮤니케이션 유형도 개인마다 다르다. 자기 자신이 대화를 잘한다고 생각하지만 상대방은 반대로 생각하는 경우가 많다. 말을 잘한다는 것은 철저히 듣는 사람이 판단해야 할 내용이다. 그러므로 말하기에 있어서는 절대 자만에 빠지지 말아야 할 것이다.

 작년에 있었던 미국 버지니아 공대 총기난사사건의 경우도 그 근본적 근원은 오랜 기간 억눌린 커뮤니케이션에 있었다. '외톨이'의 분노가 폭발하면서 빚어진 참극이라는 게 전문가들의 대체적인 진단이었다. 또 전문가들은 대량 살상범은 결국 내면에 채워져 있던 분노를 범행을 통해 한꺼번에 표출한 뒤 자살을 택함으로써 자신의 남성성을 파괴로 연결 짓는다고 말한다. 특히 노스이스턴대의 잭 레빈 교수는 워싱턴 포스트와의 인터뷰에서 "대량 살상범은 자신의 불행에 책임 있다고 믿는 모든 사람들에게 복수를 하고 자신도 자살로 마감하는 유형을 가졌다."고 지적하기도 했다. 의사소통, 즉 커뮤니케이션의 부재는 이러한 심각한 문제를 낳는 것이다.

 인간의 행동에 대해 생각할 때, '그 행동을 일으킨 동기는 과연 무엇일까?'하는 의문이 생긴다. 이 의문을 푸는 데 중요한 힌트는 동기부여 이론이다. 동기부여는 어느 생활체에 욕구가 일어날 때 이를 만족시키려는 의도에서 행동하게 만드는 일이다. 욕구란 대체로 생활에 무엇인가 부족함을 느낄 때 생겨나는 심리적인 움직임이다. 이러한 욕구를 행동으로 옮기느냐, 옮기지 않느냐를 결정하는 데 중요한 매개체 역할을 하는 것이 바로 설득 커뮤니케이션이다. 인간 발달에 따른 설득하는 법을 생각해보자 사람들이 허용적이고 격려적인 태도를 보이면 누구나 지적 호기심이 자극되어 인간 발달에 긍정적인 영향을 미친다.

사람들은 대개 일반화된 추상적인 사고를 추구하며 그들의 욕구를 피력하고 말로 표현한다. 사람은 조직화된 지속적 자아 개념과 자존심을 소유하고 있으며 독립된 인격체로서의 삶을 살아가고 있다. 시민 사회 내에서 맡고 있는 지위 때문에 늘 생산적인 사람이 되어야 한다고 생각하고 있으며, 자기 주도적이다. 많은 경험을 지니고 그 경험에 의거하여 문제를 해결하려는 경향이 있다. 따라서 사람들의 육체적, 정신적, 감정적 특성들은 설득에 영향을 끼치는 중요한 요인이 된다.

사람들은 광범위한 삶의 경험을 가지고 있으며 이러한 경험을 토대로 새로운 정보를 체계화하고 범위를 한정하고자 한다. 사람은 이전의 경험을 통해 획득된 의미, 가치, 기술 및 전략을 변형시키거나 확대시키는데 초점을 맞춘다. 정보에 대한 압력은 주로 사회적 역할이나 직장에서의 역할, 기대감, 지속적인 생산성에 대한 개인적 욕구, 정체성 확립 등에서 비롯된다. 또한 풍부한 정보가 있는 것이야말로 설득력을 발휘하는 무기를 가진 것이 된다.

데일 카네기(D. Carnegie)는 "상대방에게 자신의 중요성을 느끼도록 만들어야 한다."고 말하였다. 이것은 인간의 욕구이며, 이 욕구는 인간과 동물을 구별 짓는 경계선이며 인류의 문명도 이런 인간의 욕망에 의해 발전되어 왔다. 인간이라면 누구나 주위 사람들로부터 인정받기를 원한다. 따라서 설득자는 수용자에게 칭찬을 통해 장점을 발견하게 하고 그것을 인정한다면 수용자는 매우 긍정적으로 받아들이게 된다.

특히 설득자는 사람과 사람 사이의 상호작용을 통하여 결론을 제시하는 역할을 한다. 만약 어떤 것에 대한 자신의 경험을 무시하고 결론을 제시해 버린다면 수용자는 본능적으로 불쾌한 감정을 갖게 될 것이다. 이런 설득은 무슨 일이든 네 멋대로 해보라는 도전으로 받아들여질 뿐만 아니라 상대를 강하게 자극할 수도 있다. 따라서 어떤 결론은 개인의 주관임을 밝히며 진리가 아닌 경우에는 결론을 제시하는 것을 자제해야 한다. 수용자는 마음의 결정을 하였어도 구체적인 실행에 옮기는 데 뜸을 들이기 쉽다. 따라서 결정한 마음을 행동으로 옮기기 위해서는 구체적인 방법을 알려주어 따르도록 하는 것이 효과적이다. 다시 말해 '예스'라는 대답을 받아내는 데 그치지 말고 실제 행동으로 옮겨질 수 있도록 촉구해야 한다. 설득을 통해 예스라는 확답을 얻어내는 것은 쉽지 않을 수 있다. 그러나 더욱 어려운 것은 예스라는 응답에 대하여 실제로 행동으로 옮겨질 수 있도록 하는 것이다.

상대방의 마음을 움직이는 일은 결코 쉽지 않다. 따라서 설득을 하기 전에 충분한 대화를 통해 공통점이나 공감대를 찾아내 이것을 설득의 실마리로 만들어야 한다. 따라서 상대방의 심금을 울릴 수 있는 결정적 한 마디 명언을 찾아내 공략하는 것은 매우 중요한 설득 방법이다.

설득은 인간의 행동을 결정하는 여러 가지 요소를 동원하여 상대를 이해, 납득, 공감시켜서 사고나 행동에 변화를 일으키는 언어적 수단이다. 명연설가의 말은 길지 않다. 윈스턴 처칠의 옥스포드 대학에서 한 유명한 연설은 "포기하지 마라!"라는 단 한 마디였지만 오늘날 최고의 명언으로 남아 있다. 길지 않으면서도 깊고 정확한 말 한 마디! 그 유쾌한 설득의 한 마디가 당신을 최고의 자리로 인도해줄 것이다.

대화는 더불어 가는 사회 속의 약속이다!

　미국 대통령을 지낸 토머스 제퍼슨의 서재에는 '화가 나면 열까지 세고, 상대를 죽이고 싶으면 백까지 세라'는 글이 붙어 있다. 많은 사람들이 현 시대를 '토킹 에이지(Talking age)'라 부르고 있다. 그만큼 의사소통 능력이 중요한 시대란 뜻이다. 커뮤니케이션은 개인이나 조직의 생존에 핵심 요소로 자리 잡고 있으며, 커뮤니케이션 능력은 곧 성공 경쟁력으로 통한다. 기업체에서도 신입 사원 채용 시 커뮤니케이션 역량을 중요시 여기고 있다. 오늘날 사회의 다양한 측면에서 토론, 자기 발표 수업이 크게 늘고 있는 것도 커뮤니케이션의 중요성을 실감나게 해주는 한 단면이다. '어떻게 하면 타인과 커뮤니케이션을 잘할 수 있을까?'라는 의문이 현대인의 중차대한 관심사가 되고 있다.

　작금의 사람들은 태어나 말을 하는 순간부터 눈을 감는 순간까지 셀 수 없이 많은 사람들과 대화를 한다. 그 상대는 가족이거나 친구, 배우자, 직장 동료에서부터 일로 얽힌 사람들, 그리고 우연히 만난 사람들까지 다양하다. 사람 일이 항상 좋은 일만 있을 수는 없다. 그렇기 때문에 갈등의 대화 역시 자주 일어난다. 화를 참거나 싸움을 피하는 게 능사가 아님은 알고 있으나, 상대방에게 상처 주지 않으면서 갈등을 해결하는 것은 그리 쉬운 일이 아니다. 대화를 함에 있어서 상대방에게 상처가 되는 차갑고 모진 말들은 그 상대에게 날카로운 칼이 되어 가슴을 도려내기도 한다. 같은 말이라도 상대방을 위하는 칭찬의 말을 하면 상대방에게 가슴에 따뜻한 온기를 남겨줄 수도 있다. 우리는 대화를 할 때 처음부터 기분이 상해 있을 수도 있고, 대화를 하는 도중에 감정이 상할 수도 있다. 기분이 상한 채로 대화를 계속 이어나가다 보면 결국엔 서로의 감정만 상한 채 대화가 끝 날 수도 있다. 대화하는 것을 보면 그 사람의 교양, 마음씨, 인격을 알 수 있다.

그러므로 대화에 앞서 마음을 안정시키는 일은 자신의 이미지를 좋게 만드는 데 중요한 역할을 한다.

그러므로 효과적인 대화를 하기 위한 방법 중 하나로 강한 분노를 잠재우는 법을 알아야 한다. 먼저 사람들은 저마다 생각하는 것도 다르고, 가치관도 다름을 인정해야 한다. 똑같은 행동을 할지라도 어떤 사람은 좋은 쪽으로 생각 할 수 있지만, 다른 사람의 경우 안 좋은 쪽으로 생각 할 수도 있다. 또 대화를 하면서 자기의 가치관이나 생각과 조금 다르게 상대방의 의견을 내세우더라도 무조건 비판하거나 부정하지 말고 상대방의 의견을 천천히 들어봐야 한다. 그런 후에도 정 아니다 싶을 경우에는 자신의 의견을 무조건 내세우기보다는 자신의 생각을 적절히 설명하며 상대방의 의견을 완전히 무시하지 않는 것이 중요할 것이다.

의사소통 기술 중 또 다른 하나는 이해의 출발이다. 이해란 잘 들어주는 데서부터 시작하며, 역시 상호의 다름을 인정하면 쉽게 문제가 해결된다. 대화를 하다가 감정이 상하거나 상대방이 하는 이야기가 도무지 납득이 되지 않더라도 상대방을 배려해주는 것이 무엇보다 중요하다. 대화하는 데에 있어서 가장 중요한 에티켓이 바로 경청의 자세인 데, 이 경청의 자세가 배려의 첫걸음이나 마찬가지다. 상대방이 말을 하고 있는데 중간에 끊고 자신의 할 말만 하는 것은 상대방에게 자칫 무시하는 모습을 보일 수 있기 때문에 항상 주의해야 한다.

또한, 상대의 지나치게 격양된 말투는 그냥 방관함으로써 서로의 대화가 생산적이지 못하고 아무 소용없다는 사실을 알게 해주는 방법이 중요하다. 이때 대화는 일방적인 입장에서 말하는 것이 아니라, 상호작용을 통해 서로의 의견을 같이 공유하면서 대화를 이끌어 가는 것이 중요하다는 것을 인식시켜줘야 한다. 다시 말해 모든 말이나 행동에 반드시 반영적 경청을 보이려고 할 필요는 없다. 오히려 역효과가 날 때도 있기 때문이다.

경우에 따라서는 침묵으로 그저 묵묵히 듣는 소극적 경청이 좋을 때도 있다는 것이다. 무엇인가 말해주고 싶지만 그냥 인정해 주는 비언어적 반응만 보이는 것으로 충분할 수도 있기 때문이다. 그 판단은 본인의 몫이다. 한낱 말솜씨는 '회의가'를 낳을 수 있지만 '철학자'를 만들지는 못한다는 말이 있듯이 항상 상대를 위하면서도, 전체 분위기를 파악하고 신속하게 반응할 수 있는 유연성 있는 스피커가 되기 위해 분단한 노력을 기울여야 할 것이다.

잘 웃는 리더는 커뮤니케이션부터가 다르다!

사전에는 웃음(laughter)이 '쾌적한 정신활동에 수반된 감정반응'이라고 정의하고 있다. 구체적으로는 이 웃음은 미소(微笑)·고소(苦笑:쓴웃음)·홍소(哄笑)·냉소(冷笑)·조소(嘲笑)·실소(失笑)등의 종류를 가지고 있다. 또 웃음은 신체적 자극에서, 기쁨에서, 우스꽝스러움에서, 겸연쩍음에서, 연기(演技)로서, 또 병적(病的)인 데서 오는 것으로도 분류할 수도 있다. 웃음의 원인이나 종류에 대해서는 여러 가지 설이 있다. 아리스토텔레스는 인간을 '웃는 동물(animal rident)'라 칭했다. 사람과 짐승을 구별하는 중요한 요소로 '웃음'을 꼽은 것이다. 한편 찰리 채플린은 인생은 가까이서 보면 하나의 비극이지만, 멀리서 보면 하나의 희극이라고 표현하기도 했다.

웃음을 연구한 학자의 말에 따르면 성인은 하루 평균 8번 웃고, 어린이들은 평균 4백번을 웃는다고 한다. 웃음에 많은 차이를 보면, 성인이 되어가는 징표 중 하나가 '웃음이 사라지는 것'이다. 우리는 과연 하루에 몇 번이나 웃고 있을까? 과중한 업무, 경제적 문제, 부부 문제, 건강을 위협하는 질병, 아이들 교육 문제, 리더와 관계, 직장에서 오는 스트레스 등 수많은 외적 요인들이 우리에게서 웃음을 빼앗아가고 있다. 웃음은 다양한 개인적 감정을 드러내는 최고의 품격이 있는 수단이다. 뿐만 아니라 인간관계에서 발생하는 긴장을 완화하고, 갈등을 풀어주는 등 사회적 상호작용의 매우 중요한 요소이기도 하다. 그러므로 웃음에 담긴 생리적, 심리적, 사회적 의미에 대해 묻고 답하는 과정은 인간의 존재적 의미를 탐색하려는 리더의 커뮤니케이션 과정이라 할 수 있다.

필자는 성공의 과정이 전략 커뮤니케이션(Strategic Communication)의 사고에서 출발된다고 본다. 조사와 분석과정을 통해 개발된 '커뮤니케이션 메시지'는 보다 효과적인 스피치 수단으로 청자에게 전달된다. 즉 주어진 사실 또는 논거에 대해 단순히 보여지는대로 판단하여 메시지를 전달하는 것이 아니라 논거에 결부된 것 이상의 다양한 여건에 대한 조정이 추가된 것이다. 커뮤니케이션의 목적, 그리고 커뮤니케이션 대상에 대한 세밀한 분석을 통해 메시지를 선택하고 메시지 전달에 가장 효과적인 전달 수단을 통하여 스피치를 행해야 할 것이다.

스티븐 코비 박사는 자신의 저서에서 사물의 인식에 대해 다음과 같이 서술하고 있다.

"우리 자신이 사물을 분명하고 또 객관적으로 본다고 생각하는 것처럼 비록 보는 방식은 우리와 다르지만 다른 사람 역시 자신의 관점에서는 우리처럼 분명하고, 또 객관적으로 사물을 본다고 확신한다는 사실을 깨닫게 된다. 우리가 어떠한 관점을 갖고 있느냐 하는 것은 우리가 어떠한 처지에 있느냐에 달려 있다. 우리는 사물을 볼 때 있는 그대로를 본다고 생각하는 경향이 있다. 즉, 우리 자신이 객관적이라고 생각한다. 그러나 사실은 그렇지 못하다. 우리는 이 세상을 있는 그대로 보는 것이 아니라 영향 받고 조절된 자기 자신의 주관적 입장에서 본다. 다시 말해서 만일 자신이 본 것을 서술하기 위해 말문을 연다면, 사실은 우리 자신, 우리의 지각, 우리의 패러다임을 서술하는 것이다."

따라서 효율적이고 강력한 커뮤니케이션을 위해 논리와 메시지를 어떻게 전략적으로 개발하고 이를 청자에게 전달하는 것이 리더의 전략 커뮤니케이션(Strategic Communication)에서 필요시 되는 가장 중요한 사항인지 말한다. 강력한 커뮤니케이션 구현을 위해서는 다양한 형태의 커뮤니케이션 스피치에 대한 폭넓은 이해가 요구된다. 특히 스피치를 통한 대화, 글을 이용한 문서, 영상을 이용한 비주얼 커뮤니케이션(visual communcation)과 다양한 커뮤니케이션 형태에 대한 깊이 있는 이해를 바탕으로 전달하고자 하는 메시지를 가장 잘 반영할 수 있는 스피치 수단을 선택하여 청자에게 전달해야 하는 것이다.

우리는 때때로 부정적인 사고에 사로잡혀 스트레스와 걱정에 휩싸이게 된다. 미국의 심리학자인 쉐드 헴스테더 박사는 우리가 하루에 5만~6만 가지 생각을 한다고 말한다. 문제는 그 생각 중에서 85%는 부정적인 것이며, 단, 15%만이 긍정적인 사고란 것이다. 결국 우리는 끊임없는 부정적인 사고와 싸우면서 하루하루를 살아가게 된다. 하루에 깊이 잠자는 4시간을 빼고는 나머지 20시간동안 5만 가지 생각을 한다. 즉, 한 시간에 2천오백 가지, 1분에 마흔 두 번 가지나 생각을 하는 셈이다. 우리의 경우를 보면 과장된 수치도 아니다. 모든 상황을 어떻게 긍정적으로 해석하느냐에 따라서 그날의 행복을 좌우하는 웃는 리더의 전략적 커뮤니케이션이 다르게 나타난다. 우리는 긍정의 힘을 알고 이를 실천해야 할 것이다.

커뮤니케이션 비결은 성공 전략이 다르다

변화를 시도하는 최고경영자(CEO)가 매번 부닥치는 현실은 구성원의 자기 방어적인 저항이다. 역설적으로 변화에 저항하지 않는 구성원뿐인 조직은 이미 죽은 조직이나 다름없다고 말할 수 있다. 로얄 더치 셸의 전직 고위 임원이며 학습조직의 주창자 Arie de Geus는 '생동하는 기업 (The living company)'에서 100년 이상 전쟁, 공황, 기술발전, 시장변화 등에서 생존, 번성한 기업의 성공 요인은 변화경영의 성공이었으며 이들 생존기업의 경영자는 신개념 수용에 적극적이고, 실험정신이 뚜렷하며, 격변의 환경 속에서 조화를 추구하는 리더십과 역량을 가졌다고 피력하고 있다.

다양한 환경적 변화 기업 핵심역량의 변화, 환경 변화, 산업구조 변화에 효과적으로 대처할 수 있는 방법론을 개발해야 한다. 조직이 자생적인 생존력을 가지기 위해서는 기업환경과의 끊임없는 교감, 변화 추구, 기회 선점을 통한 변신의 노력이 필수적이다. 이러한 과정이 구성원에 체질화 될 때 학습조직으로의 영속성을 띄게 된다.

개인적으로도 힘든 환경에 대한 적응과 변화에 대한 시도가 구성원의 차원에서 더욱 중요한 것은 전략적인 스피치이다. 스피치는 세기(世紀)앞에서 자기주장을 말(speech)로 전달하는 가장 중요한 형태이며 또 궁극적으로 사람끼리 말이나, 글자, 음성, 몸짓 등으로 사상과 감정을 전달하며 자신의 의사를 정확하게 전달하는 능력이 스피치 커뮤니케이션의 표현력이다. 18개월 된 어린이가 '어린이 집'에서 제일 먼저 배운 말이 '내 꺼야'라는 말을 친구에게 들었다. '내 꺼야'는 자기보다 다른 어린이가 없는 입장에서 자신의 욕구를 해결하기 위한 최고의 방법이다.

커뮤니케이션 전략에 영향력 있는 스피치의 눈높이 문제가 매우 중요하다. 스피커(speaker) 관점의 문제다. 스피커는 스피치에서 정보전달자로서 제안하고자 하는 내용을 어떻게 진행시키고 완수할 것인가를 기획한다. 그에 따라 스피치를 계획하여, 청중들로 하여금 스피치의 제안대로 결정하고 설득되도록 촉진시키는 역할을 수행하는 사람을 말한다. 이처럼 스피커는 스피치에 관련된 모든 기획, 제작, 스피치를 잘해야 원하는 목적대로 청중을 변화하게 할 수 있다. 상대의 관점으로 상대의 마음을 잡을 수 있어야 한다. 사람은 감성으로 판단하고 이성으로 합리화한다. 스피치를 통해 무언가를 얻고 싶다면 청자의 욕구(needs)를 발견하여 충족시켜야 한다. 특히 논쟁하지도 않고 피하고. 이겨도 손해다. 스피치 커뮤니케이션의 승리는 상대를 자기 편으로 만드는 것이 스피치 전략(madman strategy)의 핵심이다.

환경변화의 수용 정도가 크면 클수록 스피치 커뮤니케이션에 대한 요구와 긴급성도 함께 상승하게 된다. 충분한 메시지와 정보의 부족 등으로 야기될 수 있는 부작용을 상상해 보자. 초기 단계에서 구성원은 환경변화의 시도를 무시하고 종전과 같은 행태를 지속할 수 있다. 스피치 커뮤니케이션의 시기와 전달자의 성격에 따라 그 책임과 역할은 매우 달라지며, 본인의 역할에 맞는 행동 규범을 수립해야 한다. 스피치 커뮤니케이션을 전략적으로 활용한 사례는 현장에서 무수히 목격된다. 결국 파워 스피치 커뮤니케이션은 의사전달의 체계적인 행위라고 정의 할 수 있다. 생각과 아이디어 그리고 경험과 노-하우를 듣는 사람에게 제대로 전달함으로써 의사결정을 할 수 있도록 설득하고 이를 원하는 목표로 이끌어 내는 전략적 스피치이다.

끝으로 이슬람 수피파의 잠언에서 찾아볼 수 있는 스피치의 법칙과 유사한 내용을 소개하겠다.

첫째로는 **남의 말에 귀를 기울여라. 신중할 지어다. 그러나 말수는 적어야 하느니라.**

둘째로는 묻는 사람이 없거든 절대 입을 열지 말라. 물음을 받거든 당장 간단히 대답하라.

마지막으로는 행여 물음에 대해 모른다고 해도 그것을 고백하기를 부끄러워 하지 말라.

스피치전략 부문에서 경청, 대답, 불치하문(不恥下問) 이 세 가지가 핵심인 것이다.

자신을 당당하게 표출하는 솜씨 '소통스피치'

영화감독이자 작가인 마이클 크라이튼(Michael Crichton)은 이렇게 말했다. "인생의 일정기간을 실패로 보내지 않았다면, 그건 그 사람이 너무 안전한 게임만 했다는 뜻이다."

사람의 역경이나 모험의 본질은 실패다. 작금 스마트시대로 급변하고 사람들의 니즈가 다양해지면서 남녀노소, 지위고하를 막론하고 권위주의 리더십의 가치관은 점진적으로 퇴색되고 그 대신 사람중심, 가치관중심, 소통중심의 리더십이 새롭게 각광 받고 있다. 이러한 리더십은 구성원을 한 뜻으로 이동시켜 주어진 여건 속에서 공감대를 형성하고 감동을 받아 스스로 자아를 창조하는 과정이라 할 수 있다.

예컨대 리더의 영향력은 한시적인 경우가 많다. 현재의 지위에서 물러나면 그 이전까지 영향을 받던 사람들이 언제 그랬냐는 식으로 나오며 영향력이 사라질 수 있다. 그 영향력이 갖는 강압적인 결과라고 볼 수 있다.

리더가 되고 안 되고는 나 자신에게 달려있다. 자신에게 적정하게 맞는 리더십을 선택하기 위해서는 자신이 처한 상황을 정확하게 분석하고 과연 나는 어떠한 리더십 유형을 가졌는지 스스로 파악해야한다.

이를테면 리더가 당당하게 표출하는 솜씨는 바로 '소통스피치'이다. 소통스피치는 사람의 기본적인 활동을 가능케 하는 생산적인 도구이다. 그러므로 소통스피치는 자신을 발견하고 타인과 관계형성을 하게 해줌으로써 성공적인 미래생활을 가능케 하는 가장 강력한 에너지다.

특히 구성원을 유지시키는 기본적인 요소임과 동시에 사회를 조정하고 적정하게 통치하는 수단으로 작용하는 언어표현이다. 그래서 소통스피치는 한 개인 뿐만 아니라 한 사회의 발전과 생존에 필수 불가결한 가장 위대한 요소가 되었다.

우리는 소통스피치로 상대방에게 자신의 생각과 감정을 전하며 리더십을 행한다. 소통스피치는 그 이상의 무엇을 가지고 있다. 상대방에게 하는 리더십은 말과 사고에도 영향을 주며 때로는 일을 하게끔 하지만 못하게도 한다. 무엇보다 감정에도 영향을 주며 사랑과 행복을 선물하기도 한다. 용기를 주기도 하지만 좌절도 주며 어떤 일들을 판단하며 결정하게 한다. 이밖에도 소통스피치의 영향력은 다양하게 있을 것이다. 이런 소통스피치를 새롭게 인식한다면, 상대방에게 전한다는 것이 얼마나 중요한 것인지를 새삼 느끼게 될 것이다.

고대(古代)에는 에토스(ethos), 파토스(pathos), 로고스(logos)를 통해 사람 관계를 조직하며 소통스피치로 해 나갔다고 한다. 그로부터 2000년 이상 지났지만 사람의 본질은 지금도 변함이 없는 것이다.

에토스는 윤리적 행동을 주장하며 신뢰와 신용은 매우 중요하고, 파토스는 공감적 이해가 먼저이며, 로고스는 상대방을 이해하고 서로 마음의 문을 연 다음 논리로 설득할 때 사람 관계가 좋아진다.

이처럼 사람 관계에서 로고스를 사용하기 전에 고려하는 것은 에토스와 파토스이다. 에토스와 파토스를 가지지 않고 자신의 논리만을 앞세울 경우 설득에 실패할 가능성이 크기 때문이다.

그럼에도 불구하고 이창호 스피치는 "가장 바람직한 소통 스피치는 역경이나 곤경에 동요하지 않고, 효과적인 자기표현인 파토스가 있어야 진정한 리더로서 성공할 수 있다"고 감히 주장을 해본다.

소통 프로세스를 시작해보자

지난 2008년 미국 대통령 선거 때 버락 오바마(Barack Hussein Obama)의 선거 운동은 소통의 프로세스를 보여주는 훌륭한 사례다. 오바마 캠프는 처음부터 소셜(social)을 염두에 두고 전략을 세웠는데, 선거의 마스터플랜을 대중에 공개해 시작부터 마지막까지 소통했다. 심지어는 선거 자금이 어떤 방식으로 사용되는지도 철저하게 공유했다.

오바마의 인지도가 상대적으로 낮았기 때문에 오바마 캠프는 유권자들에게 인간 오바마를 알리는 게 중요하다고 생각했다. 그래서 트위터 및 페이스 북, 마이스페이스 같은 소셜 테크놀로지를 활용해 선거 분위기가 개인적인 공간으로까지 확대될 수 있도록 유도했다. 또 선거 운동의 핵심 가치는 존중과 겸손이었다.

 필자도 오바마의 페이스북 친구이다. 오바마 캠프는 끊임없이 유권자 개개인들과 소통했으며 선거에서 한 번도 시도하지 않았던 방법으로 유권자들의 마음을 움직였다. 자신의 트위터 프로필 사진을 오바마 얼굴로 올린 사람들이 늘어났고, 어떤 사람들은 재미있는 UCC(User Created Contents) 동영상을 만들어 유튜브에 올리기도 했다.

 오바마의 캠프는 소셜 테크놀로지라는 소통의 도구를 활용하는 것을 넘어, 그동안 정치에서 소외됐던 사람들을 기꺼이 앞장세움으로써 과거에는 존재하지 않았던 새로운 관계를 만들어냈다. 같은 비전과 목표를 가진 사람들의 광범위한 소통과 참여가 결국 오바마를 재선시킨 것이다.

 작금 스마트 사회의 화두는 단연 소통 프로세스이다. 지금 우리 시대는 통제에서 개방으로 패러다임이 변화하고 있다. 이렇게 변화한 패러다임은 창조적 리더십을 원한다. 그 중심에 바로 소통의 프로세스가 있다. 소통 리더의 프로세스 기본 원칙은 '진정성과 투명성으로 명령과 통제를 포기하고 구성원들과의 소통과 공감으로 참여와 화합'을 이끌어내는 것이다.

 소통 리더는 낙관주의와 협업(協業)주의라는 개념을 통해 강력한 역할이 아닌 부드러운 촉매로서 조직의 소통과 성취를 돕는다. 소통 리더는 리더십이 누구에게나 있는 특성이라 믿으며, 의사결정에 있어 조직 내·외부를 참여시키고 공감을 이끌어 신뢰 프로세스를 독려한다. 정치·경제·사회·문화·종교 할 것 없이 모든 분야에서 소통 프로세스는 필요하다.

 리더에게 가장 중요한 것은 능력이나 카리스마, 조직 장악력, 비전, 목표 달성력, 네트워크 능력이 아니라 소통 프로세스이다. 이창호스피치가 말하는 소통 프로세스는 "먼저 사람의 마음을 얻는 것이 가장 중요하다는 것이다. 그것은 인위적인 몇 가지 보상과 유인책으로 얻어지는 것이 아니다. 끊임없는 대화와 공감으로 소통하려고 할 때, 그들의 마음을 얻을 수가 있는 것"이다. 이것이 바로 소통 프로세스이다. 또한 소통의 리더십을 통해 자신을 절제하고 자신의 이익보다 먼저 공공의 이익을 위해서 정성을 다하는 리더가 성공한다는 사실이다.

한편 진정한 소통 리더가 되기를 원한다면 다른 사람을 섬기는 소통 프로세스를 갖추어야 한다. 소통 프로세스는 실천하는 리더이며 더 많은 사람에게 선한 영향력을 미친다. 지금 당장 효과가 나타나지 않는다 해도 그 영향력은 무시할 수 없다. 진정한 소통 리더가 되기 위해서는 소통 프로세스를 통해 다른 사람에게 진정한 행복함을 나누어 주어야 한다.

지금 저 밖에는 당신의 섬김을 필요로 하는 사람들이 있다. 자, 그럼 소통 프로세스를 시작해보자.

마음이 통하는 새 시대 스마트 소통의 리더십
'스마트 사고'와 '스마트 소통의 힘'

우리는 태어날 때부터 이 세상을 등질 때까지 동서고금 누구를 막론하고 존경받기를 원한다. 그러면서 '현재의 자리에서 묵묵히 기다리고 있으면 언젠가는 기회가 오겠지.'라고 막연한 기대를 한다. 그러나 분 초를 다투는 스마트 혁명사회에서 우연한 성공이란 없다. 성공은 자기 자신을 초월할 때 비로소 가능하다. 그러기 위해서는 반드시 스마트 소통적 사고가 필요하다. 우리는 타인과 다양한 관계 속에서 하루를 시작하고 마무리하기 때문이다. 그리고 이때 근저를 이루는 것은 다름 아닌 스마트 소통을 통한 일상이다.

그렇다면 당신이 지금 이 순간 해야 할 일은 무엇인가? 우선, 자신의 열악한 환경과 생각에서 벗어나야 한다. 그러기 위해서는 스마트 사회에서 걸맞지 않은 실패의 요인들을 과감하게 삭제하고 새로운 창의적 데이터로 자신의 인생을 업그레이드시켜야 한다. 이때 필요한 필수사항이 바로 '스마트 사고'와 '스마트 소통의 힘'이다.

스마트 폰의 혁명시대, 인터넷, 페이스북(Facebook), 트위터(Twitter), 요즘(yozm), 미투2데이(me2day), 블러그 등의 SNS 기능을 적재적소에 올바르게 사용하는 것은 이제 모든 사람들의 필수 사항이 되었으며 이는 "스마트 소통(疏通)" 능력과도 직결된다고 할 수 있겠다. 그렇다면 어떻게 해야 스마트 소통을 잘 활용하여 생산성 및 핵심 역량을 높이고, 또 구성원들에게 동기를 부여하며 구성원의 분위기를 감성적으로 이끌 수 있는 것일까?

첫째, 스마트 소통의 쇼셜네트워크서비스(Social Network Service, SNS)기능을 올바르게 활용하여 자신들의 일상을 가감 없이 스스로 전달하는 것이다. 어떤 생각을 하고 있고 어떤 감정 상태에 있는지 그리고 어디에서 누구를 만났고 어떤 이야기를 했으며 어떤 결과로 이어졌는지에 대해 일상적이고 사소한 것까지 이야기 하는 것이다. 이를 통해 구성원들과 이질감이 아닌 하나의 동질감을 느끼며 더욱 신뢰할 수 있게 된다.

둘째, 스마트 소통의 기능을 활용하여 동기부여를 할 수 있다. 1일(日) 1찬(贊), 하루에 한 가지 칭찬을 말하기, 생각 나누기 등 노트를 만들어 모든 구성원들에게 발송하는 것도 좋은 방법이다, 인생에 있어서 도움이 되고 귀감이 될 수 있는 모든 내용을 훈훈하면서도 감동을 선사할 수 있는 글을 소개하는 것도 하나의 방법이 될 수 있다.

셋째, 스마트 소통을 활용하여 정책 등에 활용하는 것도 하나의 방법이다. 옛 속담에 "백지장도 맞들면 낫다"는 말이 있다. 쉬운 일이라도 협력하여 하면 훨씬 쉽다는 말이다. 한 사람의 아이디어에는 한계가 있는 법이다. 하지만 다양한 사람의 창의적 아이디어가 모이면 무한한 에너지를 발휘한다. 한 가지 주제나 아이디어를 놓고 "여러분은 어떻게 생각하십니까?" "여러분의 아이디어는?" 한다면 전 구성원의 아이디어나 의견을 수렴할 수 있게 된다. SNS 기능을 활용하여 스마트 소통을 한다면 빠르게 변화하고 치열한 생존의 사투를 벌어야 하는 현장에서 남들보다 우월한 지위를 선점할 수 있을 것이다.

당신은 이 순간 당신 자신의 스마트한 모습을 발견할 것이며, 더불어 사람의 마음을 움직이고 세상을 바꾸는 원동력을 갖게 된다. 새로운 삶을 살 수 있게 되는 것이다. 그것이 스마트 혁명시대에 진정 마음과 마음이 통하는 스마트 소통의 힘을 발휘하는 길이다.

한편 이창호스피치의 스마트 사고는 "성공으로 가기 위해 필요한 다양한 이야기들을 실천할 수 있고 공감할 수 있는 가장 보편적인 내용을 담고 있으며, 변화와 스마트 혁명을 꿈꾸는 사람들에게 시대정신을 뛰어넘은 스마트 소통으로써 촉매제 역할을 하게 될 것"이라고 주장한다.

소통이 미흡할 때 감성을 자극하라

아름다운 꽃은 스스로 향기를 발산하지만 스스로 아름답다고 말하지 않는다. 그럼에도 불구하고 스스로 아름다운 꽃에는 벌과 나비가 모여들기 마련이다. 스스로 말하지 않아도 그 자체로 아름답다는 것을 주위에서 먼저 알아보기 때문이다. 우리 인생에서 가장 가치 있는 꽃은 무엇일까. 그것은 바로 그 사람이 추구하는 가치이다. 사람은 보다 높은 가치를 추구하고 그 가치에 따라 생각하고 판단하고 행동하는 존재이기 때문이다. 가치(價値)란 인생을 살아가면서 그리고 어떤 일을 할 때 가장 중요하게 생각하는 기준이 되는 것이다.

가치는 사람이 그 무엇인가를 선택할 때 선택의 기준이 되고 판단의 기준이 되며 행동의 척도가 된다. 사람은 대부분 자신에게 가장 가치 있는 일을 하게 되고, 자신에게 절대적 필요가치를 제공하는 것이라면 다양한 일을 얻기 위해 행동으로 옮기는 것이다.

특히 사람 관계를 잘 형성하기 위해서는 상대방과 입장을 바꾸어 생각하는 역지사지(易地思之)의 겸손한 태도가 필요함을 인식해야 한다. 상대방을 먼저 생각하고 그 입장이 되어 들어주고 행동하는 자세야말로 그 가치가 드높여 보이는 최고의 미덕이다. 먼저 베풀고, 인정하고, 신뢰하고, 사랑하고 존중해야 한다. 누군가가 먼저 존중하는 마음을 가지면 상대방도 당신을 존중할 것이다. 진정한 명품 가치를 구축하고 싶다면 내가 먼저 손 내밀어 함께 동행 하는 자세가 중요하다. 상대방을 배려하는 만큼, 소중히 여기는 만큼 가치의 크기는 넓어지기 때문이다.

사람 관계를 해치는 주요한 원인은 정직성이 없는 갈등이다.

사람과 사람 사이에 갈등이 생기면 크고 작은 문제가 발생한다. 결국에는 사람 관계가 단절되는 결과를 초래할 수도 있다. 문제는 다양한 갈등들의 대부분이 소통의 미완성으로 인해 만들어진다는 것이다. 즉, 생각의 차이가 입 밖으로 전달되는 순간 갈등이 빚어진다. 이러한 갈등에 효과적으로 대처해야만 좋은 사람 관계를 유지해 나갈 수 있다. 갈등을 예방하고 효과적으로 대처하기 위해서는 심미적 대화법을 사용해야 한다. 상황에 따라서는 소통의 방법이 다양해야 한다. 또한 소통이 이루어지는 장소의 분위기에 따라 설득하는 소통도 다르다. 먼저 분위기를 조성해서 소통을 유도하는 것이다. 소통이 미흡할 때 상대방의 감성을 자극하여 소통을 유도한다. 물론 이 모든 방법은 차선책인 것이고, 최선책은 결국 이성으로 정정당당하게 풀어나가는 것이다.

우리는 살면서 많은 사람들과의 만남을 통해 관리 인생을 살아간다. 관리인생은 나의 부족한 점을 채워주고 인생의 방향을 제시해주는 멘토(Mentor)요, 코치(Coach)요, 선생님이요, 조언자이면서 조력자들이다. 그들은 인생의 참된 스승으로 자신이 원하는 삶을 살 수 있도록 미래를 볼 수 있는 지혜와 혜안 그리고 다양한 지식, 해결 방법 등을 제시해 주고 있다.

세상살이는 뿌린 만큼, 투자한 만큼 거둬들이는 것이 자연의 순리이다. 다시 말해 사람은 뿌린 대로 거둔다는 뜻이다. 그 이상도 이하도 아니다. 예컨대 공부를 잘하는 사람들의 특징은 지능지수(IQ)도 많은 부분을 차지하겠지만 평소에 열심히 공부한다는 특징을 가지고 있다. 아무리 지능지수(IQ)가 높고 똑똑하다 해도 평소에 공부를 하지 않으면 좋은 성적을 받기 어렵다. 좋은 생각, 좋은 사상, 좋은 가치 그리고 좋은 창의적 아이디어도, 먼저 머릿속에 좋은 것들을 집어넣었을 때 얻을 수 있다는 이치이다.

이러한 의미에서 필자는 맹자(孟子)의 직언이 생각난다. "하늘이 장차 그 사람에게 큰 사명을 주려 할 때는 반드시 먼저 그의 마음과 뜻을 흔들어 고통스럽게 하고, 그 힘줄과 뼈를 굶주리게 하여 궁핍하게 만들어 그가 하고자 하는 일을 흔들고 어지럽게 하나니 그것은 타고난 작고 못난 성품을 인내로써 담금질을 하여 하늘의 사명을 능히 감당할만 하도록 그 기국과 역량을 키워주기 위함이다."

소통(疏通) 문화가 존재하는 사회
꿈꾸는 사람들을 위한 말하기의 비결

랜디 포시 교수의 '마지막 강연' 저자는 자신의 이야기를 영화화할 의향이 있느냐는 질문에 다음과 같이 대답했다. "내 이야기를 영화로 만들 수는 없습니다. 아내 역을 맡을 만큼 예쁜 배우가 없기 때문입니다." 또 "개에게 물린 사람은 반나절 만에 치료를 받고 집에 갔고, 뱀에게 물린 사람은 삼일 만에 치료가 끝나 집에 갔다. 하지만 사람의 말에 물린 사람은 아직도 입원 중이다"란 말을 했다.

어떤 공직자는 필자를 찾아와서 죽을 만큼 말이 중요하다고 필력 하면서 반드시 21세기는 말 잘하는 사람이 성공하는 시대라고 했다. 상대방에게 내가 말하고자 하는 것을 효과적으로 전달할 수 있다는 것은 크나큰 경쟁력이다. 하지만 그것으로 그치는 것은 아니다. 단순히 말만 잘하는 방법에 대해 가르치는 것이 아니라, 말하고자 하는 상대의 성격이나 성별에 따라 스피치 방법을 달리해야 함을 얘기해주고 싶다. 즉, 상대방을 배려하고 존경하라는 의미다. 또한 필자는 말을 잘하는 것보다는 무엇보다도 사람의 인격, 됨됨이를 우선시해야 한다고 본다. 스피치를 잘하는 사람이 되기 이전에 먼저 사람다운 사람이 되라는 것이다.

동서고금 누구를 막론하고 사람이 어떻게 하면 말을 좀 더 잘할 수 있을까? 잘하는 것에서 그치지 않고 적절하고 올바른 말을 잘할 수 있을까? 상대방에게 나 자신을 가장 효과적으로 전달할 수 있는 유일한 방법은 올바른 스피치를 통해서 가능하다.

경영의 대가 피터 드러커는 "인간에게 있어서 가장 중요한 능력은 자기표현이며, 현대의 경영이나 관리는 커뮤니케이션에 의해서 좌우한다"고 말하며 생산적 말하기의 중요성을 강조하였다. 굳이 그의 말이 아니더라도 스피치는 상대방을 설득하고 이해시키는 도구이며, 수많은 사람들 사이에서 자신의 능력을 확실히 보여주는 수단이다.

이창호스피치는 '나만의 말하기 전략, 상대방을 위한 말하기, 대화·설득을 위한 말하기, 칭찬·유머가 있는 말하기, 성공을 위한 말하기'로 나누어 말하기의 기본을 주장한다. 특히 말하는 것을 '생산'이라는 단어로 연결시켜 그냥 일상적인 대화가 아닌 무언가를 얻어내고 창출할 수 있는 강력한 핵심역량이라고 여긴 것이다.

또 성공스피치란 "주어진 시간과 장소에서 다수의 사람을 대상으로 기술적으로 말하는 것"이라 정의할 수 있다. 주어진 시간과 장소에서 다수의 사람을 대상으로 기술적으로 말함으로써 '나'라는 사람을 타인에게 그리고 세상에 알릴 수 있다.

대중을 감격시켜 그들의 마음을 사로잡을 수도 있다. 또 사람과 구성원을 변화시키기도 하며, 결국 행동으로 연결하여 뜻하는 바를 이루게 할 수도 있다. 스피치를 통해 인생을 완성해 나가기도 하고, 인생의 희로애락을 담을 수도 있다. 자신의 생각이나 주장, 그리고 사상과 철학을 설파할 수 있기 때문이다.

한편 필자는 대한민국이 행복한 사회, 서로 배려하고 공감하는 사회가 되었으면 한다. 그 속에서 함께하는 모든 사람들이 신바람 나는 '국민소통 시민사회 정의의 실현'을 일으켰으면 하는 생각도 한다. 올바른 스피치와 소통(疏通) 문화가 존재하는 사회. 스피치를 통해 긍정과 열정의 에너지, 행복이 넘치는 사회. 스피치를 통해 대한민국 사회에 희망과, 행복을 선사하고 모든 사람들이 소통하는 세상이 되었으면하는 바람이다.

자녀교육, 부모가 모방학습이다

어느 관광객이 자원이 풍부한 멕시코의 한 동네를 지나면서 보니까, 아낙네들이 빨래를 하는데, 한쪽에서는 뜨거운 온천수가 솟아오르고, 또 그 옆에서는 찬물이 흐릅니다. 신기하고 이상해서 여인들에게 더운물과 찬물이 동시에 있으니 빨래하기가 얼마나 쉬우냐고, 참으로 하나님은 좋으신 분이라고 하니까, 여인들이 하는 말이, "천만에요 하나님이 좋으신 분이라면 비누까지 내려 주셨을 것입니다. 그런데 유감스럽게도 비누는 주시지 않았습니다."라고 하더랍니다.

이것이 사람들의 모습이다. 불평과 불만은 감사의 마음을 막는 장애물이며, 감사가 없는 자는 이미 진정성에서 떠난 사람이다. 어렵고 힘든 현실 속에서도 항상 감사하며 긍정적으로 살아가는 부모의 의연한 모습은, 인생의 문제에 감사와 긍정적 시각으로 대처할 수 있는 부모의 인생관을 자녀들에게 몸으로 체험하게 해주는 소중한 선물이다.

예컨대 부모가 자녀에게 주어야 할 **첫 번째 소중한 선물은 바로 존경심이다.** 존경심은 숭고한 마음으로 사람을 도(道)에서 벗어나지 않게 하며, 올바른 길을 걷게 만든다. 또 누구를 막론하고 인생에서 그 사람만이 할 수 있는 제 역할을 가지고 태어난다. 그러므로 자신도, 다른 사람도 매우 소중한 존재라는 것을 스스로 깨닫게 해주어야 한다.

두 번째 소중한 선물은 반드시 환상을 심어주어야 한다. 자녀의 능력은 정말 위대하다. 부모는 자녀의 눈높이에서 세상을 바라보는 창의적 환상(Creative Imagination)을 심어 실현 가능하도록 안내를 해야 한다. 있는 그대로 인정하고 무슨 일이든 열심히 한다면 방향 감각을 잃지 않게 환상을 심어주자. 그것이 자녀의 비전과 미래를 키워주는 가장 훌륭한 방법이다.

세 번째 소중한 선물은 달란트(Talent)를 심어주어야 한다. 자녀들 각 개인의 달란트를 모두 잘 갈고 닦으면 빛을 발하는 보석처럼 빛나게 된다. 좋은 달란트를 부모만이 잘 살릴 수 있다. 자녀의 달란트를 이해하고 그 달란트를 살릴 수 있는 환경을 만들어 주어야 한다.

네 번째 소중한 선물은 저금통장을 만들어 주자. 유대인들은 자녀들이 글자를 터득하면 곧 바로 저금통장을 만들어 준다고 한다. 용돈을 은행에 예금하는 기쁨을 깨닫게 할 뿐 아니라, 매달 부모의 지도 아래 금전출납부를 쓰게 하여 어려서부터 금전의 가치와 중요성과 적절한 금전 사용법을 가르친다.

다섯 번째 선물은 좋은 모방학습을 이끌어 주자. 자녀에게 최초의 학교는 가정이고, 최초의 교사는 부모다. 자녀는 부모가 말하고 행동하고 관계를 맺고 일하는 모습을 관찰하면서 성장한다. 즉 자녀의 사회적 학습은 접촉하는 개인의 행동을 모방함으로써 시작된다. 따라서 모방적 행동은 사람의 학습을 가능하게 하는 가장 기본적인 행동이며, 이는 모든 사람에게 공통적으로 나타나는 행동이다. 사람은 자기에게 유리한 타인과 보상을 받을 수 있는 타인을 모형으로 삼아 칭찬과 보상을 받기 위하여 그 행동을 모방한다.

또 그 칭찬과 보상은 모방 행동을 더욱 강화하고 지속시키는데, 이 과정을 통하여 사회화되는 것이다. 다시 말하면, 사람은 자신이 직접 경험을 하지 않아도 다른 사람들의 행동이나 결과를 관찰함으로써 새로운 행동양식을 체득하거나 반응패턴을 변용할 수 있다. 예를 들면 자녀는 주위 삶들의 언어를 듣고 언어를 획득하지만, 그 외에도 사람의 행동 모든 분야에 있어서 중요한 역할을 하고 있다.

한편 자녀들에게 가장 좋은 교육을 시켜서 훌륭한 사람을 만들고자 하는 것은 세상의 어느 부모나 다 같은 바람이다. 교육은 한 나라의 미래를 위한 것이며, 나아가서는 인류의 발전적 역사를 위한 가장 중요한 기초준비라고 할 수 있다. 그러므로 교육이 무너지면 나라가 무너지고 인류의 미래가 어두워지게 된다.

설득 스피치의 조건은 먼저 신뢰가 먼저
그 순간, 즉 그 때를 아는 것

미국의 영화배우 찰스 코번은 유명한 영화배우인 제임스 코번의 조부이자 1943년 권위 있는 영화상인 오스카 남우조연상을 수상한 사람이다. 그가 성공한 영화배우로서 노년을 맞았을 때 어느 기자가 찾아와서 "사람이 성공하려면 무엇이 필요합니까? 머리가 좋아야 합니까? 힘이 세야 합니까? 교육을 많이 받아야 합니까?"라는 질문을 했다. 이 질문에 대해서 찰스 코번은 "그 순간, 즉 그 때를 아는 것, Knowing the moment"라고 대답했다.

사회생활을 하다보면, 상대방에게 설득의 말을 해야 할 때도 있고, 또 불쾌한 감정을 표현해야 할 때도 있다. 특히 사람 좋다는 말을 듣는다는 것은 참 기분 좋은 일이다. 어떤 사람이 좋은 사람이냐 하는 문제로 들어가면 간단한 문제는 아니지만 손쉬운 방법으로 좋은 사람이 되는 요령은 바로 설득 스피치가 관건이다.

설득 스피치는 누구든지 친근감을 느끼는 상대에게 자연스럽게 긍정적인 스피치를 하는 법이다. 그리고 호감을 갖고 있는 상대방에게 친근감을 느끼는 스피치를 말한다. 그러므로 상대가 호감을 보일 수 있도록 첫인상과 외모에 대해 신경 쓰고, 밝은 표정을 하는 것이 중요하다. 친근감을 느낄 수 있는 것은 스피커(speaker)와 상대방과의 거리도 매우 중요하게 작용한다. 상대가 친근감을 느낄 수 있는 개인적인 반경 안에 반드시 있어야 한다. 그리고 유머나 위트를 추가하면 더욱 효과가 있다.

또한 설득 스피치는 이 스피치가 상대방을 위한 것이라는 감정에너지가 전제되어 있어야 한다. 상대방에게 무엇이 도움이 되는지를 알리는 것은 바로 상대방에게 있을 실제적 이익을 강조하는 것이다. 여기서 말하는 이익이란 정보와 설명뿐만 아니라 인맥, 상품 등도 포함된다. 또한 현대에서는 명품 인간관계의 유대감정도 정서적 이익 가운데 하나로 볼 수 있다. 감성적 이익도 무시해서는 절대 안 된다. 좋은 기분을 느끼는 것도 스피치를 통해서 얻을 수 있는 대단한 이익이다.

상대방이 가지고 있는 의문점들을 깨우는 작업도 설득 스피치이다. 인간은 누구나 모르는 것과 궁금한 것에 대해서 알고자 하는 지적 욕구가 있기 마련이다. 이것에 자극을 주어서 호기심을 갖게 만드는 것은 스피커의 책임이다. 그러기 위해서는 청자가 왜? 라고 물을 수 있는 것들에 대한 답을 스피커는 늘 준비해야 한다.

특히 스피커의 제안과 상대방의 현재 상태의 비교를 통해서, 상대방으로 하여금 어떻게 그런 결과를 가져올 수 있을까? 하고 생각하게 하는 것이다. 지적 호기심을 환기시키려면, 이해 상황에서 지식이 추가, 대체되거나 상대방 스스로 적극적으로 변화시키기 위한 지적 활동을 하게 해야 한다.

그리고 처음 만나는 사람일수록 설득 스피치가 성공적으로 이루어지려면 먼저 신뢰의 관계를 만들어 나가야 한다. 상대방 간에 신뢰가 형성되어 있지 않다면 좋은 스피치가 출발하기 어렵다. 또한 스피치 과정 중에서도 신뢰감을 얻지 못한다면 상대방이 마음의 문을 열지 않게 되거나 스피커의 말에 대하여 불신하거나 받아들이지 않게 된다.

예컨대 이창호스피치리더십연구소 수석연구원 양평호는 〈행복의 멘토 22〉신간도서에서 스피커에 대해 "혼(魂)이 있는 스피커는 강의를 즐기고 좋아하며 열정과 에너지를 발산한다. 스피커 스스로 자신의 삶에 몰입하고 실천했을 때, 그리고 내가하는 일을 진정으로 사랑하고 최선을 다했을 때 이러한 열정이 생기며, 비로써 최고의 감동과 영감을 선사할 수 있다."라고 말했다.

한편 설득 스피치란 상대방에 대한 이해라는 것은 상대방이 스피치 하는 내용에서 관찰될 수 있는 것으로부터 출발하며 스피치 과정 내내 상대방의 감정, 태도 및 신념을 관찰해야 한다. 또 상대방을 정확하게 기획 및 평가와 분석하여 이해하도록 노력해야 한다. 이를 위해서는 내용을 잘 전달하고, 상대방의 심층적 느낌까지도 이해하려고 노력한다는 사실을 보여주어야 한다.

세상을 이끄는
스피치의 힘

3장

스피치 & 대화

창조시대, 스피치 브랜드화법은 따로 있다

창조시대에 걸맞은 화술, 화법을 통해 리더십을 기르는 데 필요한 요소 중 하나가 바로 스피치 브랜드이다. 탄탄한 개인 브랜드를 구축한 사람만이 진정한 리더가 될 수 있기 때문이다.

그렇다면 스피치 브랜드란 무엇인가? 브랜드란 떠오르는 이미지를 뜻한다. 개인의 차원에서 생각하면 그 사람을 말할 때 떠오르는 이미지가 바로 그 개인의 브랜드가 될 수 있다.

기업들이 수억원의 개런티를 주고 최고의 광고 효과를 위해 선택하는 광고 모델들은 모두 그 사람만의 특별한 이미지가 있다. 바로 이것이 개인 브랜드이다.

연예인이나 스포츠 선수 등 각 분야에서 정상을 향하는 사람들은 자신의 브랜드 가치를 높여 그 가치를 인정받고 싶다는 내면의 욕망을 몸소 실현시키는 사람들이다.

자신의 자리에서 최선을 다하고 전문가가 되기 위해 애쓰며 많은 사람들과 끊임없이 네트워킹하는 이유는 무엇인가? 사람마다 다른 이유를 댈 수 있겠지만 결국 남들로부터 인정받고 그에 따라 정당한 대가를 받으며 당당하게 살아가길 바라기 때문이다. 개인 브랜드는 다른 사람들로부터 인정받으며 당당하게 살아가는 스스로의 모습과 다르지 않다.

브랜드스피치의 방법은 의외로 간단하다. 특히 공식적인 자리에서는 두괄식의 표출이 좋다. 간단하면서도 명쾌해 보이기 때문이다. 이를테면 두세 가지를 말씀드리고 싶은데, 첫째로는, 둘째로는…, 제가 말씀드리고자 하는 요지는, 왜냐하면, 예컨대, 그래서…등 같은 경우는 두괄식의 예에 속한다. 통합적으로 논증하는 방식에 있어서는 전자보다 후자가 훨씬 더 논거의 설득력이 크다.

  자세히 말하자면, 브랜드스피치를 구성해 나갈 수 있는 요지(要旨)는 청자의 가치관에 기초를 두는 동기적 주장(motivational arguments)이다. 왜냐하면은 앞 내용에 대한 원인이나 이유를 뒤 내용에서 말할 때 쓰여 앞뒤 문장을 이어 주는 한편 그것에 기초를 두는 본질적 주장(substantive arguments)에 쓰인다.

  예컨대는 예를 들어 말하는 것으로 자료의 신빙성에 기초를 두는 권위적 주장 (authoritative arguments)에 관련된다. 그래서는 앞 내용이 뒤 내용의 원인일 때 쓰이며 앞뒤 문장을 이어 말한 내용을 단지 갈무리(summary)하여 되풀이 할 수도 있고, 아니면 보다 진전된 내용으로 결론(conclusion)을 내릴 수도 있다.

  특히 브랜드 스피치(brand speech)란 말, 말하기, 발언 또는 말하는 능력을 통칭하는 말이다. 청자를 감동시켜 결국 행동으로 연결해 뜻하는 바를 이루게 하는 것이다. 이러한 브랜드 스피치를 통해 인생을 완성해 나가기도 하고 인생의 희로애락을 담기도 한다.

  왜냐하면 자신의 생각이나 주장, 그리고 사상과 철학을 설파할 수 있기 때문이다. 이러한 브랜드 스피치의 핵심역량이 바로 그 사람의 역량을 가늠해 볼 수 있는 매우 중요한 척도라고 할 수 있다.

  아울러 국내외에서 유일하게 민간자격인 스피치지도사를 최초로 개발한 이창호스피치 브랜드(leechangho brand speech)는, "브랜드 스피치는 창의적 소통을 바탕으로 한 재창조 전략"이며 "자신의 인생에 힐링(Healing)이미지다, 또 소통으로서 상처받은 마음까지 치유할 수 있는 브랜드 스피커다"라고 말한다.

  한편 사람들은 평범하게 사는 것을 선호하는 경향이 있다. 그것은 남의 눈에 띄지 않으며 적당히 맞춰 살아가기에는 안성맞춤이기 때문이다. 그러나 평범함은 사람들은 기억에 오래 남지 않는다. 평범하게, 그저 그렇게 사는 사람들은 브랜드스피커로서 자리매김할 수가 없다.

사람들은 좋든 나쁘든 선명한 인상을 가진 것을 기억한다. 즉, 강렬한 인상을 남겨야 가슴에 남는 브랜드스피커가 될 수 있다는 것이다. 쌀은 쏟고 나서 주울 수 있어도 스피치는 하고 나서 못 줍는다는 것을 명심해야 한다.

품성은 고품격 스피치의 '힘'

독일의 쿠르트 코프카(Kurt Koffka)라는 학자는 '행동적 환경'이 '형식적 환경'보다 더 중요하다고 했다. 형식적 환경이란 집의 크기, 부모의 직업, 경제적 수준, 학력 등이다. 행동적 환경이란 사람들을 둘러싸고 있는 환경이 사람에게 어떤 영향을 끼치는 것을 말한다. 그러니까 외적인 환경이 어떠하든지 간에 그 환경이 사람들에게 좋은 영향을 끼친다면 그 환경은 좋은 환경이다. 그렇게 볼 때 가장 좋은 환경은 올곧은 품성이 있는 환경이라고 할 수 있다.

스피치 속에 담겨 있는 사상과 신념은 물론, 실제로는 스피치는 잘못하면서도 사람들의 마음의 문을 열고 원하는 결과를 얻어 내는 사람들이 주변에는 많다. 특별히 스피치를 많이 하기 보다는 편안한 분위기에서 듣는 환경이 뛰어나기 때문이다.

고품격 스피치란 자신의 사상이나 신념에 상대방이 찬성하도록 하든가 지지하도록 하든가. 또는 적극적인 반대가 없도록 하든가 아니면 자신이 뜻하는 행동이나 동작을 상대가 행하도록 하는 것이다. 곧 고품격 스피치는 스피커의 역량 있는 지식이나 정보를 상대에게 설득시키는 과정이다. 즉 고품격 스피치는 잘 설명하거나 타일러 논거를 중심으로 구성해서 상대방을 설득시키는 것이다.

고품격 품성 스피치는 설득력이 필요한 경우에 화자와 청자가 서로 갈등상황에 놓여 있는 경우이다. 갈등상황에 있는 상대방의 기분을 고려하면서 내 자신이 원하는 설득의 목표를 달성해야 하는 상황이기 때문이다.

이러한 갈등상황은 이해관계가 맺어지는 조직 내 관계에서 발생할 수 있을 뿐만 아니라 부부나 친구들 사이에서도 빈번하게 발생한다. 특히 갈등상황을 무시하면서 상대방이 기분 나빠해도 할 말을 다할 수도 있겠지만 진정으로 품성이 있는 설득을 잘하는 사람이라면 갈등상황을 해결할 뿐만 아니라 자기가 원하는 방향으로 리드하는 것이라 할 수 있다.

고품격 스피치의 모범 답안이라 할 만한 명사들의 '스피치'을 통해 그들의 사상을 엿볼 수 있다. 고품격 스피치의 구사력은 '스피커의 품성이 먼저'다. 역사에 기록되는 전설적인 스피커들을 보면 당대의 상황을 보여주는 흥미로운 정보와 자료들을 맛깔스럽게 소개하고 있다. 품성은 고품격 스피치의 '힘'이요, '경쟁력'이다.

절체절명의 위기에서도 고품격 스피치를 발휘하여 전 세계를 쥐락펴락한 리더들. 이들의 고품격 스피치는 자신의 사상과 신념을 명확하게 전달하는 동시에 상대방으로부터 공감을 이끌어내는 탁월한 설득력을 지녔다. 그렇다면 상대방의 마음을 두드리고, 세상을 변화시킨 고품격 스피치란 어떤 것인가?

이창호스피치는, "고품격 스피치는 상대방에 대한 품성 서비스가 먼저다. 따라서 여유 있는 마음으로 천천히 스피치를 해야 스피커가 전달하고

자 하는 내용을 충분히 전달할 수 있다. 예컨대 급한 마음으로 스피치를 하다보면 자칫 여유를 잃고 쫓기게 됨은 물론 말이 빨라져서 상대방을 설득하기 어려운 때"가 있다.

한편 고품격 스피치는 사람 관계와 신뢰를 개발하여 그들의 노력을 이해하고 함께 동참하여 설득하는 것이 좋다. 또한 너무 지나치게 분석적이거나 비판적인 스피치는 피하고, 품위를 유지하는 것이 효과적이다. 고품격 스피치 솜씨는 성과에 대해 스스로에게 보상을 해주고 빠른 시간 안에 우호적인 관계를 맺게 된다.

또한 사람의 가치와 관계를 중시하므로, 나무보다는 숲을 위한 제안을 하면 더 효과적일 수도 있다. 고로 고품격 스피치에서 스피치의 절반은 칭찬이다. 고품격 스피치는 불평과 지적보다는 칭찬을 많이 한다. 칭찬을 할 때의 긍정적인 뇌파가 자신을 긍정적인 방향으로 이끌어 더욱 품성 있는 리더로 만들어준다. 고품격 스피치는 한 사람의 교양과 품성의 경계(境界)라 할 수 있다.

감성 스피치와 의사소통기술은 반복훈련이 필수다!

"행복할 땐 울고 싶지만 슬플 때는 웃고 싶지가 않아요. 그래서 난 행복한 게 더 나은 것 같아요. 그러면 한 가지로 두 가지를 다 할 수 있으니까요." 이 말은 행동으로 웃긴 미국의 여자 코미디언인 릴리 톰 린(Lilly

Tomlin)이 한 말이다. 커뮤니케이션능력은 선천적으로 타고난 사람들도 있겠지만 대부분 의식적이고 지속적인 반복훈련과 노력에 의해 개발되고 발전하는 경우가 대부분이다. 역사적으로 유명한 연설가인 처칠과 루즈벨트도 어릴 때 내성적이고 말더듬이였다. 하지만 그들은 자신의 단점이 평생 짊어지고 갈 짐이 아니라 극복해야 할 대상으로 여겼던 것이다. 그리고 피나는 노력을 기울인 결과, 세계적인 명연설가가 될 수 있었던 것이다.

성공적인 리더가 되려면 의사소통 기술을 자연스럽게 그리고 능숙하게 익혀야 한다. 스피치 할 때는 가급적 간결하게 해야 하며, 핵심적인 말이 명확히 드러나도록 해야 한다. 그러기 위해서는 말의 내용을 자유롭게 조직하는 습관이 무엇보다도 중요하다. 또 변화를 다양하게 주는 화법을 익히며, 변화가 많은 기술은 중간 톤으로 말 속도에 변화를 주고, 포즈에 변화를 주며, 억양과 음색에도 신경을 써서 단조롭고 지루하지 않도록 해야 한다. 그리고 시종일관 부드럽게 스피치의 흐름을 이끌어 가는 자세가 무엇보다도 중요하다. 특히 모든 사람들의 자존심을 부추기고, 꿈과 비전을 주어야 한다. 말을 듣는 사람이 자신의 이익에 부합되는 내용에 잘 설득된다는 점을 명심해야 할 것이다.

스피치는 생활이며 인격이다. 스피치는 입에서 말하고 귀가 듣는 것이지만, 그 실상은 인격이 말하고 마음이 듣는 것이다. 성실한 태도와 진솔한 자세로 상대방의 입장에서 말하는 것이 설득력 있는 의사소통 기술의 핵심이라고 볼 수 있다. 또한 정직한 인간관계가 성공적인 화법의 핵심 기술인 것을 강조하고 싶다. 명 스피커가 되려면 우선 훌륭한 인격을 지니고 충분한 지식과 전문성을 갖추도록 노력하며, 매사에 긍정적이고 적극적인 태도를 지녀야 할 것이다.

아울러 자신감을 무시할 수 없다. 자신감 있는 태도로 임하는 것이 설득의 지름길이며 확신과 신뢰는 의사소통 기술의 기본 법칙이다. 정직한 확신보다 상호협상의 타결을 보증하는 것도 없다. 확신을 갖고 있으면 말 한 마디 한 마디에 당당함이 배어나기 마련이다.

의사소통의 중요한 기술 중 하나는 시각적 요소에 신중을 가하는 것이다. 이는 눈을 통해 들어오는 자극이 분위기에 직접적인 영향을 미친다는 것을 의미한다. 스피치를 하는 자리에 어울리는 복장, 품위가 느껴지는 복장을 갖추고, 사람들 앞에 나설 때는 옷매무새와 머리매무새는 반드시 점검해야 한다. 또한 태도나 자세 역시 중요하다. 몸이 반복해서 움직이거나 시선을 한 곳만 응시하는 버릇, 손이 기계적으로 움직이는 것을 주의해야 한다. 몸가짐은 항상 깔끔하고 청결해야 하며 전체적으로는 조화롭고 차분함이 있어야 한다. 반면 강렬하고 자극적인 것은 스피치의 매너에 어울리지 않는다.

손을 들어 휘감으면 땅 위로 던져진 원이 되고, 손을 들어 돌리면 허공에 걸려있는 원이 된다. 위로 들어 올리는 손은 하늘을 향한 곧은 선이 되고, 가로로 젓는 손은 육지와 바다를 가로지르는 사선이 된다. 고갯짓 하나와 얼굴의 표정에, 겹쳐진 형상들은 각자의 색깔을 찾고, 다리의 움직임으로 새로운 구도를 발견한다. 반복되고 투영되어 만들어지는 하나의 풍경은 인간의 희로애락을 담고 있다. 이 모든 설명은 제스처에 관련된 것이다.

우리는 온갖 악조건 속에서도 좋은 인간관계를 맺기 위해 살아가고 있다. 움직이는 우리 영혼의 모습을 느낄 수 있게 하는 스피치야말로 우리 육체의 진솔한 노랫소리가 아닐까. 훌륭한 인격과 전문성, 자신감, 감성적 태도란 긴 시간을 가지고 노력하며 쌓아가는 것이라고 볼 수 있다. 그렇다면 나머지 의사소통 기술은 어느 정도 시간의 노력으로 극복될 수 있다고 본다.

"글로벌 사회에서는 스피치 능력이 생명이다!"

오늘날은 스피치의 시대이다. 스피치(speech)는 대중을 움직일 수 있는 많은 영향력을 가지고 있다. 스피치를 못하면 자신의 능력을 충분히 표현하기 어렵다. 사람에게 주어진 긍정적 자기표현의 말은 삶을 풍요롭게 해 준다. 스피치는 자신의 생각을 효과적으로 전달해주는 중요한 매개 구실을 한다. 옛날에는 스피치를 설교자나 대중 연설가, 정치인들에게만 필요한 것으로 인식하였다. 그러나 현재는 개개인의 스피치 능력을 중요시하는 시대이다. 물론 자기 분야의 실력을 갖추어야 하지만, 그것만으로는 충분하지 않다. 그 실력을 통해 자기표현을 얼마나 효과적으로 하는 가에 따라 그 사람의 능력이 평가된다.

우리는 글로벌 정보사회를 살아가고 있다. 글로벌 정보사회에서 가장 중요한 능력은 스피치를 다루는 다양한 능력이다. 매스 미디어의 발달, 그리고 매스 미디어와 컴퓨터가 결합된 멀티미디어의 발달로 인하여 사람들은 안방에 앉아 생활에 필요한 모든 정보를 찾아낼 수 있게 되었다. 그로 인해 사람들 간의 개별적 접촉은 더욱 줄어들었다. 타인에 대한 판단의 잣대가 흐려지는 것은 물론 신뢰와 관련된 유대관계가 점점 약화되어가고 있는 실정이다.

스피치는 정보를 전달하는 가장 중요한 수단이 된다. 정보를 제공하는 사람이 스피치 능력이 부족하면 전달되는 정보는 불완전할 수밖에 없고, 당연히 그 사람의 능력은 낮게 평가된다. 이러한 현상은 사람들이 업무시간에 질문을 하거나 발표를 할 때, 또는 회사원이나 전문직 종사자, 그리고 고객을 대상으로 스피치 컨설팅을 할 때 일어날 수 있는 일이다. 아무리 아는 것이 많더라도 이를 효과적으로 표현하지 못하면 상대는 제공되는 정보의 질을 의심할 수밖에 없고 나아가서는 발표자의 능력까지도 의

심하게 된다.

이러한 현상은 오늘날에도 적지 않게 나타나고 있다. 정치인이나 대학 교수가 방송에 출연하여 대담을 하게 되면, 그 사람의 실제 정치 행적이나 연구 업적보다는 그 사람의 발표력에 기초하여 '똑똑한' 사람이니 '별로 아는 것도 없는' 사람이니 하고 평가하는 사람들을 흔히 보게 된다. 매체를 통하지 않고 직접 얼굴을 맞대고 정보를 주고받는 경우에도 말의 중요성은 더욱 중요시 되는 것이다.

한편 효과적인 스피치는 청자의 적절한 응답을 통해 평가되므로, 자신의 스피치가 어떻게 받아들여지고 있는지를 늘 의식하고 있어야 한다. 즉 자신의 스피치를 듣고 있는 또 하나의 자신, 나아가 비판하는 자신을 비판할 수 있는 여유가 필요하다. 그 이유는, 누구에게 이야기해도 부끄럽지 않다는 내용에 대한 자신감에서 나온다. 내용이 빈약하면 다음과 같은 결과가 초래된다.

반대로, 발표력이 뛰어난 경우에는 정보 자체도 효과적으로 전달될 뿐더러 스피커(speaker)에 대한 신뢰도 높아져서 결국 스피커의 능력 자체가 높은 평가를 받게 된다. 말하자면 스피치 능력이 그 사람의 전반적인 능력을 대표하게 되는 셈이다.

사람들 앞에서 스피치할 때의 기본은 먼저 인간적인 매력을 살려야 한다는 점이다. 스피치란 자신이 가진 것 이상을 내보일 수 없음을 알아야 한다. 왜냐하면 말하는 사람의 내면이 어떤 형태로든 겉으로 드러나게 되기 때문이다. 듣는 사람은 말하는 사람의 이야기가 자아내는 자연스러운 표현을 통해 인간적인 따뜻한 향기와 정감을 느낀다. 그 인간적인 매력에 이끌리는 것이다. 명 스피커가 되기 위해 준비해야 할 사항들을 살펴보자.

먼저 교양을 쌓아야 한다. 이 일은 인간성을 기르는 일로 이어진다. 누구나 인정할 만큼 양식 있게 행동하며 이치에 맞는 언동을 할 수 있는 사람을 품위 있는 사람, 또는 교양 있는 사람이라고 생각하면 된다.

그리고 겸허함을 잊지 말 것이다. 자신의 지식이나 체험을 과신하거나 듣는 사람에게 허세를 느끼게 만들지 않는 겸손한 자세가 필요하다. 자신감은 사람을 강하게 만들지만 겸허함은 사람을 성장시킨다. 풍부한 인간성을 지니기 위해서는 구체적으로 어떻게 해야 할까. 가깝고 손쉬운 방법을 생각해 보자.

긍정적 언어 습관이 행복을 만든다

칼렙 C. 콜턴는 "그대가 죽기 전에는 질투가 없는 칭찬은 기대하지 말라. 유명한 죽음에 내려지는 명예들은 결코 그 안에 질투가 섞이지 않는다. 살아 있는 자는 죽은 자를 불쌍히 여기기 때문이요, 불쌍히 여기는 마음과 질투는 마치 기름과 물이 섞이지 않듯 함께 작용 할 수 없는 것이다."라고 말했다. 우리 주변의 정치가 역시 그렇다. 그럼에도 불구하고 이들도 실수를 해서 종종 화를 입는다. 특히 가장 가깝다는 부부끼리도 말다툼을 한다. 말을 잘못하다 꼬투리를 잡혀 화를 입는 것이다. 스피치는 우리 생활에 미치는 영향이 매우 크기 때문에 제대로 말을 하는 방법에 대한 노력이 그만큼 커지고 있는 것이다. 긍정적 스피치가 반드시 어려운 것만은 아니다. 지나치게 관념적이거나 혼란스러운 표현보다는 긍정적 스피치를 하고자 하는 것의 '일차적 의미'에 충실하면 된다. '일차적 의미 전달'이라는 의미는 복잡하지 않으면서 단순 명쾌한 긍정적 언어 습관의 말하기를 뜻한다.

커뮤니케이션의 어원은 라틴어 커뮤니케어(communicare)에서 왔다. '공유하다' 또는 '알게 하다'라는 뜻이다. 수많은 사람들이 일상생활에서 겪는 좌절과 실망은 그 주요 이유가 긍정적 언어의 사용 부족에서 온다고 볼 수 있다. 그것은 발생한 여러 문제들을 뒤늦게 살펴보면 서로의 긍정적 커뮤니케이션 내용을 이해하지 못했다거나 이해하지 않으려는 오해에서 온다고 할 수 있는 것이다. 그래서 우리 속담에 "말 한 마디로 천 냥 빚을 갚는다."는 말이 있는 것이다.

사람의 태도(attitude)는 주어진 대상에 대한 그 사람의 감정적인 평가, 다시 말해서 그 대상의 좋아하거나 싫어하는 정도를 의미한다. 사람은 경험도 다르고 처해있는 환경도 다르기 때문에 주어진 고객에 대한 태도 역시 다를 수밖에 없다. 따라서 자신이 아는 바도 없고 자신의 이익과 무관한 문제에 대해서는 중립적인 태도를 취하게 되지만 자신이 알고 있는 문제나 자신의 이익과 결부된 문제에 대해서는 비교적 확고한 태도를 지니게 된다는 사실을 명심해야 한다.

미국의 화법학자 버커 (Lary L. Berker)의 조사에 따르면 인간이 깨어있는 전체 시간의 70%를 의사소통에 사용하는 데, 그 중 48%가 듣기인 반면, 말하기는 35%, 읽기는 10%, 그리고 쓰기는 겨우 7%에 지나지 않는다고 한다. '사람 없이 스피치는 없다'라는 말을 명심해야 한다. 말하는 사람이 있으면 듣는 사람이 있다. 그러므로 말하는 이는 스피치의 목적을 달성하기 위해서 상대방을 사로잡아야 한다. 그리고 사람의 영향력은 말과 글, 행동이 일치해야 한다. 말과 행동이 일치하지 않을 때는 사람의 그 어떤 능력도, 기술도, 자기관리 기능도 생명이 끝나는 것이다.

스피치의 제1단계는 상대방의 주의나 관심을 모으는 단계이다. 예를 들면 아브라함 링컨은 "사람들에게 연설할 때는 그들이 듣고 싶어 하는 바를 생각하는 데에 2/3의 시간을 사용하고 내가 말하고 싶은 내용을 생각하는 데에 1/3 의 시간을 사용 한다."고 고백한 바 있다.

제2단계는 재치와 웃음이 담긴 유머를 세 가지 이상씩 준비하여 누구에게나 재미있고 즐길 수 있는 노력이 부단히 필요하다. 그리고 제3단계는 상대방을 설득시키는 단계이다. 오늘의 주제는 공신력이 있었는가, 아니면 사람 사이에서 어떤 관련이 있었는가, 아니면 어째서 이 주제가 적합한 주제인가, 또한 정보원(출처material)을 정확하게 이용했는가 등을 항상 염두에 두어야 한다.

마지막으로 사람들의 직접 행동을 유발시켜 효과를 거둘 수 있어야 스피치에서 성공한 사람이 된다. 여기서 필자는 피터 드러커 말이 생각이 난다. "자신을 효과적으로 관리하지 못한다면 그 어떤 능력, 기술, 경험이나 지식일지라도 그로 하여금 효과적인 성공적인 사람이 되지 못할 것이다." 이 말에서 우리는 "집중적인 일에만 노력을 하십시오.", "주변에 불필요한 것들을 제거하고, 긍정적 시간 사용법을 배우십시오.", "비생산적인 결정을 피하십시오.", "항상 새로운 아이디어와 긍정적 언어 습관으로 그 사람을 평가하십시오."라는 뜻이 내포되어 있는 것이다.

면접스피치는 신뢰와 자신감 있는 태도가 우선이다!

만약 우리들이 현재와 과거를 서로 경쟁시킨다면 반드시 미래를 놓쳐버리고 말 것이다.

정치란 것은 전쟁 못지않게 사람들을 흥분시키는 것이며, 위험하기도 하다. 전쟁에서는 단 한 번 죽으면 되지만, 정치에서는 여러 번 희생당해야 하는 것이 다를 뿐이다.

우리 인간을 보통 사회적 동물이라고 부르는 것은 인간과 인간 사이의 만남을 기본으로 하기 때문이다. 우리는 사회에 진출하게 되면서부터 다양한 만남의 기회를 얻게 된다. 직장생활에서도 매일 같이 많은 사람들을 만나게 되고, 많은 대화를 나누며 일에 대한 의논과 업무를 추진하여 큰 성과를 거두게 된다. 하루도 사람과의 만남이 없는 날이 없다. 이러한 만남을 위하여 우리들은 진심어린 기쁜 마음으로 방문하고 맞이하는 인사 태도를 길러야 할 것이다.

인사란 말 그대로, '사람 인(人)', '일 또는 섬길 사(事)'가 합쳐진 말이다. 사람이 마땅히 하여야 할 일이요, 사람을 섬기는 일을 뜻한다. 따라서 인사란 '사람의 일의 시작이며 끝'이요, 모든 사람의 일 중에 으뜸이다. 또한 스스로를 낮추며 남을 높이는 인사를 통하여 '사람다운 사람'이 될 수 있다.

미국의 UCLA의 알버트 멜라비안이 조사한 바에 의하면 커뮤니케이션을 구성하는 것은 첫째로 스피치(Speech, 단어, 결국 무엇을 말하는가?), 두 번째는 목소리(Voice소리, 결국 소리의 대소, 고저, 음색 등), 세 번째는 태도 및 표정(Body Language 태도, 자세, 몸놀림, 얼굴표정, 겉모습, 시선 등) 의 3요소가 있는데 이중 사람과 사람과의 커뮤니케이션에 있어서 단어가 발휘하는 역할은 약 7%, 소리 부분이 38%, 그리고 본 눈, 결국 바디 랭귀지가 55%를 점한다고 한다. 단어가 나타내는 효과가 7%라는 것이므로 그 외의 요소, 결국 청각적 요소와 시각적 요소가 93%의 임팩트 효과를 갖는다는 것이다.

이러한 조사 결과는 면접스피치에 그대로 적용할 수 있다. 면접스피치는 우선 활기 있고 정중해야 하며, 면접관들의 관심을 끌 수 있게 최선을 다하는 기본자세가 요구 된다. 스피치의 억양은 면접관으로부터 활기차다는 말을 들을 정도로 밝은 목소리로 말하는 것이 매우 중요하다. 면접 시 다음과 같은 사항을 특별히 신경을 써야한다. 먼저 솔직하게, 자신 있는 태도로 대답하여 면접관에게 신뢰감을 주도록 해야 하며, 또한 대답을 잘못했다 하더라도 머리를 긁적이거나 혀를 내밀지 않도록 주의한다.

대답할 말이 생각나지 않을 때에는 고개를 푹 숙이거나 위를 올려다보는 일이 없도록 하며, 질문 내용을 잘못 들었을 때에는 적당히 얼버무리지 말고 다시 물어서 대답을 분명히 하도록 한다. 대답을 할 때는 '에~', '저~' 등의 불필요한 비언어적 말이 나오지 않도록 특별히 주의해야 한다. 너무 빨리 말하거나 우물쭈물하지 말고 말끝을 흐리지 않는 것도 무엇보다 중요하다.

또 질문에 대해 자신이 있다고 너무 큰소리로, 너무 빨리, 너무 많이 말하지 말고, 명료하게 간추려서 자연스럽고 간단명료하게 대답하도록 한다. 반대로 빨리 대답을 할 수 없다고 해서 너무 오래 끌거나 잠자코 있어서는 안 된다. "잠깐 생각할 여유를 주십시오."하고 면접관에서 말한 다음 잠시 생각하고 나서 분명한 어조로 근거와 주장을 말하는 방법도 있다.

아울러 힘 있는 걸음걸이, 곧은 자세, 당당한 가슴과 어깨를 유지해서 항상 자신감이 넘쳐보여야 한다. 특히 걸음걸이가 중요한데, 보폭은 짧게 하되 너무 위협적이지 않도록 하며 한 걸음의 폭이 다리 길이보다 길지 않도록 하는 편이 좋다. 무릎은 편히 힘을 빼고 양발이 평행이 되도록 5cm가량의 사이를 두고 걷는 연습을 한다. 자신 있고 매력적인 걸음걸이를 위해서는 평소의 지속적인 연습이 필요하다. 그렇게 한다면 면접관에게 좋은 인상을 줄 수 있다.

변화를 주도하는 스피치의 핵심은 나눔이다!

　미래의 세계는 삶의 다양한 분야에서 엄청난 변화와 지각 변동이 있을 것이다. 그 변화의 물결은 리더십도 예외 일 수가 없을 것이다. 이로 인해 미래의 리더십에 대한 구체적인 대안을 제시하지 못한다면 국제화 시대의 변화에 적응하지 못하고 도태되고 말 것이다. 피터 드러커는 "인간에게 가장 중요한 능력은 자기표현이며, 현대의 경영이나 관리는 커뮤니케이션에 의해 좌우 된다"고 언급하며 리더십이나 관리에 있어 커뮤니케이션의 중요성을 강조했다.

　현대사회로 오면서 일반인들도 스피치 할 기회가 많아지고 있다. 스피치는 집단적으로 공동목표를 달성하기 위하여 조직의 관리자는 물론, 평범한 구성원이라 해도 스피치 능력을 겸비하고 있어야 한다. 세상 모든 분야가 전문화됨에 따라 각 분야에서 전문인은 각자 분야에 대해 강의나 세미나를 할 기회가 많아진 것이다. 어떤 이는 자기의 분야에서 훌륭한 기술과 능력을 가지고 있어도 말을 못해 인정받지 못하고, 어떤 이는 말을 잘해 능력 이상의 최고 대우를 받기도 한다. 강연이나 방송을 하는 사람은 말하는 행위가 곧 직업이다. 많은 사람들 앞에서 말하는 일은 옛날에 정치가나 종교가, 그리고 교육자 등 특정한 사람들에게만 한정된 일이었다. 하지만 최근에는 당당하게 한 사람의 사회인으로서 역할을 다하기 위해 언제 어디서나 많은 사람들 앞에서 스피치를 할 수 있어야만 한다.

모두가 많은 사람들 앞에서 효과적으로 말해서 청자에게 공감을 주고 이해를 얻고 싶어 한다. 그러나 그런 바람과는 달리 많은 사람들이 남들 앞에서 스피치하기를 매우 곤혹스러워하는 듯하다. 또한 훌륭한 스피치내용을 가지고도 그것을 표현하는 기술이 부족해서 자신의 의도가 명확하게 전달되지 않았다거나, 청자들이 경청에 잘 이루어 지지 않는 바람에 망신만 당했다는 이야기를 흔히 들을 수 있다. 더욱 간과할 수 없는 점은 적절하지 못한 스피치 방법으로 인해 내용까지 가치 없는 것으로 간주되어 버린다는 점이다. 이는 서로에게 불미스런 일이다.

우리는 이 시점에서 스피치의 세 가지 특징을 알아볼 수 있다. 첫 번째로 '수직사회에서 수평사회로의 이동'이다. 이를 다른 스피치로 표현하자면 계급수직사회에서 평등수평사회로의 변화라 할 수도 있겠다. 두 번째로는 '정보와 지식의 무제한적 공유'이다. 특히 사이버, 디지털, 인터넷, 영상매체들이 이를 가능케 하였다. 세 번째로는 서로 상호 포괄적 영역에서 다양한 사실 가치들의 공존이다. 이를 일컬어 '다원화 현상'이라고도 한다.

우리는 보다 새로운 스피치 시각을 가지고 상대와 공감하는 훈련을 실시해야 한다. 공감(empathy)이란 다른 사람이 현재 느끼고 있는 정서를 함께 느끼는 것을 의미한다. 공격성이 높은 사람들의 공감 능력이 떨어지는 것으로 알려져 있다. 따라서 공격적인 사람들에게 공감 능력을 발달시킬 수 있도록 도와주는 것은 사람의 공격성을 줄이는 것으로 기여할 수 있다. 실제 공감 점수가 낮은 사람은 높은 공격을 나타내고 공감 점수가 높은 사람은 낮은 공격성을 보이는 경향을 보이는 것으로 보고된 바 있다.

예전 사람들은 대화 이외의 공감적 스피치를 할 수 있는 기회도 별로 없

없을 뿐더러 스피치에 대한 관심도 거의 없었다. 특히 청자 앞에서 스피치를 한다는 것은 소위 사회적인 명사나 지도자 계층의 일부 그리고 정치인들에 한정된 것이라는 인식이 강했다. 그러나 짧은 기간 동안 우리나라는 급격하게 전통사회에서 지식정보사회로 이전되었고, 권위주의적 사회에서 개인주의와 수평적 사회로 변화하면서 공감적 스피치에 대한 관심도 필요성이 점진적으로 커지고 있는 것이 사실이다.

변화를 주도하는 스피치의 핵심은 바로 나눔이라는 점을 강조하고 싶다. 그것은 비어 있는 내 호주머니를 부끄러워하지 않는 나눔이다. 비록 가난한 내 호주머니이지만 그 곳에다 사랑과 우정을 담고 삶의 지혜를 채울 수 있으니, 나의 빈 호주머니가 부끄럽지 않다. 그리고 이런 내 모습에서 나눔의 실천이 가능한 것이다. 특히 우리의 삶을 늘 공허하게 만들고 매사에 진실하고 투명하여 의미 있게 살아가게 해 주는 것도 나눔이며, 우리를 늘 보살펴주고 나눔을 이끌어주는 사람이 바로 가슴이 살아 있는 사람이다.

생산적 커뮤니케이션은 넓은 영역에 영향력을 미친다!

명나라 홍무31년(1398)에 선포된 교민방문(敎民榜文)을 보면 한 노인에게 마을 안의 숙정을 다스리기 위한 재판 위임권이 주어졌었는데 가정싸움, 잔잡싸움, 실화, 좀도둑, 빚, 노름, 도상, 미신, 불윤도덕, '교훈자손, 존영장상, 화목향리'를 해치는 일을 처벌하는 것은 물론 게으르거나 배우지 않은 사람에게도 제재를 가할 수 있었다. 십악과 살인강도 같은 중죄만이 관헌이 다를 뿐 웬만한 형사, 민사, 윤상사건은 이 노인이 다스렸던 것이다. 대체로 민사는 화해시키는 것이 원칙이고 형사나 윤상은 태(苔)나 마을 복판에 세워두어 치욕을 주는 것으로 다스렸다. 이 촌 노인 관습은 좌수(座首)또는 면임, 풍헌이라 하여 우리나라에도 있었다. 비록 작은 마을의 노인이라도 덕망이 꽤 높은 사람 아니고는 될 수가 없었던 것이다.

관리의 전통적 이론에 의하면 전형적인 경영자 한 사람은 7명에서 9명을 가장 효과적으로 지도, 감독할 수 있다고 한다. 이것을 일컬어 관리의 범위(Span of Control)라고 부른다. 효과적인 관리를 위해서 경영자는 계획, 관리를 집행해야 하는데 이 모델은 중앙 집권화 된 의사 결정 개념에 맞게 고안된 것이기 때문에, 경영자가 직접 보고를 받고 의사 결정을 내리며 보고서에 적혀있는 판단을 예측한다. 이때 소요되는 시간을 계산해보면 이 비율(인원 수)이 나온다는 것이다. 그러나 권한의 분산을 지향하는 현대의 생산적 커뮤니케이션 기술의 시대에서 이런 모델은 더 이상 이상적인 것이라고 할 수 없다.

생산적 커뮤니케이션의 과정에는 그 핵심적인 요소로 생각한 것을 전하려고 하는 전달자와 메시지 내용, 메시지를 받아들이는 수신자가 필요하다. 여기서 전달자와 수신자는 각자가 한 사람이나 그 이상이 되는 단체나 조직일 수 있으며, 메시지의 형태 또한 다양하게 나타날 수 있다. 메시지는 언어의 형태나 그림이나 글씨가 될 수도 있으며, 제스처나 몸짓으로 있을 수도 있다. 이들 사이에서 이루어지는 과정을 설명하면, 전달자는 전하기를 원하는 생산적 아이디어를 가지고 그것을 전달이 가능한 형태로 만들어 여러 전달 통로를 통해 수신자에게 전해지는 것으로 나타난다.

여기서 가장 주의해야 할 부분은 전달자가 전하고자 하는 생각이나 아이디어를 전달 가능한 부호로 전환하는 과정(Code)과 수신자가 인식기관을 통해 받아들인 메시지를 이해 가능하도록 해독하는 과정(Decode)이다. 생산적 커뮤니케이션 과정에서 일어나는 현상의 몇 가지를 가정해보면 다음과 같다. 상대방에게 전하고자 하는 바를 있는 그대로 정확히 전달한다는 것은 불가능하므로 수신자로부터 기대하는 반응을 얻기 힘들다. 또한 일단 수신자가 메시지를 받아들이면 그 메시지의 해독과 의미의 결정은 수신자에게 달려있다. 수신자가 어떻게 그 전달된 메시지를 해독하고 이해할 것인가는 수신자의 태도, 경험, 동기 및 처해 있는 상황 등 여러 가지 요소에 의해 영향력을 받기 때문이다.

따라서 우리가 타인과 생산적 커뮤니케이션을 하고 있다는 것은 바로 우리의 생각을 부호화하여 전달하고 우리에게 전달되는 수많은 메시지들을 해독하고 이해하고 또 그것에 나름대로 반응을 보이며 자신의 생각을 부호화해 다시 전하는 반복적인 과정이라고 할 수 있다. 여기서 반복적인 과정(Feedback)은 수신자가 전달받은 메시지를 어떻게 해독했으며, 어떻게 이해했는지 또는 전달받은 메시지에 의해 자신이 어떻게 변화했는지의 여부를 알려주는 작업이다. 이러한 작업을 통하여 우리는 궁극적으로 생산적 커뮤니케이션의 목적인 상대방에게 전하고자 하는 정보를 전하고, 자신이 원하는 대로 상대방이 해독해 주기를 바라고, 또 다른 사람이 전하는 메시지를 이해할 수 있다.

우리는 더러 통산적으로 생산적 커뮤니케이션을 언어를 통한 의사전달 과정이라고 생각했다. 흔히 음성언어를 통한 생산적 커뮤니케이션 체계는 인간과 동물이 유사하다고 할 수 있겠으나, 인간에게는 다른 동물 세계에서 볼 수 없는 문법적 창조 능력과 상징적 표현 수단을 사용할 수 있는 표현능력을 가지고 있다는 점에서 큰 차이점을 가지고 있다. 사람은 누구나 자신이 이해한 대로 표현하기를 좋아하며, 사실에 대한 그대로의 표현보다 그 사실에 근거하여 공통된 분모를 가지고 제 나름대로 묘사하기를 선호하기 마련이다.

우리가 흔히 쓰는 '미안합니다'라는 말을 생각해 보기로 하자. 이 말은 자신의 실수에 대해서 반성하는 의미로 하는 말일 수 있으며, 습관적으로 하는 인사말일 수 있다. 더 나가면 상황에 따라 상대방의 역겨움을 표시하기 위한 비아냥거림일 수도 있는 것이다. 우리가 잠시만 기다려 달라고 할 때의 '잠시'도 민족과 문화에 따라서 어떤 이에게는 5분이내의 시간을 의미하고, 다른 이에게는 30분 정도, 또 다른 이에게는 1시간이나 며칠을 의미할 수 있는 것이다. 그러므로 우리는 항상 주어진 상황과 상대에 맞는 스피치를 구사할 필요가 있으며, 이를 위해 부단히 노력해야 할 것이다.

설득 스피치를 펼쳐라!

 설득 스피치를 목적에 따라 분류하면 크게 세 가지로 나눌 수 있다. 단순한 정보를 전하는 경우와 즐거운 분위기를 전하는 경우, 메시지를 통해서 어떤 목적을 이루는 경우가 이에 속한다. 이 가운데 마지막 것을 가리켜서 설득 스피치라고 말한다. 이것은 스피치를 하는 사람이면 여러 방면에서 유익을 주는 것이므로 한 번쯤 생각해 보아야 할 것이다. 설득이란 말은 흔히 Persuasion으로 표현되는데, 이는 청자로 하여금 자신이 주장하는 바를 믿도록 화자가 말하는 기법의 스피치이다. 우리말로는 충분히 알아듣도록 설득을 해서 납득하게 하거나 수긍하게 하거나 확신시키는 행위를 의미한다. 그래서 설득의 정의에는 확신시킴이나 설복의 의미가 들어 있다. 이것은 모두 스피치를 할 때에 청자의 이해의 측면을 강조하는 것이다.
 여기에는 감정적인 측면과 이성적인 측면이 모두 포함된다. 설득은 감정적으로는 상대방의 메시지에 심적으로 동의한다는 것을 의미하고, 이성적으로는 상대방이 말한 것으로 통해서 이해하고 알아들었다는 것을 의미한다. 그래서 이 말은 청자가 화자와 말하기 전에 가지고 있었던 생각에서 대립되는 의견을 대화 후에 화자의 입장으로 생각이나 의견이 변화되었다는 것을 말하는 것이다. 그런 점에서 설득 스피치는 스피치를 통해서 화자가 청자에게 미칠 수 있는 영향이 얼마나 클 수 있다는 것을 말해주고 있고, 또한 청자의 입장에서는 스피치에 의해서 변화할 수 있는 여지가 주어지는 스피치라는 것을 알 수 있다.

따라서 스피치는 단순한 말의 주고받음이 아니라 사람을 변화시키는 능력이 있는 힘이라는 것을 우리는 알 수 있다. 그리고 이러한 설득을 위주로 하는 스피치는 사회 전반에서 활용되고 있으며, 설득 커뮤니케이션으로서의 영역도 매우 넓다는 것을 알 수 있다. 그 이유는 화자의 스피치가 청자에게 영향을 미치고 있으며, 그 영향은 태도뿐 아니라 행동까지 변화를 일으킬 수 있으며, 더 나가 이 설득은 스피치로만이 아니라 스피치를 할 수 있는 사회적 위치와 능력에 의해서도 영향을 미칠 수 있기 때문이다.

의사소통에 필요한 성격적 특징을 설득 커뮤니케이션의 이론에 입각해서 생각해 본다면 다음의 네 가지를 말할 수 있다.

첫째로 의사소통은 언어적 의사소통과 비언어적 의사소통의 통합으로 이루어진다는 것이다. 여기서 비언어적 행동은 메시지 자체의 언어적 내용을 보충 강화해주기도 하는 매우 중요한 역할을 수행하므로 언어적 의사소통과 함께 중요하게 생각해야 한다. 설득 스피치도 언어와 비언어를 함께 사용한다.

둘째로 의사소통의 대화와 관계 목적으로 동시에 추구한다는 것이다. 대화를 하는 것은 그것을 통해서 정보를 전달하거나 요청, 제안을 하는 등 상대방에게 직접적인 영향을 미치기 위한 것으로 볼 수 있고, 더불어 상대와의 인간적인 유대관계를 더욱 밀접하게 만들기 위한 것이다. 진정한 의미의 의사소통이라고 하는 것은 바로 이 두 가지가 같이 이루어져야 본래의 목적을 이룬다고 할 수 있다. 설득 스피치도 두 가지 목적을 추구한다.

셋째로 의사소통은 상황 의존성을 지닌다는 것이다. 의사소통 행위는 언제나 구체적인 상황과 맥락 안에서 이루어진다. 그러기 때문에 말로써 전달되는 언어적 정보 이면에는 반드시 일정량의 상황적 정보가 밑받침이 되어 있다. 그러므로 의사소통의 성패는 단순히 언어만으로 되어지는 것이 아니라, 상황이 요구하는 적절한 언어와 비언어적 행동의 여부에 달려있다고 볼 수 있다. 설득 스피치도 상황에 따라 고려해야 한다.

넷째로 의사소통은 참여자들이 상호 교섭함으로써 의미를 창조해가는 협력의 과정이라는 것이다. 그러므로 의사소통에는 상대의 표현에 대한 청자의 반응이 중요한 의미를 지니게 된다. 설득 스피치도 화자와 청자 모두의 협력으로 새로운 의미와 효과를 만들어 낸다.

끝으로 6C의 화법을 사용하라고 필자는 강조하고 싶다. 6C의 화법은,

① **분명하게 말하라!(Be Clear)**

② **다채롭게 하라!(Be Colorful)**

③ **구체적으로 말하라!(Be Concrete)**

④ **간단하게 하라!(Be Concise)**

⑤ **일관성을 유지하라!(Be Consistent)**

⑥ **바르게 말하라!(Be Correct)** 는 것이다.

분명하게 말하라는 것은 간단하게 익숙한 용어들로 이해할 수 있게 말하라는 것이다. 다채롭다는 말은 강한 인상을 주거나 뜻을 강화하는 단어를 쓰라는 뜻으로 평범하지 않게 기억될 수 있도록 하라는 것이다. 구체적으로 말하라는 것은 모호하거나 오해살 수 있는 말을 피해야 한다는 것이다.

간단하게 하라는 것은 청중은 발표문을 읽는 것이 아니기에 말로 해도 알아들을 수 있도록 복잡하지 않고 길지 않게, 듣기만해도 무슨 뜻인지 알도록 간단명료해야 한다는 것이다. 일관성을 유지하라는 것은 프리젠테이션에 사용된 생각, 제품, 통계 등을 반복적으로 언급할 때는 발표 전반에 걸쳐 같은 용어를 사용해야 한다는 것이다. 바르게 말하라는 것은 발표에 사용되는 언어를 비속어나 은어 사용을 자제하고 공식석상에 맞추어서 표준적이고 일반적인 언어를 사용해야 한다는 것이다.

대중(연단) 공포증의 핵심적 해결방법은 긍정적인 사고다!

미국 캘리포니아 대학과 캐나다 마니토바 대학의 공동연구팀은 최근의 의학전문지에서 스피치에 관한 연구 결과를 발표했다. 그 연구 보고서에 의하면 일반 성인 남녀의 7.2%가 사회공포증 환자라는 사실(7천 명을 대상으로 인터넷 인터뷰를 실시한 결과)을 알 수 있다. 이 조사에서는 여러 형태의 사회공포증 증상들이 밝혀졌는데 사회공포증 환자들이 두려워하는 것은 대중 앞에서 연설하는 것이 15%로 가장 많았고, 누군가가 지켜보는 가운데 먹거나 마시는 것이 두려운 사람도 4.2%나 됐다.

사회공포증의 여러 가지 증상 중 하나도 해당사항이 없는 사람, 그야 말로 특이한 공포증상을 보이는 사람은 60%, 한 번에서 세 번까지 증상이 있는 사람은 28%, 증상이 7가지가 넘는 사람은 3.4%로 각각 나타났다.

한편 사회공포증이 교육에 지장을 초래했다고 대답한 사람은 5명에 한 명 꼴이었으며, 이들 중 절반이 사회공포증 때문에 학교를 중퇴한 것으로 나타났다. 사회공포증이 취업하는 데 문제가 된 사람 역시 5명 중 한 명 꼴로 집계됐다. 우리나라는 청중 앞에서 하는 스피치 문화가 생활화되어 있지 않기 때문에 스피치에 임하는 사람들은 보편적으로 심한 스트레스를 느낀다. 실제로 통계자료를 보면 우리나라 직장인 열 명 가운데 아홉은 업무와 관련한 각종 프리젠테이션 때문에 심한 스트레스와 심적 부담을 느낀다고 말했다.

요즘은 입사 때부터 발표 능력을 갖춘 창조적 인재 상을 요구하고 있으며 기업 환경이 점점 '커뮤니케이션'을 중시하는 문화로 바뀌어 가고 있는 것도 사실이다. 집단 토론, 브리핑, 스피치, 제안, 기획 회의, 고객 상담이 늘어가고 있는 것에서 우리는 그 예를 알아볼 수 있다. 제아무리 회사를 살릴 빛나는 생각과 톡톡 튀는 아이템을 가지고 있다고 할지라도, 이를 고객이나 직장상사 앞에서 효과적으로 표현해 내지 못한다면 성공적인 목표를 달성할 수 없다. 따라서 스피치 능력은 자신의 미래를 발전시키는 중요한 결정요인이며 나아가 회사를 발전시킬 수 있는 중요한 능력이다.

정도의 차이는 있겠지만, 사람은 누구나 사람들 앞에 서면 떨리고 불안해하는 증상을 보인다. 사람은 두려움과 흥분이 생기면 상황을 피하려는 노력을 하게 되는데 이를 회피반응이라고 한다. 그러나 어쩔 수 없이 상황에 부딪쳐야 하는 경우에는 상황이 발생하기 전부터 미리 불안을 느끼는데 이를 예기불안이라고 한다. 피할 수 없는 정도가 클수록 일상생활에 장애를 가져오고 극심한 불안 반응이 일어나게 되는 것이다. 그리고 그 예기불안으로 인해 스피치를 망쳐버리게 된다.

그러면 어떻게 해야 불안공포증을 해소할 수 있을 까? 먼저 긍정적인 암시로 자신감을 가지라고 필자는 주장하고 싶다. 스피치를 하기 전에 "나는 잘할 수 있다.", "나는 자신 있게 스피치 할 수 있다." 등과 같이 긍정적인 암시로 자신감을 갖도록 한다. 그리고 스피치 장에 들어가기 전에 크게 복식 호흡을 세 번하고, 배에 힘을 주면 떨리는 현상이 상당히 줄어든다. 그래도 떨린다면 청심환이라도 먹는다. 심리적으로 안정이 되어 자신감 있게 스피치 할 수 있다. 또는 스피치 주제와 순서를 칠판 한 구석이나 메모지에 적어두고 언제나 볼 수 있도록 하면 스피치 순서를 일정하게 진행하는데 도움될 수 있다.

스피커 자신이 공포증을 느끼거나 떨고 있다는 생각이 들면 너무 잘하려는 의지를 버리는게 좋다. 조금 성의 없어 보일지라도 자연스럽게 일대일 대화를 한다고 생각하고 스피치를 하면 무사히 스피치를 마칠 수 있다. 그러나 이러한 스피치 공포증은 조금만 스피치를 하게 되면 바로 잊을 수 있다. 어떤 스피커는 강단에만 서면 신바람 나는 사람으로 바뀌어 스피치가 인생에서 가장 행복한 것이라고 말하기도 한다.

그 스피커도 처음에는 매우 떨었던 스피치로 시작했지만 그러한 떨림을 극복해 가는 과정이 더욱 즐거웠다고 한다. 실제로 스피치 하는 것처럼 하면서 잘못되거나 어색한 부분을 수정해 나가는 것이 좋다. 특히 전체를 연습하는 것이 바람직하지만, 적어도 첫 10분 정도에 해당하는 스피치 원고를 연극 대본을 외우듯이 연습하는 것이 좋다. 스피치의 시작이 바라던 만큼 매끈하게 진행되면 어느덧 "스피치 공포증"이 슬며시 사라지게 된다.

미래사회 성공은 스피치가 좌우한다!

　미래 학자 짐 데이토 교수는 얼마 전 어느 포럼에 "미래는 하루 저녁에서 수십 번 바뀌며, 첨단기술의 개벽은 하루 밤사이에 이루어진다."고 말했다. "24시간동안 인터넷에 접속해 있는 사람만이 미래를 예측할 수 있다."라고 덧붙이기도 했다. 2년도 예측하기 힘든 작금, 20년 후를 예측하는 것은 불가능한 일일 수도 있다. 그러나 인류는 자연과 함께 끊임없이 발전 해 왔으며 그 발전과 변화는 앞으로도 끊임없이 지속될 것이다. 미래사회는 사물에 감성적인 접근을 통해 빠르게 변할 것이다. 그만큼 미래에 대한 예측은 더욱 더 힘들어질 것이다. 미래의 추세를 예견함으로써 적극적으로 개척해야 하고, 예견과 대응 안목이 필요하다.

　특히 현 시대는 지식을 더 이상 암기의 방법으로 외울 필요가 없으며, 매일 업데이트(Update)되는 지식과 정보는 우리를 언제나 디지털 지식 공간에 데려다 준다. 그것도 무료로 말이다. 하지만 무분별한 지식 사이에서 그 상당량의 지식들을 분석하고 창의적으로 보는 능력이 중요하다. 미래사회는 뛰어난 엘리트를 원하지 않는다. 다가오는 미래는 쇼 사회(Show-society)로 간다고 해도 과언이 아닐 것이다. 모든 사람들이 페스티발을 즐기고 남에게 보여주는 것에 많은 신경을 쓴다. 따라서 무엇보다도 스피치 능력은 가능한 명확한 미래 상황의 전개 과정을 보여줄 수 있는 필수 능력이 된다. 우리는 주요 변수와 의사 결정관계 등을 스피치로 분석해보는 전문가 다운 스피치 리더십을 갖추어야 할 것이다. 스피치를 통해 인간은 현재의 문제를 해결하고 보다 바람직한 삶과 사회를 만들 것이다. 다시 말해 개인의 장래나 사회의 미래는 스피치로 결정되어 진다는 것이다.

　미래사회에 대한 변화에 발맞추는 센스 감각이란 스피치 능력을 기르는 것이며 그것은 자신만의 경쟁력을 키우는 지름길이다. 스피치의 창의성은 하늘에서 떨어지지 않는다. 정형의 틀에 박힌 사람들, 판에 박은 사고를 하는 사람들은 환영받지 못한다. 창의적 스피치 능력은 반드시 나와 다른 사람들로부터 스피치를 배우고 모방하는 데서 나온다. 또 다문화 사회가 인정하는 스피치의 경쟁력이 중요시 되는 이유가 바로 여기 있는 것이다. 미래사회의 변화를 알고 스피치를 이해할 수 있는 사람들이 최대의 승자가 된다.

'스피치'가 미래 생활에 미치는 영향은 매우 크다. 이 때문에 제대로 스피치를 하는 방법에 대한 노력이 그만큼 커지고 있는 것이다. 스피치가 반드시 어려운 것만은 아니다. 지나치게 관념적이거나 혼란스러운 표현보다는 말하고자 하는 것의 '일차적 의미'에 충실하면 된다. '일차적 의미 전달'이라는 의미는 복잡하지 않고 단순 명쾌하면서 자연스럽게 말하라는 것이다.

오늘날은 스피치의 시대이다. 스피치를 못하면 자신의 능력을 충분히 표출시키기 어렵다. 반면에 스피치를 잘하면 인생의 목적을 쉽게 달성할 수 있다. 스피치는 인생의 목적지로 이끌어 주는 배이다. 촌철살인(寸鐵殺人)이라는 말처럼 한 마디 말로 설복시킬 수도 있고 항복하게 할 수도 있다. 반대로 한 마디 말로 타인을 죽음에 이르게 하거나 평생토록 한 맺히게 할 수도 있다.

때문에 언어는 사람의 인격과 사상의 표현이라고 할 수 있다. 사람은 누구나 여러 감정을 갖게 된다. 우리는 미래 사회를 아름답게 가꾸고 풍요롭게 하기 위해서도 스피치를 갈고 닦을 필요가 있다. 태어나면서부터 말 잘하는 사람은 하나도 없다. 실제로 스피치는 학습과 반복적인 훈련을 통해서 점점 나아진다는 것을 명심하자. 고로 미래 사회의 성공은 이처럼 간단하다 당신을 필요로 하는 이유는 스피치가 좌우하기 때문이다.

스피치 매너 기술을 배워 인생을 바꿔 보자!

필립 시드니 경은, 이 세상에서 가장 훌륭한 기사로 일컬어지고 있다. 1586년 주트펜 전쟁터에서 빈사상태에 있었을 때 그에게 물을 건네준 사람이 있었다. 그러나 그는 자신의 목을 축이는 대신 상처 입은 무명의 병사에게 "네가 나보다 더 물이 필요할 것이다."라고 하면서 병사에게 물을 마시게 한 유명한 일화를 남겼다.

매너의 기본 개념은 친절 또는 따뜻한 마음, 공명정대한 정신, 그리고 상대에게 폐를 끼치지 않는 것이다. 매너는 자발적으로 이루어져야 하며 진실성이 반드시 부합되어야 한다. 매너는 사회적 질서를 유지하기 위해 그 사회가 요구하는 형태로 발전하는 독특한 행동이고, 그 행동이 형식을 갖추면서 의례(儀禮)가 발전했다. 이 의례는 다시 사회가 발달함에 따라 관습, 도덕 그리고 법률 등으로 분화되었다.

우리나라는 물론 서양예절의 근본정신은 첫째로 상대방에게 호감을 주는 것, 둘째로 상대방에게 폐를 끼치지 않고 편안하게 배려하는 것, 셋째로 상대방을 존중하는 것이다. 그 중에서도 상대방에게 호감을 갖게 하기 위해서는 상대방의 마음을 열게 하는 노하우가 필요하다. 마음을 열고 정을 나누는 비결은 '내 방식대로 하라!'는 강압적인 태도가 아니라 스스로 마음의 문을 열고 다가서는 것이다. 진심으로 상대방을 이해해 주고 신뢰와 열정으로 끊임없이 발하는 마음이야말로 마음의 문을 여는, 상대방에게 호감을 갖게 하는 열쇠인 것이다. 큰 철문을 여는 것은 무지막지한 힘이 아니라 작은 열쇠이다.

경영의 대가 피터 드러커는 "인간에게 있어서 가장 중요한 능력은 자기표현이며, 현대의 경영이나 관리는 커뮤니케이션에 의해서 좌우 된다."고 말하며 스피치 매너의 중요성을 강조하였다. 굳이 그의 말이 아니더라도 스피치는 상대방을 설득하고 이해시키는 도구이며, 수많은 사람들 사이에서 자신의 능력을 확실히 보여주는 가장 강력한 매너의 수단인 것이다.

스피치 매너는 먼저 '나만의 말하기 전략, 상대방을 위한 말하기, 대화·설득을 위한 말하기, 칭찬·유머가 있는 말하기, 성공을 위한 말하기'로 나누어진다. 특히 말하는 것을 "스피치 매너"라는 단어로 연결시켜 그냥 일상적인 매너가 아닌 무언가를 얻어내고 창출할 수 있는 합리적인 무기로 만들어 내는 것이다.

또한 스피치 매너는 위인들의 사례나 옛날 이야기를 곳곳에 배치해 말하는 재미를 더하게 하며 평범하게 생각하는 '말하기'를 무한 경쟁 시대의 개인적인 전략으로 끌어올린 형태이다. 『스피치매너』는 생산적·적극적·독립적·논리적인 프로페셔널(professional)로서 남들 앞에 나서야 하는 이들에게 황금빛 날개를 달아 주는 행동인 것이다. 그렇다면 단계별로 다음과 같은 실천을 해보자.

제1단계는 "~에 대해 말씀해 주시겠습니까?(Tell me about~)"라고 부탁하기이며, 제2단계는 단서(signposts)찾기이며, 제 3단계는 간단하게 대꾸하기(brief inserts), 제4단계는 잠시 멈추기(pause)이며, 마지막 5단계가 바로 요약하기(summary)이다.

또 민주주의 시민의식 성장하기 위해서는 자신의 생각만이 옳다는 식의 일방적, 감정적 주장을 버려야 한다. 합리적으로 의사를 표현하고, 상대방의 의견도 수용할 수 있을 때, 건강한 스피치 매너의 문화가 만들어질 수 있는 것이다.

스피치는 마음의 초상이다!

「누가 내 치즈를 옮겼을까?」의 저자인 경영컨설턴트 스펜서 존슨은 1분이라는 짧은 시간에 아이에게 '꾸중과 칭찬'의 방식으로 아이를 변화시킬 수 있다고 말했다. 아이들의 행동이 올바르지 못할 경우, 처음 30초 동안 그들을 꾸짖되, 구체적으로 지적하고 아빠의 감정을 분명히 말해주라고 강조했다. 그리고 10초 정도는 긴장감을 조성하기 위해 잠시 침묵한다. 그런 다음 나머지 20초 동안 감정을 가라앉히고 사랑을 표시한다. 아이의 행동은 잘못됐지만 아이 자체는 착하다는 암시를 줘야 한다. 이런 모든 것을 1분 안에 끝내야 한다.

1분 칭찬은 아이가 올바른 행동을 했을 때 30초 동안 그들의 행동에 대해 구체적으로 칭찬한다. 그리고 10초 동안 잠시 침묵을 유도해 아이들이 흐뭇한 감정을 갖도록 한 뒤, 나머지 20초 동안 아이를 껴안아주는 등의 긍정적인 제스처를 취하면서 칭찬을 끝낸다. 스펜서 존슨은 이처럼 짧은 시간인 1분 동안에 아이를 크게 바꿀 수 있음을 강조하며 1분 혁명을 제안했다.

모든 사람은 그 생애의 배후에 어린 시절부터 형성된 습관이 있다. 반복되는 행동은 성격을 형성하고 그 성격은 인격을 만들어서 결국 그 사람의 운명을 결정하게 된다. 일반적으로 습관은 후천적으로 반복해서 행동함으로 고정되는 성품이라고 말할 수 있다. 이것이 생활화됨으로 말미암아 그 사람을 이끌어가게 된다. 습관이 개인적인 것이라고 말한다면 관습은 사회적인 것이라고 말할 수 있다. 어떤 사회나 공동체가 오랫동안 흘러오면서 전통적으로 지켜져 내려오는 규칙, 생활규범, 의식이 있다. 이것을 사회 문화라고 말한다.

또한 어느 개인이나 사회든 그 사회가 가지고 있는 독특한 습관이나 관습은 더러 좋은 것도 있고 나쁜 것도 있다. 나쁜 습관은 사람을 불행하게 만들고 좋은 습관은 사람을 성공적이고 창의적으로 만든다. 우리나라는 오랜 관습이나 전통문화가 이어져 오면서 국민들을 억압하고 좋은 문화의 민족성을 개발하지 못했다. 일명 남아 일언 중천금이라고 묵음을 좌시 하는 환경이 되어 왔던 것도 주지의 사실이다. 그러나 이제 글로벌 시대를 지향하면서 자기표현이라는 중요한 화두가 되고 있다.

특히 부모와의 스피치, 즉 커뮤니케이션이 단절된 자녀들은 주로 학교생활, 성적, 이성문제로 고민을 많이 하고 있다. 아주 작은 일이라도 부모와 대화를 많이 하는 자녀들은 절대 잘 못되지 않는다. 우리는 스피치의 중요성을 나타내는 옛 속담들을 통해 오랜 옛날부터 우리 조상들도 스피치의 힘을 중요시했다는 것을 알 수 있다. "스피치는 마음의 초상이다.", 또 "오는 말이 고와야 가는 말도 곱다."는 말처럼 스피치 자체에 신뢰한다는 의미를 가지고 있다. 다시 말하면 우리가 신뢰받는 존재가 되고 싶다는 뜻이 스피치에 숨어있는 것이다.

전 세계적인 국제화, 개방화의 시대 추세를 살아가는 우리 자신들이 스피치의 중요성을 인식하고, 스피치 역량을 갖춘 전문가가 되어야 함을 강조하고 싶다. 그래야만 치열한 국제경쟁시대에 적응하며 주도적인 위치를 확보할 수 있을 것이다.

스피치는 자신을 표현하는 성공의 시작이다

현대 경영학을 발명했다고 해도 과언이 아니며 이 시대 최고의 경영학자로 불려지고 있는 피터 드러커(Peter F. Drucker)는 "인간에게 있어서 가장 중요한 능력은 자기표현이며, 현대의 경영이나 관리는 커뮤니케이션에 의해서 좌우된다."고 말하며, 스피치 커뮤니케이션의 중요성을 강조하였다. 굳이 드러커의 말이 아니더라도 오늘날 스피치는 상대방을 설득시키고 이해시키고자 할 때 강력한 무기로 각 분야에서 활용되고 있다.

스피치 커뮤니케이션은 자신의 의견이나 사고에 상대방이 찬성하도록 하든가 지지하도록 하고, 또 적극적인 반대가 없도록 만들기 위한 노력의 과정이다. 다시 말해, 자신이 전하고자 하는 지식이나 정보를 개성 있는 전달 능력을 통해 설득시키는 것이다. 즉 설득은 잘 설명하거나 타이르는 것으로, 논거 발견 술 중심으로 구성해야 한다. 또한 설득은 단순히 상대방의 마음만을 움직이는 것이 아니라, 나아가 상대방의 행동에 영향력을 미치는 것을 그 목적으로 한다.

보편적으로 우리가 어떤 자료를 제시하게 되면, 상대방이 원하는 요구는 연령, 성별, 직업 등에 따라 현저히 다르게 나타난다. 상대방의 다양한 요구를 반영하지 못하는 스피커는 상대방들로부터 외면당할 수밖에 없다. 효과적인 설득 스피치를 위해서는 우선적으로 청중을 철저히 분석해야 한다. 상위에서 언급한 연령, 성별, 직업 등의 사항도 중요하지만, 상대방의 상황, 특성, 요구까지도 정확히 알아야 한다.

또한 발표자가 어떤 것에 대한 상대방의 경험을 무시하고 결론만을 제시해버리면 본능적으로 상대방은 불쾌한 감정을 느낄 것이다. 예를 들어 "당신이 이렇게 산다면 평생 후회할 것이다."라고 했다면, 상대는 네 멋대로 해보라는 도전적인 의미로 받아들일 뿐만 아니라 강하게 반발할 수도 있다. 따라서 어떤 결론은 개인의 주관임을 밝히며, 진리가 아닌 경우에 결론을 제시하는 것은 조심해야 한다.

　기존의 스피치가 평면적이고, 일차원적이고, 일방적이고, 소극적인 대화의 형태였다면, 파워 스피치(Power speech)는 입체적이고, 삼차원적이고, 양방향적이고, 적극적인 대화 형태이다. 우리는 그 동안의 무의미하고 건조한 스피치 방식을 탈피하여 파워 스피치를 구사하기 위해 부단히 노력해야 할 것이다.

　훌륭한 스피치는 한정된 시간 내에 어떠한 악조건도 뚫고, 화자의 표정과 감정 의사표시, 제스처와 손동작 등을 이용하여 말하고자 하는 내용을 전달함으로써 상대방에게 동기를 부여하도록 하는 것이다. 즉, 스피치를 통하여 대화 내내 상대방의 참여를 이끌어냄과 동시에 주최 측이 의도하는 행동을 하게끔 상대방에게 동기를 부여해야만 인정받을 수 있다는 것이다.

　한편 명료하게 말을 잘하는 사람이라는 인상을 주면 간혹 진실성이 없고 업무적이라는 느낌을 주기도 한다. 때에 따라서는 달변가보다 눌변가가 통할 때도 있다는 것이다. 명 연설가들은 자신의 스피치가 사람들을 감동시키고 있다고 생각할지도 모르지만, 지적 능력이 부족한 사람들은 갑자기 방어적이고 회의적이게 될 것이다. 따라서 그들이 발표자의 생각을 완전히 이해하고, 그것을 자신의 것으로 받아들이기를 원한다면 될 수 있는 대로 저자세를 유지하는 것도 효과가 있다는 것을 주장하고 싶다.

　성공한 스피커(speaker)는 남을 비난하거나 불공평하게 취급하지 않는다. 모든 사람은 남을 비난하거나 불평하는 말을 듣기 좋아하지 않는다. 그래서 스피커를 불만으로 가득 차 있고 자질이 부족한 사람이란 생각을 들게 한다. 따라서 성공한 스피커는 회사의 기획자, 제안자, 교수, 교사, 학원 강사, 평생교육 강사, 취업을 앞둔 희망자, 프로 영업자가 되고 싶은 사람들과 이미 현장에서 스피커로서 활동하는 분들에게 명 스피커가 되기 위한 전략을 처음부터 끝까지를 제공하고자 하는 사람일 것이다.

스피치를 잘하는 사람이 세상을 리드한다!

중대형 컴퓨터 제조업체인 NCR회장이자 유네스코 회장이었던 아론은 캔자스 주위 말단지부 책임자였다. 그런 그가 최고의 자리까지 올라가는 데는 남다른 재능이 있었을 텐데, 그것은 다름 아닌 연설 능력이었다.

그는 훗날 대중연설에 대한 글을 많이 썼는데, 그 중 '사업에서의 스피치와 리더십'이라는 글에서 이런 주장을 했다.

"타인과 효과적으로 의사소통을 함으로써 타인의 협력을 얻어내는 능력이야말로 장차 톱의 자리를 원하는 사람이 갖추어야 할 조건이다."

성공한 사람은 똑같은 상황에서 스피치를 해도 다른 이와 새로운 관점에서 말한다. 누구나 다 아는 이야기라도 언제나 새로운 보석을 꺼내 놓은 것처럼 신바람 나게 말을 하는 것이다.

세계를 지배할 만큼 성공한 사람들의 대부분은 남의 말을 잘 듣고 거기에서 아이디어를 찾아낸다. 또한 남보다 넓은 시각에서 말하고 항상 사물을 멀리 바라보는 습관을 가지고 있다. 자신의 인생에 대해 열정적이며 남을 배려할 줄 아는 넉넉한 마음을 지니고 있기도 하다.

타인의 마음을 사로잡아 성공한 사람들은 남의 마음을 붙잡는 가까운 길이 상대가 가장 관심을 갖고 있는 문제를 화제로 삼는 것임을 알고 있다. 그리고 그것에 관해 이야기하고 때로는 행동으로 실천하여 많은 사람들로부터 협력을 얻는 데에 성공했던 것이다.

또한 진정한 리더는 논리적 측면이 강하며, 정면 승부를 고집하기보다는 먼저 주제의 중요성을 말한다. 특히 말하려고 하는 주제가 구성원들에게도 필요하고 더 나아가 청자 개개인에게 많은 도움이 될 것이라고 확신을 가지고 밝힌다.

예를 들어, 「시대에 부응하는 주제다」 「건강관리의 새로운 정보다」 「생활향상에 도움이 된다」 「돈을 많이 벌 수 있다」 등의 방향으로 암시를 주는 것이다.

그리고 스피치의 요점을 미리 밝힌다. 책으로 말하면 목차와 같이 오늘 할 연설을 첫 번째에 대해서, 두 번째에 대해서 이야기하겠다는 것을 서론에서 밝히는 것이다. 그래야만 청자가 들을 준비를 갖추고 되고 어느 정도 정보를 알고 들으므로 이해가 빠르다. 또한 이익단체나 조합 등에서는 이렇게 미리 요점을 밝혀주면 대단히 관심을 갖게 되므로 이 방법이 가장 좋은 효과이다. 청자가 이해를 쉽게 한다는 것은 성공적인 스피치를 알려주는 신호이다.

또한 필요한 배경을 설명해줘야 한다. 스피치에 앞서 이러한 주제를 선택한 이유는 무엇인가를 말해주는 것이다. 그래야 청자가 스피치의 중요성을 이해하고 더욱 관심을 집중하게 된다.

성공한 리더의 말은 실제 행동 못지않게 큰 영향력을 발휘할 수 있다. 그러므로 높은 지위에 있는 사람들은 스피치에 앞서 일관된 메시지를 전달해야 함을 인식하고 준비해야 한다. 리더의 말이 자주 바뀌는 경우, 구성원들은 진의를 파악하느라 시간과 노력을 허비하는 경우가 많으며 신뢰감도 떨어진다. 특히, 구성원 조직 현장에서는 리더의 말 한 마디가 조직의 비전이 되기도 하고, 구성원들의 행동 규범이 되기도 하는 만큼, 리더는 자신의 생각을 효과적으로 표현하고 이를 구성원들에게 충분히 이해시킬 수 있는 능력을 개발할 필요가 있다.

성공하는 리더가 되고자 한다면 자신의 능력을 효과적으로 표현하고 전달하는 것도 중요하지만 상대방의 이야기를 적극적으로 경청하는 자세가 더욱 필요하다는 것을 잊어서는 안 될 것이다.

지적에너지 표현은 스피치가 기초이다!

주말이면 청계산과 관악산이 병풍으로 둘러쳐진 과천 벌에 일꾼의 샐러리맨들이 몰려온다. 그 동안 자신을 얽어매었던 넥타이를 풀고서 벌판을 달리는 말(Race Horse)을 보기 위해서이다. 달리는 말에서 힘이 느껴지면서, 샐러리맨들은 다시 일상의 스트레스를 날려 버리고 힘차게 내일을 준비한다. 옛날부터 말은 우리의 이동 수단이었다. 그리고 그 힘의 세기는 운동에서 힘을 뜻하는 단위가 되기도 했다. 그래서 우리는 그 힘을 마력(HP)이라고 부르고, 그 말의 숫자와 비례해서 그 힘의 크기를 재었다.

우리는 누구나 발(Foot)이 없으면서도 말(horse)보다 더 빨리 달리고, 크게 보이지 않으면서도 힘을 발휘할 수 있는 말(Speech)을 가지고 있다. 그것은 인체의 혀에서 나오는 언어라는 스피치이다. 이 스피치로 우리는 사람을 죽이기도 하고, 살리기도 하며, 천 냥 빚을 갚기도 한다. 그리고 심지어는 먹고 사는 생존이 그 말에 달려 있는 경우도 있다. 이 스피치 에너지는 누구나 가지고 있어서 일부의 사람들을 제외하고는 공평하게 신이 부여해준 선물이다. 어쩌면 세상에서 인간만이 가지고 있는 특권일지도 모른다. 하지만 이렇게 소중한 우리의 보물을 그냥 사용하거나 방치해두는 자들이 많아 안타까울 따름이다.

말은 원석과 같아서 누가 어떻게 얼마나 가꾸고 다듬느냐에 따라 그 모양새와 광채가 달라질 수 있다. 그런데도 일반적으로 사람들은 이것을 가꾸고 다듬는 것에 신경을 쓰지 않는다. 반면, 이 말의 효용 가치를 아는 소수의 사람은 이것을 잘 활용하여 자신의 생을 더욱 아름답게 만들고, 다른 사람에게도 많은 유익을 주는 사람이 된다.

현대에 있어서 수많은 에너지의 힘들이 있다. 그 가운데서도 제 3의 물결이 지나간 후에 수많은 사람들은 "정보"가 현대에 있어 가장 큰 힘이라는 것을 알고 있다. 그러나 정보가 곧바로 힘이고, 권력이며, 더 나아가 돈이 될 수 있는 것은 아니다. 그것은 그냥 방치해 둔다거나 시대가 바뀌면 사장 될 산업 쓰레기에 지나지 않을 것이다. 그것의 효용가치를 높이고 값있게 팔 수 있는 능력도 곧 스피치이며, 그 대가를 높여줄 수 있는 지적에너지도 바로 스피치인 것이다.

따라서 스피치의 에너지는 정말 큰 것이며, 그 힘의 크기는 측정할 수 없다. 이 큰 힘을 우리는 길러야 한다. 이 에너지를 우리는 사용해야 한다. 그러기 위해서 우리는 훈련이 필요하다. 다만 우리는 우리의 훈련을 통해서 이 스피치의 힘을 여러 배로 증폭시킬 수 있다는 것을 알기만 하면 된다. 하지만 사람들은 이 말을 이용해 상대방의 가슴에 상처를 주기도 한다. 그런 순간을 대처하는 방법엔 어떤 것이 있을까? 그럴 땐 상처가 되는 말을 한 상대에게 즉시 되물어야 한다. 되물어서 상대의 독기를 빼야 한다. 우리에게 상처를 주려는 스피치가 무슨 뜻인지 상대에게 그 즉시 되물어야 한다. 그러면 세 가지의 유익이 있다. 첫째로는 상대는 우리의 질문에 대해서 우리가 납득할 수 있도록 설명해야 하는 상황에 처하게 된다. 둘째로는 되묻기를 통해서 우리는 시간적 여유를 가질 수 있다. 셋째로는 더 이상 상대에게 끌려가지 않게 되고 스피치의 주도권을 잡을 수 있다.

결론적으로 우리의 스피치 에너지는 상호 관계적이라는 것에서부터 출발하는 것을 명심하자. 무슨 진리를 외치거나, 수학이나 물리학의 공식을 암기해서 일방적으로 말하는 것이 아니다. 상대방과 호흡을 맞추어 상호교감이 되어야 하는 것이다. 고로 스피치에 있어서 첫인상은 중요한 역할을 한다. 첫인상은 중요하다. 그러나 분명한 사실은, 첫인상은 태어날 때부터 결정되는 것이 아니라, 살아가며 결정된다는 점이다. 성장과정이나 주변의 환경, 성격 등 여러 가지 요소들이 첫인상에 영향을 미치기도 하지만 스스로의 노력으로 얼마든지 극복할 수 있는 것 역시 첫인상이다. 좋은 첫인상을 갖는 것이 경쟁력을 갖추는 것이요, 상대에게 자신을 제대로 어필할 수 있는 길이다. 고로 리더는 항상 글로 기록하는 습관을 통해 신념의 변화를 가져다주며 글로서 남겨진 내용을 지적에너지 표현으로 사람들에게 효과적인 성장으로 충실한 결정체를 만든다.

현대사회에서 성공하기 위한 기본 능력은 스피치이다!

　젊은 시절 앞 뒤 가리지 않고 맨주먹으로 회사를 일구어 이제 어엿한 중소기업의 대표가 된 50대의 L씨! 그는 영업을 할 때 학연, 지연에, 사돈의 팔촌이라도 연고만 있다면 물러설 줄 모르는 투자와 끈기로 계약을 성사시켰다. 사원 관리는 부하 직원에게 맡기고, 자신은 오로지 현장에서 직접 뛰는 것에 승부를 걸었다. 잠도 자지 않고 불철주야로 일한 덕에 이제는 성공한 기업가로 인정받는 위치에 이른 것이다.

　그의 입지전적인 성공이 여기저기 알려지자 방송국에서 성공담을 이야기 해 달라는 요청이 들어오는가 하면 동창회에서는 회장직을 맡겼고 결혼주례를 부탁해 오는 사람도 간간이 있었다. 이제까지 실패를 모르고 두려움을 몰랐던 L씨는 어느 날부터인가 '스피치'라는 괴물 때문에 다른 사람과 눈만 마주쳐도 가슴이 뛰고 긴장되는 버릇까지 생겼다고 한다.

　스피치의 필요성을 느끼는 사람은 성공한 4, 50대만이 아니다. 젊은 사람들은 더 많은 스피치의 압박에 시달리고 있으며, 그 필요성을 절감하고 있다. 직장 생활 중 사내 업무나 대외적인 영업활동·회의·면접 등은 물론이고, 여가 활동에서 조차 어느 정도 수준 있는 스피치의 능력이 요구되고 있다. 요컨대 오늘날은 스피치의 시대라고 해도 과언이 아닐 정도로 그 중요성이 날로 커져 가고 있다.

사람들은 대화 이외의 스피치를 할 수 있는 기회도 별로 없었을 뿐더러 스피치에 대한 관심도 거의 없었다. 특히 청중 앞에서 스피치를 한다는 것은 소위 사회적인 명사나 계층의 일부 그리고 정치인들에 한정된 것이라는 인식이 있었다. 그러나 짧은 기간 동안 우리나라는 급변했다. 전통사회에서 지식정보사회로 이전되고, 권위주의적 사회에서 개인주의 사회로 변화한 것이다. 그러면서 스피치에 대한 관심도 필요성이 점차 커져가고 있다.

스피치는 집단적인 공동 목표를 달성하기 위하여 행해지는 조직 활동에서 그 중심이 되는 리더나 관리자는 물론, 평범한 구성원이라 해도 조회나 후배 지도·결혼식·학부모회 등 스피치를 해야 할 자리는 매우 많고 다양하다. 민주적인 사회일수록 많은 사람을 대상으로 자신의 의견을 바르게 전달해야 할 기회가 많아지고 있고, 그것이 집단생활과 사회생활에서 중요한 역할을 하고 있다. 이런 경향은 앞으로 더욱 많아질 것이다.

많은 사람들 앞에서 효과적으로 이야기하여 청중에게 공감을 주고 이해를 얻을 수 있는 것이 바로 스피치이다. 그러나 그런 바람과는 달리 많은 사람들이 남들 앞에서 스피치하기를 곤혹스러워하는 듯하다. 또한 훌륭한 내용을 가지고도 그것을 표현하는 기술이 부족해서 자신의 의도가 정확하게 전달되지 않았다거나, 청중들이 조는 바람에 망신만 당했다는 이야기를 흔히 들을 수 있다. 더욱 간과할 수 없는 점은 적절하지 못한 스피치 방법으로 인해 내용까지 가치 없는 것으로 간주되어 버린다는 점이다. 이는 서로에게 불행한 일이다.

많은 사람들 앞에서 자신의 생각을 솔직하게 표현하고 효과적으로 이야기할 수 있다면 그것은 곧 자신감으로 이어진다. 사물을 보는 시각과 사고방식까지 변하게 된다. 왜냐하면 스피치 행위는 세상을 살아가는 일과 깊이 관련되어 있기 때문이다. 실제로 올바른 의미에서 스피치를 잘 할 수 있게 된다면, 다른 사람과의 교제가 더 이상 고통스럽지 않으며, 다른 사람들과 더불어 살아가는 것이 즐거워진다. 특히 비즈니스맨에게 있어서는 사적인 생활은 물론, 업무지시나 회의에서의 의견발표, 고객에 대한 상품 설명 등을 적극적이고 효과적으로 하기 위해서도 반드시 필요한 자격 중 하나라고 할 수 있을 것이다. 수많은 사람과의 협력 관계를 기반으로 하여 살아가는 현대인의 자격 중 한 가지로, 많은 사람 앞에서 이야기하는 스피치 능력을 기르고 닦는 일은 피할 수 없는 길이다.

파워 스피치는 욕망(欲望)에 호소한다!

새끼 칠면조의 '칩칩' 소리에만 어미노릇을 하는 어미 칠면조나 가슴에 꽂힌 빨간 깃털 때문에 공격을 개시하는 수컷 참새처럼 인간에게도 자동적인 행동을 유발시킬 수 있는 심리원칙이 있다. 그것만을 적절히 이용하면 손 하나 까딱하지 않고도 사람을 움직일 수 있다.

우리 모두가 욕망에 의해 좌우되지만, 누구도 이 사실을 공개적으로 인정하는 것을 좋아하지는 않는다. 그러므로 당신이 가장 욕망적인 주장을 할 때마저도 단지 간단한 상식을 말하고 있는 것처럼 말한다.

그렇다면 상대를 말로써 설득시키는 방법에는 어떤 것들이 있을까?

첫째로 준비는 많이 하되 발표는 짧게 하라.

발표는 될 수 있는 한 짧게 하는 것이 좋다. 정해진 시간을 채워야 한다면 그렇게 하되 더 이상은 하지마라. 길고 산만한 발표를 하는 것보다 설득력 있고 간단한 설득을 준비하는데 더 많은 시간이 요구되는 것은 분명하다. 그것은 그만큼 가치 있는 일이다.

둘째는 당신의 목적을 진술한 다음에는 그것에 관해 어떠한 의심도 하지마라.

당신의 목적이 논쟁할 가치가 있는 것이라면 또한 진술한 만한 가치도 있다는 뜻이다. 일단 진술할 가치가 있는 것이라면 그것을 반복해서 주장하는 것에 대해 걱정하지마라. 당신의 목적을 자주 그리고 다양한 방법으로 진술하는 것을 두려워 하지마라. 청자들이 당신 자신이 분명하게 밝히지도 못한 소망을 들어줄 정도로 동정적일 것이라고 기대하지마라.

셋째는 당신이 찾아낼 수 있는 견해의 일치점이 무엇이든 거기에서 시작하라.

당신이 다른 사람과 공유하고 있는 신념과 욕망으로부터 시작하라. 당신과 완전히 다른 목적을 갖고 있는 집단에게 말할 때라도 일치점을 찾아내라. 당신과 그 집단 모두 진리의 존재를 믿는다. 둘 다 공동체에 관심을 갖고 있다. 이 점에서 당신이 상대방의 순수성을 알고 있다는 점을 분명히 해라. 겸손하게 굴지 말고 상대방의 견해를 이해하고 있음을 보여주어라.

넷째는 당신의 요구사항을 최소한으로 줄여라.

당신은 견해의 일치점에서 시작했다. 이제부터는 차이점을 최소한으로 유지하라. 어떤 발표에서든 단지 낮은 점수만을 얻을 수 있을 뿐임을 깨달아라. 잘못된 점이 많이 있다면, 그것들을 한꺼번에 모두 제기하지 마라. 그렇지 않으면 상대편이 압도당하거나 스스로를 무력하다 느낄 것이다. 가장 중요한 한 가지 또는 많아야 두 가지 정도를 선택하라. 당신이 변화를 원한다고 제시하면서도 계속 일치점으로 되돌아가도록 하라.

다섯째는 욕망에 호소하라. 그러나 그것을 욕망과 동일시하지 마라.

그렇지 않으면 상대방은 욕망에 불타고 있는 것처럼 보이지 않기 위해 틀림없이 저항할 것이다. 은근히 호소하라. 많은 사람들에게 욕망은 가장 강력한 동기를 일으키는 감정이다. 그러나 대부분의 사람들은 그것을 인정하지 않는다. 당신의 말을 듣고 있는 사람이 어떻게 이익을 얻을 수 있는지 보여주어라. 그러나 이것을 노골적으로 말하거나 상대방이 혜택 받기를 원하고 있다는 식으로 비추지 마라.

여섯째는 듣는 사람의 감정에 호소하라. 하지만 이성에 호소하고 있는 것처럼 보이게 하라.

순전히 논리적으로만 보이는 주장을 하는 것은 흔히 저질러지는 실수이다. 특히 총명한 사람들일수록 이런 실수를 잘 범한다. 물론 당신은 가능한 한 모든 논리를 사용해야만 한다. 사람들은 논리적으로 추론하고 있다고 느끼기를 좋아한다. 그러나 논리에도 감정이 깃들어 있다. 그리고 상대편을 진정으로 움직이게 하는 것은 감정임을 이해해야 한다. 어떤 문제가 아무리 감정으로부터 분리되어 있는 것처럼 보일지라도 이것은 진리이다.

일곱 번째는 당신 말을 듣고 있는 사람에게 느끼는 방법까지 말하지 마라.

사람들은 어떤 것에 대한 자신의 경험이 꼭 어떠해야만 한다고 말하는 사람에게 본능적이고 사나운 분노를 터뜨린다. "당신이 이 결혼생활을 끝장낸다면 평생 동안 후회할 것이다."라고 했다고 하자. 만약 상대방이 용기 있는 사람이라면 이런 진술을 무슨 일이든 네 멋대로 해보라는 도전으로 받아들여 당신에게 대들 것이다. 당신이 할 수 있는 일은 상황을 묘사하고 그것을 스스로 경험해 보는 것뿐이다. 그러면 상대편이 당신의 경험에 합류할 수 있을 것이다.

끝으로 상대를 설득할 때는 당신이 청자들에게 말한 것 이상의 무엇이 존재한

다고 암시하라.

청자들로 하여금 당신이 아직 하지 못한 말이 많다고 느끼게 만들어라. 당신의 입장을 옹호할 모든 세세한 사항들과 이유들로 그들을 괴롭히고 싶지 않다는 점을 은근히 부각시켜라. 듣는 사람들의 수고를 덜어주어라. 그리고 당신이 그들의 수고를 덜어주고 있다는 것을, 즉 많은 것들 중 약간의 것만 이야기하고 있다는 것을 그들에게 암시하는 것이 중요하다.

이상의 내용들을 잘 익혀서 설득 스피치의 달인이 된다면 현대 사회에서 분명 성공할 것이다.

파워스피치가 성공을 이끈다!

일본인들이 많이 기르는 관상어 중에 코이라는 잉어가 있다. 이 잉어를 작은 어항에 넣어 두면 5~8센티미터 밖에 자라지 않는다. 그러나 아주 커다란 수족관이나 연못에 넣어 두면 15~25센티미터까지 자란다. 그리고 강물에 방류하면 90~120센티미터까지 크게 성장한다. 코이는 자기가 숨 쉬고 활동하는 세계의 크기에 따라 작은 코이가 될 수도 있고, 대어(大魚)가 되기도 하는 것이다.

리더의 꿈이란 코이라는 물고기가 처한 환경과도 같다. 더 큰 꿈을 꾸면 더 크게 자랄 수 있다. 꿈의 크기는 제한을 받지 않는다. 성공하는 삶은 항상 커다란 꿈과 함께 시작되며 꿈이라는 밑천은 바닥을 드러내는 일이 없으며, 계속 도전하도록 열정을 분출하는 무한의 에너지다. 바로 그것이 파워스피치를 통해 가능하다.

유능한 파워스피치를 원하면 정보공유는 마땅하다. 비록 사해와 갈릴리 호수의 문제처럼, 정보도 공유되지 않고 한 곳에만 있는 경우에는 폐기 처분할 수밖에 없는 정보가 된다. 누가 자신의 정보를 보고 평가해 줄 수 있는 사람이 있어야 한다. 그리고 상대가 가진 정보와 자기가 가진 정보를 비교해 봐서 유익을 가질 수 있는 경우가 되어야 한다. 자신의 정보만 중요히 간직하고 그것을 공개하지 않고 끌어안고 산다면, 그 때부터 스피커는 자신의 정보는 퇴색하게 된다는 것이다. 즉 정보는 흐르는 물과 같아서 썩지 않도록 항상 흐르게 해야 한다는 것이다. 좋은 정보가 있다면 객관화가 되는 지 아닌 지에 대해서 사전에 공유할 필요가 있다.

또한 파워스피치는 대화식으로 풀어가며 많은 청중에게 친구에게 하듯이 자기의 뜻을 이해 시기는 어려운 것이다. 그러나 말이란 듣는 사람과 말하는 사람과의 일대일 관계이다. 그래서 오히려 청중을 모두 듣게 하고, 자신의 의사를 전달하기 위해서 소리 높여서 외치는 것은 주의해야 한다. 스피커(Speaker.話者)의 말을 청중에게 전달하는 것은 마이크와 스피커라는 음성 도구이다. 그러므로 스피커는 웅변이나 절규하는 듯한 어조가 아니라, 친구와 대화하듯이 자연스러운 평소의 어조와 리듬을 가지고 말하는 것이 유익하다. 우리는 목소리가 큰 사람이 이긴다는 비논리적인 말에 길들여져 왔다. 큰 소리로 말하면, 상대에 대한 설득보다는 상대에 대한 경쟁심과 불필요한 감정을 살 필요가 있다. 따라서 스피커는 청중의 규모에 맞춰 목소리의 크기를 알맞게 조절할 줄 알아야 한다.

파워스피치 중에서 가장 자연스럽게 청중과의 커뮤니케이션을 원활하게 할 수 있는 방법은 개요서에 의한 스피치이다. 개요서란 스피치의 개요, 즉 주요 아이디어와 세부 내용의 골자만을 간결하게 적어둔 미완성 스피치 대본을 의미한다. 준비 개요서에 의한 스피치는 청중과 시선 교환이 자유로울 뿐만 아니라, 파워스피치의 골격에 곧바로 살을 붙여서 분위기를 자연스럽게 이끌 수 있으므로 생동감과 현장감이 있다. 또한 자연스러운 제스처를 사용할 기회도 많아지게 되며, 특히 언어의 구사 범위를 넓혀준다는 장점이 있다. 준비 개요서를 가지고 꾸준하게 연습하면 자신의 아이디어를 다양하게 표현 할 수 있는 능력이 생긴다.

평범한 사람도 기적을 일으킬 수 있는 스피치 스킬은 다음과 같이 생활을 해보자. 의심은 천천히 하며 믿기는 빨리하고 비난은 천천히 하며 칭찬은 빨리하자. 인신공격은 천천히 하며 보호는 빨리하고 자기를 나타내기는 천천히 하며 덮어주기는 빨리하자. 싸우기는 천천히 하며 참기는 빨리하고, 비평은 천천히 하며 감사는 빨리하자. 또 받기는 천천히 하며 주기는 빨리하고 갈라서기는 천천히 하며 합하기는 빨리하고 수수방관은 더욱 천천히 하며 돕기는 더 빨리하여 특히 화내기는 천천히 하며 용서는 빨리하자.

스피커는 타고나는 것이 아니라 훈련을 통해 습득되어 훌륭한 스피커가 될 것을 결심한다. 스피커는 자기가 속한 집단 구성원 모두의 이익을 도모하고, 섬기고자 하는 동기에서 발휘되어야 한다. 스피커는 언제나 비전과 함께 시작된다. 또한 집단 구성원에 친숙한 이미지를 개발하고 집단 구성원과의 의사소통을 원활히 하여 파워스피치를 통해 성공을 이끈다. 샐리 버거의 "앞서가는 비결은 출발하는 데 있다."라는 말을 강조하고 싶다.

스피치의 핵심은 '상대방을 있는 그대로 인정해 주어라'

어릴 적 할머니 품에 안겨 옛날이야기를 들어본 적이 있는가? 할머니에게서 들은 옛날이야기는 쉽게 잊혀지지 않는 법이다. 쉬운 말로 표현되고 자연스러운 어투와 친근한 소재로 구성되어 있기 때문이다. 스페셜스피치 전략도 마찬가지다. 스페셜스피치에는 특별한 이야기가 담겨 있어야 한다.

동서고금 누구를 막론하고 사람들마다 개인 스피치에 얽힌 이와 같은 이야기를 듣고 싶어 한다. 어떻게 해서 성공할 수 있었는지, 어떤 실수를 했고, 이를 극복하기 위해 무엇을 했는지, 그래서 앞으로 어떻게 살아갈 것인지 듣고 싶어 한다. 하지만 자신만의 스페셜스토리를 만드는 데에도 일정한 묘미가 필요하다. 지루하고 따분한 스토리에는 사람들이 귀를 기울이지 않을 것이다. 그렇다면 효과적으로 스페셜스토리를 만들고 전달하는 방법은 무엇일까?

먼저, 스페셜스피치에는 클라이맥스가 있어야 한다.

한 편의 영화를 감상할 때 클라이맥스에서 무한한 감동을 받는 것처럼, 나만의 스페셜스피치에도 클라이맥스가 있어야 한다. 나만이 전달할 수 있는 감동이 있어야 하는 것이다. 또 대표하는 스페셜메시지가 있어야 한다. 예컨대 신문에서 헤드라인이 모든 것을 결정하는 것처럼 스페셜메시지가 명확해야 한다. 이러한 스토리는 재미가 없으면 죽은 것이나 다름없다. 할머니의 옛날 이야기처럼 감칠맛 나는 재미가 있어야 한다. 항상 하고자 했던 주제를 떠올리며 길을 잃지 않아야 한다. 그리고 생생하고 쉽고 재미있는 언어로 경험을 전달해야 한다. 어려운 언어로 표현된 스토리는 사람들의 기억에 오래 남을 수가 없다. 스페셜스피치를 구축하면서 겪은 난관이나 성공 체험 등 자신만이 겪은 일들을 쉽게 들려주면 스페셜스토리는 생명력을 갖게 된다. 사람들은 힘든 가운데에도 반드시 헤쳐 나갈 방법은 있다는 희망의 스토리를 듣고 싶어 한다.

먼저 스페셜스피치에 핵심은 콘텐츠로 승부하라.

브랜드 스피치는 한 번 생기면 어지간해서 그 이미지가 바뀌지 않는다. 배우들의 예를 들어보자. 평소 선한 이미지를 가지고 있는 배우가 악역을 맡게 되더라도 사람들로부터 동정심을 자아내게 된다. 반대로 악한 이미지를 가지고 있는 배우라면 선한 역을 맡게 되더라도 역할에 대한 좋은 평가를 받기가 좀처럼 힘들다. 이처럼 스피치 브랜드는 사람들로 하여금 선입견을 만들게 한다. 그래서 신중한 선택과 집중이 필요하다. 그러므로 가장 나다운 핵심 콘텐츠를 브랜드화해야 한다. 핵심적이고 지속적인 콘텐츠라야 사람들의 관심을 받을 수가 있다. 그들은 대부분 깊이 있는 내용의 스페셜콘텐츠를 원하기 때문이다.

둘째, 스페셜스피치는 사회적 네트워크를 구축하라.

개인 브랜드를 확고하게 하기 위해 사회적 네트워크를 확장하는 것은 반드시 필요한 과제다. 자신의 브랜드가 진실하고 일관되며 명확한 메시지를 가지고 있다면 사람들은 그들의 인맥에게 당신을 알릴 것이다. 왜냐하면 100명의 인맥을 만들기 위해 일일이 그들과 만난다면 시간도 부족하거니와 지칠 대로 지쳐 제대로 된 인맥을 형성하기 힘들다. 많을수록 좋다는 생각은 과감히 떨쳐 버려야 한다. 사람들은 여러 사람 중에 하나로 기억되기 보다는 아주 특별한 하나로 기억되기를 원한다. 이를테면 100명을 움직이는 결정적인 한 사람을 찾고, 그 사람과 감동적이면서도 마음을 움직이는 관계를 맺어야 한다. 그것이 스페셜네트워크 확장의 핵심이다. 상대방을 있는 그대로 인정해 주어라. 또한 과거에 잘한 일이 있었으리라는 믿음과 미래에 반드시 잘될 것이라는 확신을 가진다면 당신은 이미 네트워크 확장에 성공한 것이다. 한편 스피치분야 최고 권위자로 통하는 국내 1호 스피치지도사이자 대한명인(연설학)인 이창호 대표는 "한 분야에서 전문성을 인정받거나 믿을 만하다는 확신을 주게 되면 사람들은 의외로 스페셜 스피치의 가치를 높이 인정해준다. 하지만 잊지 말아야 할 것이 있다. 자신이 만들어낸 브랜드가 많은 가치와 수익을 만들어냈을 경우에는 이를 반드시 다시 다양한 사람들에게 환원"해야 한다. 특히 자신만의 독특한 순환체계를 갖추어야지만 스페셜 브랜드가 장수할 것이다.

아름다운 사람에게는 아트 스피치가 있다

과학 저술가인 리처드 로빈슨(R.Robinson)은, "해답은 우리 자신의 내면에 있다."라고 말한다. 그는 머피의 법칙은 두뇌의 착각에서 비롯되는 것이며, 이 합리적인 원리를 잘 이해하면 복잡하고 다양한 삶의 통찰력을 얻을 수 있다고 말한다. 뇌가 사물과 환경을 인식하고 정보를 처리하는 과정에서 착각, 착시, 왜곡된 기억, 망각 등이 일어나고 심리적인 요인이 더해져 일이 어긋나고 꼬이는 것처럼 느껴지게 한다는 것이다.

예컨대 내가 서 있는 줄은 언제나 느리다, 엘리베이터 문은 눈앞에서 닫힌다, 배는 고픈데 라면 냄비의 물은 빨리 끓지 않는다, 등과 같은 생각은 뇌의 기억과 심리적인 원인, 즉, 급한 마음과 초조함이 그 원인이다.

우리 뇌는 부정적인 상황을 더 잘 기억한다. 기다림이 지루하다고 입력된 뇌 속엔 빠른 줄에 서 있었을 때의 기억보다 느린 줄에 대한 기억만 남는다. 그래서 기다릴 때마다 긴 줄에서 있었던 기억만 떠오르게 되고, 결국 나는 언제나 긴 줄에 서 있었던 셈이 되고 만다. 운이 없어서 나에게만 벌어진다고 여기는 일들은 사실 과학적으로 따져 보면 다 일리가 있다.

우리는 태어날 때부터 이 세상을 등질 때까지 존경받기를 원한다. 그러면서 '현재의 자리에서 묵묵히 기다리고 있으면 언젠가는 기회가 오겠지.'라고 막연한 기대를 한다. 그러나 분 초를 다투는 스마트 사회에서 우연한 성공이란 없다. 성공은 자기 자신을 초월 할 때 비로소 가능하다. 그러기 위해서는 반드시 아트 스피치(An Art Speech) 사고가 필요하다. 왜냐하면, 우리는 타인과 다양한 관계 속에서 하루를 시작하고 마무리하기 때문이다. 그리고 이때 근저를 이루는 것은 다름 아닌 커뮤니케이션을 통한 아트 스피치이다. 이는 사람 관계를 형성하는 데 있어 가장 기본이 된다.

그렇다면 당신이 지금 이 순간해야 할 일은 무엇인가? 우선, 자신의 열악한 환경과 생각에서 벗어나야 한다. 흔히 '논리(論理)'라고 하면 일상생활과는 거리가 먼 어려운 학문쯤으로 생각하는 경향이 있다. 실상은 그렇지 않다. 우리의 모든 일상에서 빼놓을 수 없는 것이 논리다. 그 이유는 우리의 일상적인 행동의 전과 후에는 항상 논리가 숨어 있다는 것이다.

논리(論理)라는 말은 '말(論)+이치(理)'로 말의 이치를 의미하는 한자어로 이루어져 있다. 즉 '물리(物理)'가 물질들이 변화하고 작용하는 이치를 다루는 것처럼, 논리는 말로써 따질 때 따라야 할 이치를 다루는 것이다. 또 '논리'에 해당되는 영어 'logic'도 역시 '말'을 뜻하는 희랍어 'logos'에서 유래했다. 어원적으로 보면 논리란 '말'에 관한 것으로, 나아가 '말의 이치'를 따지는 것이라고 할 수 있다.

즉 '논리적'이라는 것은 생각하고 말하고 따져 보고 탐구하고 논쟁하는 등의 다양한 상황 하에서 요구되는 어떤 이치 내지는 규칙을 지키고 있다는 뜻이 된다. 논리가 요구하는 이치는 많은 이치들 중에 한 가지로, 우리가 여러 각도로 생각해서 선택할 때나 버릴 때 등 알게 모르게 논리를 사용해 생각의 이치를 좀 더 올바르게 다룰 수 있도록 돕는 역할을 한다.

그래서 논리는 우리의 일상과 뗄래야 뗄 수 없는 아주 가까운 존재인 것이다. 큰 목소리로 공격을 퍼붓거나 힘센 주먹질로 상대를 이기는 것이 아닌, 논리적 사고로써 상대의 주장이 옳고, 그름을 증명하는 것이야말로 상대를 압도하는 아트 스피치의 힘이다.

그럼에도 불구하고 논리적으로 말하지 못하는 이유가 뭘까? 이는 흔히 사람들이 실용적인 측면이 강한 지식만을 추구하고, 단편적인 지식에만 익숙해져 있기 때문이다. 그래서 아트 스피치가 필요하고 또 논리가 필요한 것이다.

특히 사람 관계에서 상대방에게 자기의 감정, 사랑, 지식, 의견, 행복, 나눔, 매력, 소통, 통섭, 정성, 매너 등을 아트 스피치를 통해 전달하는 것은 소통의 한 방법이다. 아트 스피치는 표현의 기술을 중요시하는 내면적인 지식 및 수준 높은 도덕과 인격이 조화를 이루어야만 그 효과를 거둘 수 있다. 즉 아름다운 사람에게는 아트 스피치가 있다.

요컨대 이창호스피치가 말하는 "아트 스피치(An Art Speech)는 논리적인 행위라고 할 수 있다. 사람의 생각과 창의적 소통이, 듣는 이에게 올바로 전달하는 노-하우(know-how)로서 행복한 의사결정을 할 수 있도록 논리적으로 도움을 준다. 또한 이를 통해 원하는 목표로 이끌어 내는 촉진자로서의 역할을 수행한다."라고 밝혔다.

누구나 명품 스피치를 디자인 할 수 있다

사람은 동서고금 어디나 다양한 계층이 있다. 이들 계층은 서로 다른 문화와 가치관을 가지고 살아가고 있다. 그 중에서도 대표적으로 문화의 차이와 가치관의 차이, 종교적 차이가 크므로 스피치를 준비하거나 스피커(speaker)에 꼭 고려해야 하는 부분이다. 근본 사람의 행동에 있어서 중요한 법칙이 하나있다. 이 법칙을 충실히 따를 수만 있다면 약간의 갈등은 피할 수가 있으며 이것을 지킬 수만 있다면 사람 관계를 효과적으로 개선해 나가고 삶을 윤택하게 할 수 있다.

이 법칙을 카네기(D. Carnegie)는 "상대방에게 자신의 중요성을 느끼도록 만드는 것"이라고 하였다. 이 욕구는 사람과 동물을 구별 짓는 경계선이며 인류의 문명도 이런 사람의 욕구에 의해 발전되어 왔다. 사람이라면 누구나 주위 사람들로부터 인정받기를 원한다. 따라서 스피커는 청중들에게 칭찬을 통해 장점을 발견하게 하고 그것을 인정한다면 청중은 매우 긍정적으로 받아들이게 된다.

청중의 다양한 요구를 반영하지 못하는 스피커는 청중들로부터 외면당할 수밖에 없다. 예컨대 청중의 다양한 요구를 반영하기 위해서는 특히 연령별로 청중의 상황, 특성, 요구 등을 정확히 알아야 도움이 된다. 그렇다면 스피치에 대한 명품 스피치를 디자인 할 수 있는 사람들은 다음과 같이 실천한다면 적정한 효과가 있다.

먼저, 자신이 긍정적인 암시로 자신감을 갖는다.

스피치를 하기 전에 "나는 잘 할 수 있다", "나는 자신 있게 스피치 할 수 있다", "나는 명품 스피치를 디자인 할 수 있다"와 같이 긍정적인 암시로 자신감을 갖도록 한다. 그리고 스피치 마당에 들어가기 전에 크게 심호

흡을 한 번하고 배에 힘을 주면 어느 정도 불안증이 줄어든다. 또 스피치의 자신감은 준비로부터 오는 것이다. 스피치에 두려움증이 있거나 처음 강단을 서는 스피커는 스피치에 대한 준비를 철저히 해야 한다. 스피치 준비 중에 제일 먼저 해야 할 일은 자신의 상황과 청중의 상황을 정확히 인식하는 것이 그 무엇보다 중요하다.

둘째, 스피치 순서를 쪽지에 적어둔다.

스피치 주제와 순서를 쪽지에 적어두고 언제나 볼 수 있도록 하면 스피치 순서가 일정하게 진행될 수 있으므로 오로지 스피치에만 신경 쓸 수 있게 된다. 또 당황해서 스피치 내용을 잊어 버려도 스피치 순서를 보면 다시 기억 할 수 있고 최악의 상황에서도 의지가 된다. 스피치 순서를 적어두는 것 만으로 순조롭게 스피치를 진행하기가 어려우면 준비한 강의안을 펴 놓고 잠깐 보면서 스피치를 하는 것도 자신감을 갖게 해주는 요인이 될 수 있다. 비록 자연스러운 스피치는 아니지만 스피치를 다시 차분히 시작할 수 있게 해준다.

셋째, 청중은 진지하게 듣지 않고 있다는 사실을 알아야 한다.

스피치에 대한 두려움을 갖거나 떨리는 이유는 남들보다 잘해야 한다는 부담감으로부터 청중들이 자신의 스피치에 대하여 처음부터 진지하게 듣고 있다는 생각으로부터 시작한다. 그러나 청중들은 의외로 스피커의 스피치 내용에 대하여 처음부터 진지하게 듣지 않는 경우가 많다는 것이다. 따라서 스피치를 완벽하게 해야 한다는 부담감에서 약간 벗어나 최선을 다한다는 생각을 가지면 여유가 생긴다.

마지막으로 늘 실전처럼 연습해야 한다. 철저한 준비 후에는 연습을 실전처럼 해보아야 한다.

특히 "스피치 불안증"을 많이 느낄수록 연습을 마치 청중들 앞에서 스피치 하듯 큰 소리 내어 연단에서 실전처럼 한다. 가장 좋은 방법은 여러 청중을 놓고 미리 연습하는 것이 좋지만 그렇게 하기 어렵기 때문에 거울을 앞에 놓고 거울을 보면서 실제로 스피치 하는 것처럼 하면서 잘못되거나 어색한 부분을 수정해 나가는 것이 좋다. 전체를 연습하는 것이 바람직하지만, 적어도 첫 5분 정도에 해당하는 스피치를 연극 대본을 외우듯이 연습하는 것이 좋다. 스피치의 시작이 바라던 만큼 매끈하게 진행되면 어느덧 '스피치 공포증'이 슬며시 사라지게 된다. 또 잘하려는 욕심을 약간은 버려야 한다. 스피커 자신의 욕구가 강하기 때문에 자신이 공포증이나 떨고 있다는 생각이 들면 너무 잘하려는 의지를 버리고 자연스럽게 일대일 대화를 한다고 생각하고 대화하듯 스피치를 하면 스피치를 훌륭히 마칠 수 있다.

스마트 시대, 나다운 핵심 콘텐츠를 브랜드화

작금, 아날로그 시대와 스마트 시대가 극명하게 대치하는 시대이다. 이러한 스마트시대에 각 개인들은 어떻게 대처할 것인가? 새로운 시대는 상상력과 공동 창조를 요구하고 있다. 이 양자는 각 분야에서 부를 창출하며 미래를 진화시키는 키워드가 되고 있다. 기업들은 이전까지의 경영 방식인 시스템 경영의 틀에서 벗어나 스마트 창조 경영이라는 새로운 경영 방식을 도입하는 방향으로 나가고 있다.

기업과 조직은 물론 개인도 이러한 방향 전환을 하고 있다. 시스템의 일원으로 살아왔던 개인은 이제 창조 경영을 위한 브랜드 파워 없이는 살아남을 수 없다. 탈조직화를 통한 홀로서기에 나서야 한다. 사람들은 누구나가 메이저가 되고 싶어 한다. 그들은 메이저로 살기 위해 모든 것을 걸고 고군분투한다. 그러나 누구나 메이저로 살 수는 없다. 그렇다고 최고가 되기를 포기할 수는 없다.

혹, 최고끼리의 경쟁에서는 졌지만 나로 살아남을 수 있는 전략이 있다. 그것은 바로 마이너리티 개인 브랜드 전략이다. 오히려 현재 상황을 있는 그대로 인식하면 마음이 편해진다. 거기서부터 시작하면 되기 때문이다. 누구나 메이저의 기량과 조건을 갖출 수는 없다. 메이저의 기량과 조건을 갖추지 못하더라도 자신이 가장 잘할 수 있는 기술을 완벽하게 구사한다면 자신 있게 최고의 기량을 발휘하게 될 것이다. 이러한 성공적인 개인 브랜드 구축을 위해 다음과 같은 단계가 필요하다

먼저, 단순하게 정의하라.

개인 브랜드 구축에 단순함의 법칙이 중요하다. 우선, 하고자 하는 말을 모두 적은 다음 가장 하고 싶은 말부터 번호를 매긴다. 이를 1번부터 순서대로 정리한다. 그 중에서도 단 하나의 메시지만 전송할 수 있는 상황이라고 가정하고 하나만 고른다. 그 메시지가 자신이 정말로 하고 싶은 말이다. 군더더기 없는 단순한 메시지로 자신을 표현하고, 큰 소리로 외쳐라. 모든 메일에 이 슬로건을 달아라. 상대방의 기억에 나의 이미지와 비전이 자연스레 자리 잡게 될 것이다.

둘째, 독특함으로 승부하라.

개인 브랜드의 임무는 오래도록 기억에 남기는 것이다. 자신의 브랜드를 독특하게 기억시킬 방법이 있는가? 그렇다면 이미 브랜드를 가지고 있다고 할 수 있다. 그리고 핵심 콘텐츠에 집중하라. 브랜드는 한 번 생기면 어지간해서 그 이미지가 바뀌지 않는다. 그래서 선택과 몰입이 필요하다. 가장 나다운 핵심 콘텐츠를 브랜드화해야 한다. 사람들은 핵심적이고 지속적인, 깊이 있는 내용의 콘텐츠를 원하기 때문이다.

셋째, 소통하는 전문가가 되라.

영향력과 생명력을 모두 갖춘 개인 브랜드 속에는 문제를 해결해가는 전문적인 기술이나 지식과 함께 의사소통능력 전략이 있어야 한다. 지금은 스마트 시대 SNS(social network service)가 대세다. 많은 사람들이 인터넷을 통해 소통을 하고 관계를 형성해 간다. 다양한 사람들과의 링크가 그 사람의 소통 능력으로 대변되기도 한다. 결국 자신만의 전문성을 만들고 필요로 하는 사람들에게 제대로 알릴 줄 알아야 진정한 전문가이며, 일방적인 커뮤니케이션에서 벗어나야 개인 브랜드가 빛을 보게 될 것이다. 특히 자신만의 스토리를 만들어야 한다.

이러한 스마트시대 도래에 대해 김성태 한국정보화진흥원 원장은 IT는 "차갑게만 느껴지던 IT를 사람 중심의 따뜻한 기술로 다듬어 사용함으로써 사람과 사람을 안전하게 이어주고 편리하게 살아갈 수 있는 세상을 만들어 사회 통합을 이루고 국민 모두가 행복한 스마트세상을 펼칠 수 있도록 다함께 합심해야 할 때다"라고 강조했다.

스피킹은 삶이다

벤자민 프랭클린(Benjamin Franklin)의 "먹는 것은 자기가 좋아하는 것을 먹되, 입는 것은 남을 위해서 입어야 한다.(Eat what you like, but dress for the people)"라는 명언이 있다. 상대방에 대한 이미지 스피킹의 중요성을 강조한 명언이다. 이처럼 사람의 이미지 스피킹은 삶의 신뢰에 큰 영향을 미치게 된다. 그러므로 스피치는 상황과 위치에 맞게 신경 써야 한다.

사람들이 쉽게 알아들을 수 있는 평범한 표현보다는 어렵고 추상적인 표현으로 자신의 학식을 자랑이라도 하려는 듯한 인상을 심어주려는 스피킹(Speaking)은 아주 잘못된 스피치 형태 중의 하나이다. 예를 들어, 댄스 세계에 '벽화(壁畵)'라는 말이 있다. 파트너가 없어서 원망스러운 눈길로 혼자 벽에 붙어 서 있는 사람을 일컫는 말이다. 이는 본인도 쓸쓸함을 느끼지만 주변 사람들 마음마저 몹시 불편하게 만든다. 곧 집단 속의 고독이다.

그러나 집단 속에서 고독을 느끼는 것은 댄스의 세계에서만 있는 일은 아니다. 스피치의 세계도 마찬가지이다. 즉, 모두가 스피치에 참여하고 있는데 혼자만 우두커니 앉아있는 사람도 이와 똑같은 경우라는 것이다. 스피치의 세계에서도 잠자코 있으면 확실히 소외된다. 집단의 구성원으로서, 스피치 집단에서 홀로 남겨지지 않도록 스피킹 능력을 갈고 닦아두는 것은 조직 속에서 살아가는 사람의 필수 구비 요건이다.

최근 들어 개인과의 대화나 미팅, 그리고 식사(式辭)나 선거 연설에서도 대화형의 스피치가 활용되고 있다는 점에서 스피치 훈련 시(時) 스피치 형태에 대해 반드시 알아 두어야 한다. 일상적 삶 속에서 이루어지는 스피치 형태 및 유의점에 대해 구체적으로 알아보자.

특히 송별회, 퇴직자 환송회, 신입사원 환영회, 결혼식, 동창회, 출판기념회, 동호회 모임 등에서의 화법을 테이블 스피치라고 한다. 테이블 스피치는 참가자 간의 인간관계를 우호적으로 만들고 모임의 의의를 모두에게 각인시키기 위한 것이다. 모임의 분위기를 살리고 그 모임을 성공으로 이끄는 것을 최종 목적으로 한다. 그래서 테이블 스피치를 '무드 스피치'라 말하는 사람도 있다. 테이블 스피치는 분위기를 중요시 한다. 혼자만 떠들거나 일부만이 즐기는 방향으로 이끌어가서는 안 된다.

그리고 학생, 연수생 등을 대상으로 하는 강의 스피치가 있다. 강의란 특정 내용을 체계적으로 전달하는 스피치를 말한다. 따라서 강의는 내용의 체계화가 중요한 전제가 된다. 강의로써의 스피치는 연수생이나 학생들의 지적 이해를 구하는 것이 주요 목적이므로 내용을 쉽게 알 수 있도록 전달하는 것이 중심이 되기 때문이다.

직장에서 선배 또는 상사로서 연수회 등에서 실무적인 일을 전달할 기회나 자신의 체험 등을 발표하기 위해 많은 사람들 앞에서 말할 기회가 많을 것이다. 나아가 협력 회사나 계열 회사의 사원 교육 등에서 자사 제품 설명을 위해 사람들 앞에 서게 되는 일도 있을 것이다.

즉, 누구나 강사로서 강의할 기회를 갖게 된다. 이때 망신당하지 않도록 내용적인 면은 물론, 전달 방법적인 면도 신경을 써야 한다. 이러한 노력을 통해 내용을 효과적으로 전달하여 소기의 목적을 달성한다면 자신이 속한 직장 내에서 좋은 평가를 받을 수 있을 것이다. 아울러 자신의 실력을 인정받을 수 있는 계기가 된다.

이창호스피치는 "시대를 뛰어넘어 빛을 발하는 스피킹은 공적 책임을 실현할 수 있는 기회가 될 것이며, 또 바람직한 리더의 자질은 최종적 마지노선(Iigne Maginot;佛)을 정하는 정제된 표출"이라고 주장한다.

감성 스피치는 패션이다

미국 텍사스주립대학의 인지심리학자 아트 마크먼은 그의 저서 '스마트 싱킹'(Smart Thinking)에서 사람은 많은 사안(私案)중에서 한 번에 세 가지 정도에만 주의를 기울일 수 있다고 말하고 있다. 사람의 뇌는 한계가 있기 때문에 그 한계치를 잘 고려해 감성 스피치를 하는 것이 매우 중요하다. 그래서 3이라는 숫자는 복잡함의 시작이자 단순함의 마지막이라고 말한다. 특히 주장이나 근거를 제시할 때 '첫째로는, 둘째로는, 마지막으로는'라는 패션(Passion, 열정) 스피치를 활용하면 목표를 달성할 수 있다. 또 이렇게 핵심을 제시할 때, 일목요연하면 상대방에게 주장이 잘 정리되어 명확하게 메시지가 전달된다.

먼저, 목소리를 이성적으로 낮춰라.

우리는 보통 목소리가 큰 사람이 이긴다는 비논리적인 말에 길들여져 왔다. 큰 소리로 말하면, 상대방에 대한 설득보다는 상대방에 대한 경쟁심과 불필요한 감정을 살 수가 있다. 따라서 스피커(speaker)는 상대방에게 맞추어 이성적으로 목소리의 크기를 알맞게 조절할 줄 알아야 한다.

처음에는 작은 소리에서 시간이 지남에 따라 큰 소리로 하게 되는 경우가 좋으므로 스피커도 환경에 맞추어서 하는 것이 좋다. 특히 목소리는 타고난 것이기 때문에 억지로 꾸며서 내면 어색하고 부자연스럽기 때문에 피해야 한다. 대화식으로 풀어가는 것이 좋다. 친한 벗에게 말 하듯이 자기의 뜻을 이해시키며 자연스럽게 얘기 해야 한다. 말이란 듣는 사람과 말하는 사람과의 일대일 관계에서 나오는 것이다. 그래서 일방적으로 상대방은 듣게만 하고, 본인만 단독으로 말하며 자신만의 메세지를 전달하기 위해서

소리 높여 말하는 것은 주의해야 한다.

두 번째, 쉽게 말하되 특별하게 말하라.

스피커의 말은 상대방이 쉽게 이해할 수 있어야 한다. 그러나 스피커의 어휘가 일상적이거나 너무 평범한 어투로만 지속된다면, 의외로 상대방들은 지루해 할 것이다. 또 스피커가 너무나 상식적인 말만 한다면, 상대방은 그 내용을 쉽게 이해하고 받아들이지만, 스피커의 수준에 대해서 신뢰하지 않게 된다. 그래서 스피커는 때론 어려운 이론과 전문적인 내용의 단어들을 사용해야 한다. 그래야 스피커가 설명하는 분야를 전문적으로 인지하기 때문이다. 그리고 자신 있으나 겸손하게 말을 해야 한다. 상대방의 수준을 무시하는 듯한 스피치도 문제이지만, 서론에서부터 자신의 범영(帆影)이나 사과의 말로 시작되는 스피치도 실패의 가능성이 매우 높다. 또 너무 자신감이 넘쳐서 자기 자랑을 하는 식의 기고만장한 스피치도 상대방의 반감을 사기 마련이다. 주어진 시간 내에 적절한 패션(Passion)스피치를 효과적으로 하기 위해서는, 상대방과의 동질성을 느낄 수 있는 겸허한 실패담이 공감대를 얻을 수 있는 경우가 많으므로 내용에 삽입하는 것이 유익하다. 충실한 내용과 해박한 지식으로 종횡무진 상대방을 사로잡되 끝까지 겸허한 자세를 유지해야만 정말 좋은 스피커가 될 수 있다.

마지막으로는, 열정을 가지고 진지하게 말하라.

스피커에게 앞서 말한 특별한 재주가 없더라도 나름대로 열심히 준비하고 열정을 가지고 전달하는 모습을 상대방들이 인식하게 되고, 그 내용이 허무맹랑한 것이 아니라면 상대방들은 그 스피커에 대해서 계속적인 호감을 가지게 될 것이다. 또 스피커가 상대방을 지루하게 만들거나 부담스럽게 보이지 않기 위해서 유머스럽게 보일 필요가 있지만, 너무 경망스러운 재치와 개그 같은 것으로 스피치를 이끌고 나가는 것은 스피커의 품위를 떨어뜨리는 행동이 될 것이다. 그래서 스피커는 상대방이 자신이 느끼고 있는 열정을 볼 수 있도록 해야 하며, 이것이 진지한 태도로 상대방에게 전달되도록 해야 할 것이다.

한편 이창호스피치 교육은 지금까지의 스피커가 일방적으로 "집어넣는 스피치 교육"이 아니라 상대방으로 하여금 "내면의 감성을 끄집어내는 패션 스피치"가 중심이다.

성공을 부르는 힘. 힐링 스피치

필자는 이 말이 실감난다.

"내 영혼을 울린 말 한 마디, 부주의한 말 한 마디가 싸움의 불씨가 되고, 잔인한 말 한 마디가 삶을 파괴합니다. 쓰디 쓴 말 한 마디가 증오의 씨를 뿌리고, 무례한 말 한 마디가 사랑의 불을 끕니다. 은혜스런 말 한 마디가 길을 평탄케 하고, 즐거운 말 한 마디가 하루를 빛나게 합니다. 때에 맞는 말 한 마디가 긴장을 풀어주고, 사랑의 말 한 마디가 축복을 줍니다."

사람은 동서고금 누구를 막론하고 희로애락의 감정을 갖고 있다. 작금 힐링 스피치는 불평하고 분노하는 사람들이 늘어나는 이 시대에 매우 중요한 도덕적 가치를 지닌다. 어떤 때는 기쁨에 들떠 있기도 하고, 어떤 때는 실망하여 착잡한 기분에 빠져 있기도 하다.

그러나 성공을 부르는 힘, 힐링 스피치는 시간과 장소를 불문하고 다수와 일대일 대상에 이성과 감성을 기술적으로 표출하는 것이다. 따라서 힐링 스피치는 사람이 생활하는 데 있어 자기 표출의 행복 도구이며 스마트의 시대에 공존할 수 있는 행복한 무기이기도 하다.

또 힐링 스피치는 자신이 표출하고자 하는 사람들에게 사실을 보다 더 실감나게 설명하기 때문에 상대방의 관심을 끄는 데 큰 도움이 된다. 특히 힐링 스피치의 시작부터 상대방의 관심과 흥미를 고취시키는 것이 매우 중요하다. 뿐만 아니라 가만히 앉아서 스피커(speaker)만 쳐다보고 그가 하는 말만 들어야 할 상대방의 입장에서 보면 힐링 스피치는 일종의 마음의 변화를 맛보게 해주는 높은 행복지수를 가지고 있고 할 수 있다.

힐링 스피치를 사용하면 상대방은 보다 신선한 기분으로 더 많은 흥미를 느끼면서 스스로의 힘으로 동참하게 된다. 또 힐링 스피치는 좋은 감성적 기억력과 이해력을 높이는 데 큰 도움이 되며, 따라서 말만 들을 때보다 그 내용을 보다 정확하게 이해할 수 있다. 나아가서는 어려운 개념을 설명할 때에도 그 내용이 스스로 행복하게 정리되기도 한다.

특히 힐링 스피치는 사람 관계에서 상대방에게 자기의 감정, 사랑, 지식, 의견, 행복, 나눔, 매력, 소통, 통섭, 정성 등을 전달하는 한 소통의 방법이다. 힐링 스피치는 표출의 기술을 중요시하는 내면적인 지식 및 수준 높은 도덕과 인격이 이루어져야만 그 효과를 거둘 수 있다.

우리나라는 서구의 풍토와 달리 침묵이 강조되는 사회였다. 그러나 스마트 사회가 작동되면서 자기 표출을 해야만 살 수 있는 스마트 세상이 되었다. 오래전에는 침묵만 지키면 중간은 갔지만 섣불리 잘못 말했다간 망신당한다는 의식이 지배적이었기 때문이다. 그러나 이제는 사회에서 말 잘하는 사람을 원하고 있기 때문에 침묵을 지키는 사람보다는 힐링 스피치를 잘하는 사람이 더 인정받는다.

특히 스마트 사회는 남과 더불어 스마트 폰으로 살아가는 행복한 세상이다. 혼자가 아닌 불특정 다수와의 보다 원활한 긍정적인 방향의 소통을 유지시키기 위해서 필수적인 요소가 되었다. 날마다 쏟아지는 초 특급정보, 그와 비례해서 강해지는 경쟁 상황에서 힐링 스피치는 차별화 된 행복 포인트가 되었다.

이창호스피치가 주장하는 힐링 스피치는 "체계적인 아트(An Art)스피치 행위라고 할 수 있으며, 사람의 생각과 창의적 소통을 듣는 이에게 올바로 전달하는 노하우로써 행복한 의사결정을 할 수 있도록 도움을 주고, 이를 원하는 목표로 이끌어 내는 촉진자로의 역할을 수행한다"고 밝혔다.

한편 누구나 스피치는 할 수 있지만 성공을 부르는 힘, 힐링 스피치는 아무나 할 수 없다. 잘못 말하면 상대방의 행복을 빼앗아갈 수 있기 때문이다. '오프라 윈프리'는 그녀를 모르는 사람은 미국엔 없다고 할 정도로 저명한 여성 리더이다. 또 최고의 시청률을 기록한 '오프라 윈프리 쇼'의 사회자이고 '북클럽'이란 프로그램을 통해 책을 소개함으로써 그 책을 바로 베스트셀러로 만들어 버릴 정도로 막강한 영향력을 갖고 있는 힐링(Healing)의 귀재이다. 힐링 스피치의 대가이다. 고로 가장 큰 행복이란 사랑하고 그 사랑을 아낌없이 나누는 것이다.

성공시대, 스피치 3가지 노하우

우리가 평소에는 공기의 고마움을 느끼지 못하듯, 눈을 뜨는 순간부터 사용하는 말도 우리가 너무나 당연한 것으로 생각하고 크게 관심을 두지 않는다. "잘 잤니?", "기분 좋다" 또는 "몸이 찌뿌듯하다" 등의 인사말로 시작하는 아침 상황을 생각해 보자. 혼자 있는 경우에도 자신과의 대화가 이렇게 시작될 경우가 있을 테지만, 한 조직에서도 두 사람 이상이 만나면 거의 '반드시'라고 할 정도로 스피치가 이루어진다.

그러면 도대체 사람은 하루 중에 얼마나 자주 대화를 하며 살까? 통계에 따르면, 동서양 불문하고, 성인 한 사람이 날마다 대화에 들이는 시간은 눈뜨고 있는 시간의 30% 정도라고 한다. 이러한 대화가 논리적 사고에서 시작된다는 점에 유의하는 사람도 흔치는 않을 듯하다. 길을 묻는 사람에게 길을 가르쳐 주면서도 체계적으로, 순서를 밟아, 차근차근 얘기해 주려면 생각을 논리적으로 정리해야 하며, 상대가 어린이라면 어린이에 맞는 말로, 성인이면 그에 맞게 대답해 주는 것이 마땅하다. 그러므로 성공시대, 스피치 3가지 노하우를 다음과 같이 이창호스피치가 제시한다.

먼저, 훌륭한 인격이 훌륭한 스피커(speaker)를 만든다.

성공시대 스피커가 되려면 우선 훌륭한 인격을 갖추어야 한다. 인격을 갖추지 못한 스피커는 아무리 뛰어난 스피치 기법을 구사하더라도 선동가에 지나지 않으며, 선동의 효과는 결코 오래 지속되지 않는다. 인격을 갖춘 스피커는 스피치에 임하는 자세가 진실하다.

교언영색이나 감언이설로 시민을 유혹하기 보다는 진실로 시민을 위하는 마음에서 그들의 행동을 인도하려고 노력한다. 이러한 스피치 태도는 그 스피커의 인격에 대한 시민들의 인식을 한층 더 높여주게 되며, 그 만큼 설득력도 높아진다.

예컨대 훌륭한 스피커가 되고자 하는 사람은 우선 커뮤니케이터로서의 인격부터 수양해야 한다. 시민에게 알려진 스피커의 인격은 그 자체로 설득 무기가 된다. 아리스토텔레스의 말에 따르면, "사람들은 자신이 믿고 존경하는 사람이 하는 말이면 증거를 따지지 않고 믿는 경향이 있으며 자기가 싫어하고 인정하지 않는 사람의 말은 확실한 증거를 대더라도 믿으려 들지 않는 경향이 있다."고 한다.

성공시대 스피치는 그 스피치에서 끝나는 것이 아니라 긴 인생역정의 한 부분이 된다. 따라서 이미 지나간 인생 경력이 현재의 스피치에 영향을 미치게 되며, 현재의 스피치는 다시 앞으로의 인생역정에 영향을 미친다. 지나간 경력을 통하여 훌륭한 인격을 인정받는 스피커는 시민의 공감을 확보하고 있기 때문에 특별한 노력 없어도 그들의 심금을 올려놓는 스피치를 해낼 수 있다. 반대로 과거의 행위 때문에 시민의 사랑을 받지 못하는 스피커는 아무리 멋진 스피치를 하더라도 그들의 공감을 받기가 어렵다.

둘째, 스피치 기법을 터득해야 훌륭한 스피커가 될 수 있다.

스피치의 기법을 알아야 좋은 스피커가 될 수 있다는 것은 긴 말로 설명하지 않아도 자명한 이치다. 그러나 불행하게도 우리나라 사람들은 스피치의 기법을 배울 기회가 많지 않아 어떤 스피치가 제대로 된 것인지를 잘 알지 못하고 있는 듯하다. 정치계도 예외는 아니어서 기성 정치인들 중에서 스피치의 기회를 효과적으로 이용하고 있는 사람은 거의 없어 보인다.

흔히 스피치 기법이라고 하면 멋드러진 표현이나 목소리의 장단고저 또는 화려한 제스처를 연상하게 된다. 그러나 스피치 기법은 겉으로 화려한 스피치 또는 보기에 멋드러진 프리젠테이션을 위해 존재하는 것은 아니다. 스피치 기법은 스피치를 준비하고 실행하는 전 과정과 관련된 것이다. 스피치 기법을 터득한 사람은 적절하고 핵심적인 아이디어를 고안하고, 이를 논리적으로 조직하며, 적절한 표현 양식을 통하여 구성한 후, 효율적으로 암기하여, 감동적으로 발표할 줄 알아야 한다.

셋째, 훌륭한 스피커는 자신감을 갖고 상황을 장악한다.

성공적인 스피커가 되기 위해서는 무엇보다도 자기 자신을 믿어야 한다. 혹시 잘 못되면 어떡하나, 실수하면 어떡하나 하는 회의를 버리고, 자신의 능력을 믿고 정열적으로 대처할 때 좋은 스피치를 하게 된다. 물론 자신의 능력을 과신하여 준비가 부족함에도 불구하고 자신감을 갖는 것은 오만에 불과하다. 그러나 모든 상황을 고려하여 철저한 준비를 한 후 스피치에 임

한다면 실패할 이유도 없고 따라서 실패를 두려워할 이유도 없다.

자신감을 가지라는 말은 어떠한 불안감도 느껴서는 안된다는 말과는 다르다. 정도의 차이는 있겠지만 사람은 누구나 무대 공포증 또는 발표 불안증을 갖고 있다. 수십 년의 정치 경력을 가지고 있고 뛰어난 스피커로 소문난 사람이라 할지라도 연단에 올라설 때에는 언제나 불안해한다.

한편 어느 정도의 발표 불안증은 오히려 스피치의 질을 높이는 효과를 가져 온다. 불안증을 극복하기 위하여 준비와 연습을 철저히 하게 되기 때문이다. 불안증을 긍정적으로 생각하고 준비를 철저히 해두면 스피치를 잘하지 못할 이유가 없다. 따라서 준비가 끝난 다음에는 항상 자신감을 가지고 스피치에 임해야 한다.

스피치 고수는 한 마디 말로 상대방 핵심을 찌른다

'말 한 마디로 천 냥 빚을 갚는다.' 스피치의 중요성을 절실히 알려주는 속담이 있다. 동서고금 누구를 막론하고 스피치를 어떻게 하느냐에 따라 성공 여부가 결정이 난다고 해도 과언이 아니다. 또 어떻게 하면 스피치를 잘하고 성공의 길로 나아갈 수 있을까? 대중 앞에서 스피치를 해야 하는 사람들은 물론이고 일반 직장인, 학생들도 스피치를 더 잘하고 싶다는 바람을 갖고 있다.

그러면 어떻게 해야 스피치를 잘한다는 것인지, 이 부분을 정리해 보면 다음과 같다. 많은 사람들이 흔히 범하는 오류 중에 하나가 말을 많이 하는 것이 말을 잘하는 것이라고 생각한다. 하지만 말을 잘하는 것하고 말을 많이 하는 것하고는 차이가 있다.

한 마디로 말을 하지 않으면서도 단지 상대방에게 전하는 제스처, 시선처리 하나가 더 효과적일 때도 있다. 또 잘 들어 주는 것도 말을 잘하는 방법이 될 수도 있죠. 하지만 진정한 스피치 고수는 한 마디 말로 상대방 핵심을 찌를 수 있는 사람이라 할 수 있다.

이런 스피치 고수는 굳이 말을 많이 하지 않는다. 상대방의 기분을 상하게 하지 않으면서도 상대로 하여금 반격의 여지를 주지 않고 옴짝달싹 못하게 한다. 이런 사람들의 특징은 사물이나 문제, 그리고 현상의 핵심을 정확하게 파악하고 두서없이 표현하거나 에둘러 표현하지 않고 본질을 간파한다는 것이다.

그렇다면 핵심을 정확하게 파악하기 위해서는 어떻게 해야 할까? 꿰뚫어 볼 수 있는 핵심 능력을 갖추어야 한다. 그러므로 스피치 고수는 상대방과 공감할 수 있는 말을 한다는 대부분의 특징을 가지고 있다. 또 공감이란 다른 사람의 감정을 헤아리고 그들의 시각을 이해하며 그들의 생각에 적극적인 관심을 표명하는 것을 말한다.

상대방이 공감하지 못하는 말은 혼잣말이고 독백에 불과하다. 자기가 하고 싶은 말을 하는 것이 아니라 상대방이 원하는 것, 상대방이 흥미 있고 관심 있어 하는 말을 하는 것. 그것이 진정 말을 잘하는 것이라 할 수 있다. 그렇다면 말을 잘하기 위해서는 어떤 준비를 해야 할까?

이창호스피치 주장은 3가지로 얘기한다.

먼저, **말하고자 하는 주제에 대한 간결하면도 명쾌한 해답을 제시해야 한다.**

스피치는 제한된 시간 안에서 논리와 감성을 다양하게 표출해야 한다.

그러기 위해서는 광범위한 내용은 물론 형식에 억매이지 않으면서도 감동 있는 스피치를 구사해야 한다.

둘째, 가장 큰 핵심 사항은 상대방이 어떤 생각을 갖고 있는지를 뛰어난 직감력으로 분석할 수 있어야 한다.

또 상대방에 대한 성향 분석은 물론이요, 성별, 연령, 지식 수준, 경제 수준 등에 대한 분석을 해야 한다. 상대방에게 스피치하고자 하는 내용을 효과적이면서 적절하게 준비를 해야 한다.

셋째, 스피치를 잘하기 위해서는 무엇보다도 한 번 더 연습이 필요하다.

철저한 연습만이 최고의 결과를 만들 수 있다. 특히 연습은 목소리, 발음, 어휘, 문법, 강약, 스피치의 속도, 어조, 몸동작 등이다.

한편 일반적으로 대화, 연설을 할 때와 토론을 할 때는 각각 신경 써야 할 부분이 있다. 대화를 할 때는 강처럼, 연설을 할 때는 폭포수처럼, 토론을 할 때는 바다처럼. 대화는 흐르는 강처럼 자연스럽고 부드럽게 해야 하며, 연설은 떨어지는 폭포수처럼 강하게 각인시켜야 하며, 토론을 할 때는 바다처럼 모든 것을 포용 할 수 있어야 한다. 필자는 지금 이 말이 하고 싶다. "한 시간의 스피치에는 준비가 필요 없다. 예컨대 3분의 스피치를 위해서는 하룻밤의 준비가 필요"하다는 것이다.

정보스피치는 객관적이어야 한다

작금 우리는 고도의 정보화 시대에 살고 있다. 사람 머리카락 굵기의 단 한 가닥 광섬유 회선으로 5만 개가 넘는 메시지를 단파 라디오보다 이천 배나 빠른 속도로 세계 구석구석으로 동시에 전달할 수 있다. 서울과 부산의 3만 2천여 명이 동시에 서로 전화로 통화할 수 있게 되었다. 디지털 뉴미디어라고 부르는 이러한 새로운 통신수단 소셜네트워크서비스(SNS)는 국가 간, 지역 간의 장벽을 무너뜨려 온 세계를 하나의 마을로 만들어 가고 있다.

그러나 한편에서는 사람과 사람 사이 마음의 벽이 점점 더 높아지고, 심지어는 부모와 자녀들 사이에도 진정한 대화나 소통이 잘 이루어지지 않는다는 볼멘소리(sullen words)가 들리고 있다. 그렇다면 그 이유는 무엇일까? 그것은 올바른 정보전달 스피치를 모르기 때문일 수도 있다.

정보제공 스피치가 갖추어야 할 조건은 네 가지다. 정확성과 객관성(Accuracy), 완전성과 균형(Completeness), 명확성(Intelligibility), 유용성(Usefulness)이 있다. 먼저 제공하는 정보가 정확하고 반드시 객관적이어야 한다. 스피커의 편견이나 실수로 정보의 내용이나 의미를 왜곡시키거나 와전 시키지 않도록 유의해야 한다. 두 번째로 제공하는 정보는 완전하고 균형이 잡혀있어야 한다.

셋째로 정보스피치는 무엇보다도 이해하기 쉬워야 한다. 마지막으로 정보스피치는 상대방이 유용하다고 느껴야 관심을 갖는다. 정보스피치에 적용할 수 있는 기본 원리는 크게는 세 가지로 동기를 부여하고, 관심을 집중시키고, 또한 기억력을 향상시키는 방법이 있다. 동시에 감동적인 정보스피치는 현란한 수사(修辭)가 아니라 깊이 있는 스피치문화와 교양, 혼이 깃든 언어가 필요로 한다.

또한 구체적으로 정보전달 스피치는 사람들이 서로 여러 가지 정보나 지식, 의견, 사상, 감정 등을 주고받는 전달 행위이다. 특히 정보화 사회에서 스피치는 곧 능력이다. 다시 말해 정보스피치를 다루는 능력, '정보스피치 능력'이야말로 디지털 뉴미디어 시대가 요구하는 새로운 리더의 요건이라고 할 수 있다. 미디어와 컴퓨터 네트워크 기술의 결합으로 확장된 디지털 뉴미디어로 인하여 사람들은 안방에 앉아 생활에 필요한 모든 정보를 입수할 수 있게 되었다.

사람들 간의 개별적 접촉이 더욱 줄어들어 타인에 대한 판단은 멀티미디어를 통하여 전달되는 그 사람의 정보에 크게 의존하게 된다. 아무리 유능한 사람일지라도 자기가 아는 바를 정보스피치로 잘 표현할 수 없다면 무능한 사람과 별로 다를 바가 없다. 그래서 자기 발전을 모색하는 사람이라면 정보스피치 능력부터 키워야 한다.

이제 매스 미디어의 발달로 미디어와 컴퓨터가 결합된 멀티미디어의 발달로 인하여 사람들은 안방에 앉아 생활에 필요한 모든 정보를 입수할 수 있게 된다. 그렇게 되면 사람들 간의 개별적 접촉은 더욱더 줄어들게 되어 타인에 대한 판단은 멀티미디어를 통하여 전달되는 그 사람의 정보에 크게 의존하게 된다.

그럼에도 불구하고 아무리 아는 지식이 많더라도 이를 효과적으로 표현하지 못한다면 상대방은 당연히 제공되는 정보의 질을 의심할 수밖에 없다. 더 나아가서는 발표자의 능력까지도 의심하게 된다. 특히 리더라고 우월성만 강조하고 잘난 체 해서는 결코 상대방의 마음을 사로잡을 수 없다. 으뜸 되는 리더는 그들보다 먼저 정보 제공 스피치를 학습하고 상대방들에게 행복을 줄 수 있어야 존경을 받을 수 있다.

또한 스피커가 뛰어난 경우에는 정보 자체도 효과적으로 전달될 뿐만 아니라 스피커에 대한 신뢰도 높아져서 결국 스피커의 능력 자체가 높은 평가를 받게 된다. 말하자면 정보 스피치 능력이 그 사람의 전반적인 능력을 대표하게 되는 셈이다. 고로 스피커는 자신의 생각과 관점에서 리드하기보다는 상대방의 입장에서 생각하고 또 세상을 바라보는 역지사지가 되어야 할 것이다.

한편 이창호스피치리더십연구소의 서상희박사(광고홍보학, 연구원)는 "정보스피치는 화법과 발음으로 의사를 표현하고, 생각을 논리적으로 전달하므로 청자들에게 적합하다"라고 말했다. 필자는 메이 린(Maya Lin)의 탭 토크로 정리하고 싶다. "날기 위해서는 저항이 있어야 한다.(To fly we must have resistance.)"

'자체발광' 표현하는 시대 성공 스피치

세계 경영학의 아버지라 불리는 피터 드러커(Peter Ferdinand Drucker)는 "인간에게 가장 중요한 능력은 자기 표현력이며, 현대의 경영이나 관리는 커뮤니케이션으로 좌우된다."고 말했다. 또 이창호스피치가 "성공스피치란 차별화된 스피치이며 성공을 보장하는 보증수표이다." 힘주어 주장하는 말이다. 성공스피치는 동서고금 누구나 막론하고 필수요소이다. 이를 부정할 수 있는 사람은 아무도 없을 것이다. 이는 다름 아닌 성공스피치의 중요성을 강조한 말이다.

성공스피치란 "주어진 시간과 장소에서 다수의 사람을 대상으로 기술적으로 말하는 것"이라 정의할 수 있다. 주어진 시간과 장소에서 다수의 사람을 대상으로 기술적으로 말함으로써 '나'라는 사람을 타인에게 그리고 세상에 알릴 수 있다. 대중을 감격시켜 그들의 마음을 사로잡을 수도 있다. 또 사람과 구성원을 변화시키기도 하며, 결국 행동으로 연결하여 뜻하는 바를 이루게 할 수도 있다. 스피치를 통해 인생을 완성해 나가기도 하고, 인생의 희로애락을 담을 수도 있다. 자신의 생각이나 주장, 그리고 사상과 철학을 설파할 수 있기 때문이다. 이러한 성공스피치 핵심 역량이 바로 그 사람의 역량을 가늠해 볼 수 있는 척도라 할 수 있다.

우리는 '나'라는 사람을 적극적으로 알리고 홍보해야 살아남고, 성공할 수 있는 시대에 살고 있다. 즉, 21세기는 "나를 적극적으로 표현하는 시대"인 것이다. 과거에 알고 있던 지식은 더 이상 지식이 아니지 않은가? 사용했을 때 비로소 그 가치가 있듯이, 사람도 마찬가지이다. 그 사람 자체로도 의미가 있고 가치가 있는 존재이지만 적극적으로 표현했을 때 더욱 빛을 발하는 법이다. 그 중심에 있는 서 있는 것이 바로 "성공스피치" 이다.

그렇다면 나를 표현하는 시대, 성공스피치를 하기 위해서는 어떻게 해야 할까?

첫째, 다양한 정보와 적정한 지식을 갖추고 있어야 한다.

농부가 풍성한 수확을 거둬들이기 위해서는 많은 씨앗을 뿌려야 하듯이 스피치를 통해 성공을 꿈꾼다면 반드시 정보와 지식을 통해 성공의 씨앗을 뿌려야 한다. 우리 속담에 "알아야! 면장을 하지!"말이 있다. 어떤 일을 하려면 관련된 학식이나 실력을 갖추고 있어야 한다는 뜻이다. 알지 못하고 보이지 않으면 말로 표현할 수 없다. 누군가가 인터뷰하면 거침없이 대답할 정도의 전문적 식견을 갖추어야 한다.

둘째, 전문적인 지식을 갖추기 위해서는 다방면에 걸쳐 책을 읽어야 한다.

지식을 갖추는 방법으로 독서만큼 중요한 것은 없다. 평생 책과 친구가 되어야 하며 책은 시간적, 공간적 제약을 초월할 수 있다는 장점이 있다.

자신을 발전시키고 계발하는 방법 중 단연 최고라 할 수 있다. 흔히들 "책은 마음의 양식이요, 지식의 창고다."라고 말한다. 맞는 말이다. 책은 인류가 만든 최고의 유산다.

셋째, 성공스피치를 하기 위해서는 반드시 배워야 한다.

배움은 평생 동안 해야 한다. 나이가 많고 적음, 학력이 높고 낮음은 아무런 연관성이 없다. 배움에 나이가 무슨 상관이 있고, 학력이 무슨 필요가 있겠는가? 성공스피치도 하나의 전략적인 기술이다. 기술은 지속적인 반복과 연습을 통해서 습득 가능하다. 표정, 시선처리, 손동작, 제스처 뿐 아니라 스피치 하는 방법, 목소리의 변화 등에 대해서도 얼마든지 배우고 연습을 통해 체득할 수 있다.

넷째, 성공스피치는 긍정적인 마인드가 가장 중요하다.

성공스피치를 하기 위해서는 긍정적인 생각을 해야 한다. 생각은 말을 지배하는 법이다.

GIGO라는 말이 있다. GIGO는 "Garbage In Garbage Out"의 약자로 "쓰레기를 입력시키면 결국 쓰레기가 나온다는 말"이다. 당신의 머릿속이 부정적인 생각으로 가득 차 있으면, 입을 통해 나오는 언어는 부정적인 말일 가능성이 높다. 불평불만으로 가득 차 있으면 입으로도 불평불만이 나오게 마련이다. 이제는 "Good In Good Out"하라. "좋은 것을 집어넣으면 좋은 것"이 나오게 마련이다.

다섯째, 긍정적인 스피치를 해야 한다.

세상을 이끌어 온 사람들은 부정론자가 아니라 긍정론자였다. 사람을 감동시키고, 동기를 부여하고, 열정을 불러일으키는 긍정의 스피치는 사람을 끌어당기는 힘을 가진다. 상대방의 마음을 움직이는 성공스피치, 그것은 바로 긍정의 스피치다. 사랑을 전하고 희망을 전하는 성공스피치는 용기를 주고 격려하는 스피치이며 이것이 바로 성공스피치이다.

작금 나를 표현하는 시대이다. 나를 적극적으로 알려야만 성공할 수 있다. 그 성공을 보증하는 것이 성공스피치다. 하지만 스피치는 누구나 할 수 있지만, 성공스피치는 아무나 할 수 있는 것은 아니다. 배우고 익혀 다양한 지식을 갖추고 끊임없이 연습해야 가능하다.

긍정적으로 생각하고 항상 긍정적인 스피치를 통해 사람의 마음을 사로잡는다. 열정을 불러일으켜라. 고로 성공스피치는 그 부드러움으로 세상을 움직이는 자체발광을 찾는다.

'나를 표현하는 시대' 성공 스피치

필자는 지난 9일 이어 16일도 한국경제TV를 저녁10시에 켜면 왕종근이 나왔다. 이세진의 성공파트너 〈성공특강 디딤돌〉에서 '나를 표현하는 시대' 성공 스피치를 다시 공개한다. 21세기를 살아가며 경쟁하는데 필요한 것 중 하나가 바로 '말하기'의 기술이다.

이렇게 말이 우리 생활에서 차지하는 비중이 점차 커지면서 제대로 '말하는 방법'을 배우려는 관심 또한 커지고 있다.

소상공인의 스피치란? 정해진 시간과 장소에서 보다 많은 사람들을 대상으로 한 말하기로써 연설이나 웅변 뿐만 아니라 토론, 토의, 회의 그리고 대화에 이르기까지 그 범위가 매우 다양하다. 스피치는 때와 장소에 맞게 적절하게 해야 하며, 전달은 명쾌하고 간결해야 한다. 또 자기표현은 밝고 쾌활한 어조와 세련된 몸짓을 통해 하는게 좋다. 말을 할 때는 미소를 띠고, 적당한 목소리로 이야기 하는 것도 잊지 말아야 한다. 그리고 가장 중요한 한 가지! 무엇보다 말하는 내용이 진실해야 한다. 아무리 좋은 말이라 하더라도 그 속에 진심이 담겨있지 않은 말은 상대의 마음을 움직일 수 없다.

젊은이들이 안철수 교수의 강연에 열광하는 이유는 "강연 스피치에 대단히 신뢰가 간다. 스피치가 멋이 있고, 유창하게 잘해서가 아니라, 안 교수의 인생에서 묻어나오는 소통의 진정성 때문이다"라고 생각한다.

때와 장소에 맞게 적절히 소통을 잘하는 비법은 먼저 상대방의 입장에서 생각하고 말하는 것, 즉 감정 이입이다. 상대방의 관점을 고려하고 이해한다면 소통이 부드러워질 것이다. 또 상대방에 대한 기대치를 낮추는 것이다. '기대가 크면 실망도 크다'라는 말이 있듯이 상대방과 자신의 목표에 부합하지 못한다면 쉽게 화를 낼 수 있는데 이때 기대치를 낮추는 것이 매우 도움이 된다.

상대방의 말문을 열게 하는 비법은 듣는 사람이 말하는 사람에게 이야기를 하도록 격려하는 것이다. 이때 말하는 사람에게서 나오게 되는 스피치는 예, 아니오로 마치는 것이 아니다. 자신의 생각과 같은 메시지를 전달하게 하면 된다. 뿐만 아니라 상대방이 전달하는 느낌 그대로 편견 없이 받아들여야 하며 상대방에 대한 평가를 해서는 절대 안 된다.

스피치의 달인 이창호 스피치리더십연구소 대표가 '이창호스피치'는 경쟁자를 이기는 데 초점을 맞추지 않고 청자와 수요에 대한 가치를 증대시켜 시장점유율 경쟁에서 자유로워지고 이를 통해 경쟁이 없는 새로운 시장공간과 수요를 창출하고자 하는 것이기에 이창호스피치 블루오션(leechang-ho speech Blue Ocean)스피치경영전략은 "창의적 아이디어를 바탕으로 한 가치창조전략"으로 새로운 시장으로 창출하는 데 있다.

한편 필자는 "'나를 표현하는 시대' 성공 스피치 방송을 하는 동안 가장 아쉬웠던 부분은 소상공인의 의사소통 교육에 관한 보다 더 전문으로 연구하여. 대나무 마디의 고통이 없으면 굳게 높게 자랄 수 없듯이 거친 부분은 다듬고 미진한 것은 수정 보완해 깊이와 폭을 넓히고 싶다"고 말한다.

세상을 이끄는
스피치의 힘

4장
리더십 & 코칭

명품축구 박지성리더십이 빛을 발하다

"세상에는 훌륭한 백락(伯樂)이 있어야 비로소 하루에 천리를 달리는 말도 있게 된다. 천리마는 언제나 있지만 그것을 알아보는 백락은 늘 있는 것이 아니다. 그래서 천리마도 평생 타마(駄馬)로 다루어져 혹사만 당하다가 마구간에서 죽어간다" 이것은 훌륭한 인재도 그를 알아주는 사람이 없으면 평생 빛을 보지 못한다는 이야기이다.

1930년 제1회 우루과이 월드컵(Worldcup)이 시작한 이래 4년 마다 전 세계 각 대륙 별 예선을 통과한 축구의 별들이 한 자리에 모여 지구촌 축제를 벌인다. 지구촌 축제인 월드컵. 제1회 우루과이 월드컵을 시작으로 현재 제19회 남아공 월드컵이 아프리카 대륙 최초로 남아프리카 공화국에서 2010년 대장정의 서막을 울렸다. 지구촌 축제에 우리의 태극전사들도 당당히 동참하여 가슴에 태극기를 달고 전 세계 축구의 스타들과 어깨를 나란히 했다.

제19회 남아공 월드컵에 참가한 우리의 자랑스러운 태극전사들은 월드컵 도전 역사상 최초로 예선 무패(7승 7무)라는 성적으로 조 1위를 차지하여 당당히 월드컵의 주인공이 되었다. 우리 태극전사들은 "월드컵 원정 16강!"이라는 목표 아래 남아공 월드컵에 참가했고, 그 첫 번째 경기가 바로 2010년 6월 12일 한국시간 8시 30분에 열린 그리스(Greece)전이었다.

그리스는 어떤 나라인가? 유럽의 작은 나라이지만 FIFA 랭킹 13위이다. FIFA 랭킹 47위인 우리나라와는 랭킹(Ranking)자체로만 봐도 어려운 상대였다. 체격 조건에서도 비교가 되지 않을 정도로 월등이 앞서 있었다. 하지만 결과는 2대 0, 대한민국의 완승으로 끝났다. 드디어 월드컵 원정 16강!이라는 목표가 현실로 다가올 것 같은 갈망이 생긴 것이다.

그리스(Greece) 2대 0 격파에 최고 수훈선수는 바로 박지성 선수이다. 대한민국 "원정 월드컵 16강!"의 희망, 대한민국 축구의 아이콘. 그가 바로 소리 없이 강한 남자, 산소탱크 박지성 선수다. 박지성이 누구인가? 2002년 한일 월드컵의 영광과 대한민국 축구 추락의 영욕(榮辱)의 세월을 함께한 선수가 아닌가? 2002년 한일 월드컵 전에는 철저히 무명이었던 선수. 대학교 스카우트에서 외면 당했던 그가 일본, 네덜란드를 거쳐 세계 최고의 명문구단 영국의 맨체스터유나이티드(Manchester United)FC에서 주전 윙 플레이어(Wing player)로 활약하는 선수가 되었다.

그런 그가 드디어 대한민국 축구 국가대표팀을 이끄는 선장이 되었다. 박지성 선수가 선장이 된 후 대표팀은 경기력에서 그 이전과는 확연한 차이를 보였다. 박지성이 없는 대한민국 축구는 이제 상상하기 힘들 정도로 그 존재 가치가 엄청나게 커져 버렸다. 이제 대한민국 국민들은 박지성 그에게서 희망을 찾고 있다. 그의 행동 하나 하나에 온 신경을 곤두세우고 있다. 웃을 일이 없는 국민들에게 웃음을 선사하고 있다. 더불어 "나도 하면 된다"는 자신감을 심어주고 있다.

그의 존재 가치는 이번 그리스(Greece)와의 조별 예선 첫 번째 경기에서도 드러났다. 가공할 만한 활동 반경, 선진 축구의 경험을 바탕으로 경기를 독특한 재능으로 지배했다. 후반 7분 상대선수의 실수를 기회로 연결하여 40여 미터를 파워 넘치는 드리블(dribble)로 상대 선수 두 명, 골키퍼까지 따돌리고 두 번째 골을 성공 시켜 대한민국을 승리로 이끌었다.

과연 그의 이런 엄청난 힘은 어디에서 나오는 것일까? 첫 번째는 포기할 줄 모르는 투쟁심(鬪爭心)이다. 볼이 있는 곳에는 언제나 그가 있었다. 상대방과의 거친 몸싸움도 마다 하지 않는다. 자신의 안위를 보살피지 않는다. 그런 모습이 선수들의 투쟁심을 불러 일으키는 것이다. 이 투쟁심은 매사에 최선을 다하는 그의 태도에서 비롯된다. 매사에 최선을 다하는 자세. 그것이 박지성 선수의 첫 번째 매력이다.

두 번째는 그라운드 안에서 항상 평정심(平靜心)을 유지하는 자제력(自制力)이다. 축구는 거친 몸싸움을 해야 하는 경기이다. 발로 차고, 손으로 가격(加擊)하고, 상대를 향해 악의적으로 태클(Tackle)을 가하기도 한다. 그렇게 그라운드에 넘어지기를 반복하지만 태극호의 선장답게 그는 항상 평정심을 유지한다. 만일 그라운드 안에서 그가 흥분하고 자제력을 상실해 버린다면 어떻게 되겠는가? 그가 흥분하고 평정심을 잃는 순간, 순식간에 무너질 수 있다.

세 번째는 박지성 선수의 동기부여 능력이다. 선수들이 자발적으로 플레이 할 수 있도록 동기를 부여한다. 경기 중 격려하는 모습이나, 칭찬, 열심히 하는 그 모습들을 통해서 선수들이 자발적으로 한 발 더 뛰게 만든다. 그리고 봉사와 희생정신이다. 박지성 선수는 팀을 위해 자신을 기꺼이 희생할 줄 아는 선수이다. 한 발 더 뛰고 굳은 일도 마다 하지 않는다.

이제 우리의 태극전사들은 "월드컵 원정 16강!" 목표를 향해 달려 가고 있다. 아니 16강, 8강, 더 나아가 4강, 결승점을 향해 달리고 또 달린다. 필자는 대한민국 국민의 한 사람으로써 월드컵 원정 16강! 넘어 더 높은 "위대한 도전"을 하는 태극전사 23인 한 선수 한 선수에게 뜨거운 박수와 찬사를 보낸다. 거친 몸 싸움으로 녹색의 그라운드에 넘어지고 온 몸에 상처가 나기도 하고 뼈가 부러지기도 하지만, 구슬땀이 흘러 내리고 숨이 턱 밑까지 차 오를지라도 우리 태극전사들은 절대 포기하지 않는다.

그들 곁에는 언제나 4천 팔백만 국민들이 함께 하기 때문이다. 승리를 갈망하는 국민들의 세포 하나 하나가 선수들의 몸 속에 살아 숨쉬고 있기 때문이다. 그 속에는 경험과 통찰력으로 소리 없이 강한 명품축구 박지성 리더십이 더욱 빛을 발하고 있다.

'라이프코칭'의 시작 – 첫인상, 그리고 신뢰

영어 회화로 유명한 문단열 소장(Fen English)은 영어를 잘하기 위해서는 세 가지 요소가 반드시 필요하다고 강조한다. 그것은 흔히 3S라고 불려지기도 한다. 첫째는 소리(Sound)로, 영어는 소리를 내어서 말해야 그 능력을 빠르게 향상시킬 수 있다는 것이다. 둘째는 구조(Structure)로, 문장의 구조를 이해해야만 제대로 된 영어를 구사할 수 있다는 것이다. 셋째는 상황(Situation)인데, 바로 이 요소가 가장 중요하다. 왜냐하면 첫 번째와 두 번째의 요소가 잘 갖추어져 있다고 하더라도 영어를 말할 수 있는 상황을 만나지 못하면 무용지물이 되기 때문이다. 그래서 그는 상상 속에서라도 외국인과 대화를 하는 상황을 연출하여서 연습을 해야 된다고 강조한다.

라이프코칭은 신뢰감 형성(Trust Building)이 가장 우선시된다. 당신이 라이프 코칭에 관한 광고를 내놓고 기다리고 있다고 하자. 일정 시간이 흐른 뒤 당신의 전화벨이 울린다. 그러면 당신은 수화기나 핸드폰을 집어 들고 "여보세요"라고 말하게 된다. 수화기를 통해 상대방의 목소리가 들리고, 그 목소리를 통해 귀에 익은 자신의 이름을 듣게 된다. 그리고 상대방은 당신의 명함을 보았거나, 가까운 친구에게서 들었다거나, 혹은 전단지를 보고서 당신에게 전화했다고 말한다. 그가 어떻게 당신의 전화번호를 알았든지 이것은 상대가 당신에게 코칭을 의뢰하는 순간이다. 당신은 내심 반가우면서도 약한 전율을 느끼며 조그만 부담을 느끼게 된다. 이때 당신은 설레는 마음을 진정시키고 상대방의 용건에 대해서 들으며 상대의 문제에 대해서 그 수위를 조절하거나 가늠해 보아야 한다. 그러면서 당신이 코칭을 할 수 있다고 판단이 되면, 상대방에 대해서 더 정확히 진단하고 더 효과적 코칭을 위해, 대면하는 것이 좋겠다고 판단할 수도 있을 것이다.

첫 만남의 약속된 시간이 다가 오면 당신은 거울 앞에서 긴장된 자신의 모습을 비춰보게 될 것이다. 그리고 준비물들을 챙겨 예비 상대에게 갈 것이다. 만남의 장소로 가는 동안에도 무엇을 이야기할 것인가를 머릿속에 그리면서, 또 첫 만남이 자신에게 얼마나 중요한지도 인식하고 있을 것이다. 일반적으로 대부분의 사람들은 첫인상이 서로에 대한 평가를 내리는 데 매우 중요한 순간이라고 생각하고 그렇게 느낀다. 깔끔하고 준수한 겉모습도 중요하지만, 첫인상은 그 사람의 말 한 마디로 좌우되는 경우도 많다. 다시 말해 스피치 능력이 첫인상을 결정짓는 중요한 요소로 작용하는 것이다. 사람들의 뇌리 속에 강하게 기억될 수 있는 힘 있는 말 한 마디, 좋은 말 한 마디가 당신의 훌륭한 첫인상을 결정지어 줄 것이다.

당신이 처음이라 떨리고 무언가 하고자 하는 대로 잘 되지 않아, 첫 만남 후에 상대가 만족하지 못한 채로 돌아가게 만들었다고 해도 너무 걱정할 필요는 없다. 심리학자들에 의하면 첫인상이 주는 이미지는 두 가지라고 한다. 하나는 초두효과이며, 다른 하나는 빈발효과라고 한다. 초두효과(Primacy effect)는 대부분의 경우 먼저 제시된 정보가 나중에 들어온 정보보다 전반적인 인상 현상에 더욱 강력한 영향을 미치는 것을 말하는데 첫인상이 중요하다고 보는 것은 이 때문이다. 즉, 첫인상은 나중에 들어오는 정보를 해석하는 기준이 된다는 말이다. 또 빈발효과(Frequency Effect)는 첫인상이 좋지 않게 형성되었다고 할지라도, 반복해서 제시되는 행동이나 태도가 첫인상과는 달리 진지하고 솔직해지면 점차 좋은 인상으로 바뀌는 현상을 말한다. 이것은 최근의 정보가 과거의 정보가 주었던 신념과 가치를 바꾸게 해주는 의미가 있어서 최신효과(Recency Effect)라 불려 지기도 한다.

초두효과가 좋은 경우, 그 다음 만남에서 지금의 이미지와 같거나 보다 나은 모습을 보여야 한다는 강박관념으로 인해서 스트레스를 받을 수도 있다. 첫인상에서 꾸밈이 많았던 경우는 더 많은 스트레스가 동반된다. 그에 비해서 빈발효과를 기대할 수밖에 없는 경우에는 다음의 진지한 모습과 본연의 자기의 모습을 보일 여유가 있다. 그렇기 때문에 첫 만남에서 자기의 인상이 구겨져 보였다고 하더라도 실망하지 말자는 것이다.

라이프 코치는 자신의 코칭의 장점과 한계를 코치이에게 말해주어야 한다. 당신이 경험해 온 코칭의 경험과 소유하고 있는 전문적 훈련 및 지식을 비교해 볼 때, 당신은 자신이 잘 다루는 코칭의 분야가 무엇인지, 어떤 유형의 코치이를 보다 더 잘 코칭 할 수 있을지 알고 있을 것이다. 자신을 파악하지 못하는 사람은 타인을 이끌 자격이 없다고 해도 과언이 아니다. 라이프 코치는 당신이 상대에게 자신의 전문 능력과 한계를 솔직히 말함으로써 코치이에게 신뢰를 줄 수 있다. 그리고 그 신뢰감은 상대로 하여금 더 적극적으로 당신에게 코칭을 의뢰할 수 있게 해줄 것이다. 이 처럼 투명한 자세로 당신의 모습을 자신 있게 코치이에게 드러내는 것이 바람직한 자세라고 할 수 있다. 필자는 끝으로, 현재 상황에 절망하고 있는 모든 코치이에게 하고 싶은 선언적 화두가 있다.

"내일은 해가 다시 뜬다(The sun also rises tomorrow)."

21세기 경쟁력, 성공의 열쇠는 대화(對話)에 있다

성공하는 사람들을 보면, 그들의 말은 그냥 말이 아니라는 점을 알게 된다. 그들의 말은 파워가 있으며, 말 이상의 가치를 지니고 있다. 성공한 사람들의 말이라서 그렇게 보일수도 있겠지만, 그들은 근본적으로 성공의 밑바탕에 바로 파워 스피치를 두고 있다. 힘 있는 말을 할 수 있었기에 그들은 힘 있는 자리에 오를 수가 있었다. 다시 말해 성공할 수 있는 말을 써 왔기에 그들의 성공한 오늘이 있을 수 있다는 뜻이다. 이러한 성공 리더들이 이끌어가는 사회에서, 이창호스피치영역(LEECHANGHO SPEECH DOMAIN)은 "미래의 틈을 헤치고 나아가는 일치(Integration)이며, 익숙하지 않는 스피커기법(speaker skill)을 재창조(recreation)하여 실용지식체계를 만들어 가는 과정"이라고 소개 하고 있다.

한국인은 사소한 것에 목숨을 거는 경우가 많다고 누군가 꼬집어 말했다. 우리는 살다가 별 볼일 없는 것을 침소봉대(針小棒大)하여 생각하는 경우가 많다. 그리고 시시한 이웃 간의 시빗거리를 가지고 자신의 감정을 못 이긴 채 법정까지 가는 경우도 어렵지 않게 찾아 볼 수 있다. 논쟁을 좋아하는 민족은 아니지만, 필요이상의 핏대를 올리며 자기주장을 관철하고자 애를 쓰며, 상대가 자신의 주장을 받아들이지 않으면 분을 참지 못하는 경향이 많다. 이러한 것은 바로 대화에 있어서 전략 없고 생각 없이 막말을 하는 경우가 많기 때문에 생기는 것이다.

회사에서 제일 가는 마케팅 실력을 보이는 어느 세일즈맨의 판매기술이 공개되었다. 그 내용을 살펴보면 다음과 같다.

"논쟁에 강한 사람은 상품을 팔지 못한다. 고객과의 논쟁에서 절대 이기려고 하지 말라. 또한 타사의 상품을 비판하지 말라. 상대방이 존중받고 있다고 생각하게 하고, 고객에게 신용을 팔아라!"라는 내용이었다.

자극적인 논쟁이나 큰 소리가 대화의 목적을 이루는데 유용한 수단이 된다면 사용을 하는 것이 무관하겠지만, 그것들은 대개 우리의 대화에서는 역효과를 내는 수단이기가 쉽다. 대화에는 전략이 필요하다. 연설가인 올리버의 스피치 전략을 토대로 우리의 대화전략을 세워볼 수 있다.

먼저 명확한 목적을 형성하라.

상대를 이해시키기 위해서는 먼저 달성하고자 하는 목적을 명확히 결정해야 한다. 목적 결정은 사람의 가장 중요한 부분으로써 자신의 모든 것을 그 곳에 투입하여 정열적으로 끌고 가도록 해준다.

두 번째는 상대를 명확히 알아두라.

설득력 있게 상대방에게 말하려면, 상대를 분석하는 데에 많은 관심을 기울여야 한다. 어떤 제안이 상대에게 결정적인 영향을 미칠 수 있는가를 항상 숙고해야 한다. 또한 상대의 지역, 성분 등을 잘 고려해서 말해야 한다.

셋째는 논평보다 화해를 하라.

우리가 말할 때 상대와 싸우는 것처럼 보이게 해서는 안 된다. 다시 말해 논쟁으로 상대를 굴복시키려 하지 말라는 것이다. 화해를 하지 않고 굴복시키려고 할 때 상대는 반항의 장벽을 구축하여 반격을 가해온다.

넷째는 과장하지 말고 여유를 두고 말하라.

경험이 없거나 불리한 사람은 자기의 생각을 과장하여 서둘러 표현하려는 경향이 있다. 그러나 세련되고 준비된 사람은 당면 과제를 최소한 축소시킨다. 후자는 특히 먼저 비판의 대상에 대하여 호감과 존경심을 갖고 있다는 의사표현을 한다. 그러면 상대는 그 상황을 더욱 미안하게 생각한다. 이렇게 논쟁과 시빗거리를 회피하여 화해적 태도를 보일 때, 상대는 우리를 높이 평가할 것이다. 그러나 이렇게 되기 위해서는 우리와 비슷하게 상대도 같은 생각을 가지고 동조해야만 가능하다. 상대가 목소리 큰 사람이 이긴다는 속설을 믿고, 화를 내며 흥분하는 경우에는 어떻게 할 것인가? 상대가 흥분한다고 더불어 화를 내고 목소리 경쟁을 할 필요는 없다. 우리는 거기에 대응하기 위해서 화날수록 침착하게 대응전략을 갖추고 대화에 임해야 한다.

유능한 리더는 남들과 다른 자신의 비전을 가지고 있어야 하며, 자신만의 대화전략도 갖추어야 함을 강조하고 싶다. 비전은 모든 문제를 뚫고 나아가는 노력과 힘이 되어, 대화에 많은 영향력을 미친다. 우리의 작금에 당면한 일(event)이 절망적이고 비생산적인 문제들을 낳고 있는데, 그 해결책은 상당 부분 대화전략의 소통과정에서 찾을 수 있다. 새로운 시작은 다른 누군가가 아닌 나의 의지에 달렸다는 것을 인식하고 변화에 노력을 다해야 할 것이다.

결정적 순의 스피치는 코칭의 정석이다

코칭은 주로 스피치에 의존한다. 만나서 대담하거나 혹은 전화로 상담을 하는 경우 거의 대부분이 스피치를 통해서 이루어지고 있다. 그래서 코치는 커뮤니케이션에 대한 일반적이고 개괄적인 이해를 가지고 있어야 한다. 의사소통의 메커니즘을 바로 이해할 때 효과적인 코칭 멘트를 할 수 있기 때문이다. 의사소통이란 자신이 가지고 있는 생각이나 뜻을 상대에게 전달하여 상통하게 하는 것을 의미한다.

특히 역설적 의사소통은 여러 경로를 통해 일어나는데, 한 경로의 메시지를 다른 경로의 메시지가 수정, 보완, 강화, 부정하는 경우가 있다. 즉 메시지의 상호 불일치가 존재한다는 것이다. 또한 이중구속은 한 사람이 다른 사람에게 상호 모순되고 일치하지 않는 두 가지 메시지를 동시에 전달하는 것으로, 이 경우에는 상대로 하여금 어떤 메시지에도 반응하지 못하게 하는 혼란을 초래할 수 있다.

향상성과 대칭적 관계성이란 전문지식을 통해 좀 더 자세히 알아보도록 하자. 향상성(Homeostasis)은 생물체가 자신의 안전성을 유지하려는 자율조정력으로 의사소통 시에 이것이 일종의 규칙처럼 보호막을 형성하여 다른 대화규칙이 끼어드는 것을 방해하는 것이다. 또한 대칭적 관계성(Symmetrical Relationship)은 대화자 모두가 평등하다는 것을 뜻한다. 그러나 의사소통에 있어서 보완적 관계(Complementary Relationship)가 나타날 경우에는 상대의 반응에 따라서 순응적이고 맞추어 주는 관계 유지가 되지만, 대칭적 관계가 되면 서로의 반응이 상승되어 대화가 경직되고 언쟁으로 번지는 경우가 일어날 수도 있다.

기본적으로 스피치에서는 다음과 같은 사항에 신경을 쓰면 결정적 순간의 커뮤니케이션을 효과적으로 할 수 있을 것이다.

먼저 코치이의 관심을 먼저 듣고 충분히 생각해야 한다.

의사소통에서 상대의 이야기를 잘 듣는다는 것은 자신의 관심을 잠시 접어두고 상대로 하여금 대화를 주도하게 하는 것이다. 이는 코치이의 말을 잘 들어줌으로써 그가 자발적으로 자신의 모든 이야기를 하도록 배려해준다는 것이다. 특히 편견을 가지지 않고 들어 주는 것이 매우 중요하며, 필요한 경우 상대를 똑바로 보며, 간단한 긍정의 표시를 해줌으로써 코치이의 대화에 참여하고 있다는 것을 보여주는 것도 중요하다.

두 번째로 피드백을 주고받아야 한다.

양방향적인 의사소통이 잘 이루어지려면 피드백을 해야 하는 것이 필수적이다. 피드백으로 인하여 코치는 코치이가 자신의 말을 얼마나 이해하고 있으며 숙지하고 있는가를 알 수 있고, 반대로 코치도 코치이가 한 말을 제대로 이해하였는지를 파악할 수 있다. 왜냐하면 피드백으로 서로가 자신의 말의 감정과 신체적 언어까지 볼 수 있는 여유가 생기기 때문이다. 피드백은 서로에게 거울이 되어주는 것으로, 코칭 대화에서 핵심적인 것은 피드백을 하는 것이 매우 중요하다.

세 번째로는 온유하게 말해야 한다.

"유순한 대답은 분노를 가라앉힌다."는 말이 있듯이 서로의 의견 차이가 대두될 때에는 더욱이 이런 태도를 가지는 것이 필요하다. 논쟁은 그 싸움의 승자가 누구든지 간에 상대로 하여금 진정으로 인정하게 만들기가 힘들다. 상대를 친구로 만드는 방법은 논리적 언쟁이 아니라 상대의 감정적 이해이다. 혹자는 자극적이고 직설적인 표현이 상대에게 효과적인 전달방법이라고 생각하기 쉬우나 그것은 오히려 의사소통의 장애가 된다. 특히 문제가 있다면 그 문제를 가지고 말을 해야 하고 사람에게 대해서는 말하면 안 된다. 우리가 흔히 범하기 쉬운 명령, 강요, 인신공격, 훈계, 경고, 조롱, 잔소리, 캐묻기 등은 상대의 감정을 자극한다는 것을 잊어서는 안 된다. 내가 듣기 좋은 말이 상대에게도 좋을 것이라고 생각하여 부드럽게 말하는 좋은 습관을 키워야 한다.

네 번째로는 극단적인 말을 피하라는 것이다.

우리는 흔히 상대의 공격이 지나치면 더 강하게 상대를 공박하고 몰아부치는 경우가 많다. 그러나 대화 중에 아무리 충격적인 말을 들었다 하더라도 반드시 상대에게 상처가 될 말은 하지 말아야 한다. 특히 코치와 코치이의 경우에 두 사람의 관계를 무위로 돌리는 그런 말은 어떠한 경우에서든지 피하도록 해야 한다. 관계가 단절될 정도의 말은 원수에게 해당하는 것임을 알아야 한다. 따라서 사전에 친한 사이가 되어 상대의 약점과 단점을 알게 되면 될수록, 그것으로 상대를 공격하는 실례는 하지 않도록 평소에 주의해야 한다.

마지막으로는 주제와 관계된 이야기를 하라는 것이다.

많은 사람들이 대화 중에 자신들과 관계없는 제3자에 대한 것이든지 사소한 것을 말하므로 대화를 진척시키지 못하고 단절시키는 경우가 많다. 코칭을 할 때에도 너무나 사소한 신변이야기를 잡다히 하고, 주변 사람의 비판과 평가를 이야기하다가 정작 중요한 대화를 못 나누는 우를 범하지 말아야 할 것이다. 이러한 대화를 우리는 흔히 수다(chattering)라고 하는데, 분위기와 기분 전환을 위해서 잠시 필요하지만 길게 가지 않도록 주의해야 한다. 따라서 관계없는 이야기는 중요한 이야기를 나누고 난 후에 하도록 코치이에게 양해를 구하는 것이 좋다.

뉴 리더 행동은 그 목표 설정부터 다르다

　지도자들은 사회의 정신을 형성하는데 있어 중요한 역할을 한다. 그들은 그 사회를 도덕적으로 단결시키는 상징적 인물의 역할을 하고 있다. 그리고 그들은 그 사회를 하나로 묶어 놓을 수 있는 가치관을 제시한다. 가장 중요한 것으로써 그들은 사람들이 편협한 선입견을 극복할 수 있도록 하나의 지향점을 제시하고 또 주지시킨다. 그리고 "사람들로 하여금 사회를 분열시키는 갈등에서 헤어나게 하고 그들을 통합시켜 최선을 다해 노력할 가치가 있는 목표를 추구할 수 있게 한다."라고 존 가드너는 「쉬운 승리는 없다」라는 책에서 말하고 있다.

　필자는 국민 통합이 철회될 경우 앞으로 리더 거취가 엄청난 파장을 몰고 올 것이라고 확신한다. 우리 주위에는 이런 반의 현상을 은근히 기대하며 소시민이 분열되기를 희망하는 유다 같은 거짓 지도자가 있으며, 이들은 질시와 반목을 재생시키고 있다. 아울러 사회 각계각층에서는 국민적 통합과 동서 화합, 더 나아가서는 남북통일을 이룩하여 대망의 세기가 열릴 것을 적극적으로 희망하며 지역 간의 벽을 허무는 다양한 프로그램이 자율적으로 전개되고 있다. 이런 시대적 바탕에 소시민은 하나됨을 강조하며 국가의 분열이 아닌 진정한 섬김과 나눔 그리고 내려놓음 정신으로 결단코 계승해야 한다.

금년 대선은 반드시 공명선거를 실시해야 한다. 이는 민족의 상상력과 기쁨을 누리는 유일한 방법이며, 정통성 있는 역사성을 바로 세우는 길임을 반드시 재인식해야 할 것이다.

조국의 현실적인 문제가 무엇보다도 고정관념과 편견인 만큼, 그것들을 지우개로 지우고, 일치를 위한 통합적 핵심의 목소리가 나와야 한다. 글로벌시대를 맞이하면서 지정학 중심적 역할을 할 수 있는 한국호는 이념과 정치를 뛰어넘어 사명감이 있고, 도덕수준이 높은 뉴 리더가 출연해야 할 것이다.

필자는 조직 환경에 대한 공식적인 목표를 달성하기 위해 이창호스피치(leechangho speech TM)를 만들었다. 이는 "상황적 접근이 용이하며 전통적(traditional)합리성을 통해 효율적인 인간의 갭(Human of gap)을 지식과 경험으로 좁히는 합법적(rational) 표현능력"을 뜻한다.

상황론적 접근 방법은 지도자로 하여금 신뢰를 만들어 내는데, 거기에는 네 가지 요소가 수반되어야 한다.

첫째로, 지도자는 일관성이 있어야 하며, 지도자 자신이 예기치 않은 일을 당하더라도 자기 그룹에는 영향을 끼치지 않아야 한다. 지도자들은 시종일관 한결 같아야 한다.

둘째로, 지도자는 언행일치의 자세를 가져야 한다. 다시 말해 지도자들은 자기 말대로 행해야 하는 것이다. 진정한 지도자들에게는 자신들이 신봉하는 이론과 행동하는 생활 간에 차이가 없다.

셋째로, 지도자는 미더움을 가지고 있어야 하며, 밑에 있는 사람이 자신을 필요로 할 때면 언제든지 달려와줘야 한다. 지도자는 중요하고 절박한 순간에는 동료들을 지원할 준비가 되어 있어야 한다.

넷째로, 지도자는 성실해야 하며, 약속을 존중하고 철저하게 지켜야 할 것이다.

이 네 가지 요소가 제대로 갖춰졌을 때 소시민은 분명 뉴리더 편이 될 것이다.

훌륭한 지도자는 위대한 관리자가 되기 위해서 관리하지 않는다. 그들은 사명을 위해 관리하는 것이다. 그리고 그들은 스타 시스템, 다시 말해 한두 사람의 우수한 선수나 직원에게 팀의 승리나 회사의 성공을 의존하는 시스템을 좋아하지 않는다.

끝으로 뉴 리더들은 남을 관리하거나 지배하기에 앞서 자기 자신을 철저히 관리해야 한다. 또한 욕심, 소심함, 그리고 전망의 부족 등으로 인한 실패나 패배를 피해야 할 것이다.

지도자가 되는 것은 쉽지 않다. 쉽다고 주장하는 사람들은 자신을 우롱하고 있는 것이다. 근본적으로 지도자가 되는 것은 자기 자신이 줏대 있는 자가 되는 것과 같은 의미이다. 그것은 간단하게 들리지만 대단히 어려운 것이다.

리더의 결정적 능력은 셀프코칭이다!

산토끼의 반대말은 무엇일까? 이것은 그 사람의 지능지수에(IQ)에 따라 제각기 대답이 나올 것이다. 그럼 우리나라 사람에게 영어로 물을 무엇이라고 묻는다면, 어떤 대답이 나올까? 물(water)이라고 대답하면 감정지수(emotional quotient)가 두 자리, 자기 자신(Self)이라고 말해야 세 자리이다. 그 이유를 묻는다면, 지능지수(intelligence quotient)가 두 자리라고 말하고 싶다. 필자가 주장하는 것은 셀프코칭이 어렵다면 매우 어려운 것이기 때문이다. 마치 중이 제 머리카락을 깎는 것같이, 그리고 의사가 자기 아들을 수술하는 것같이, 또한 남편이 아내에게 운전을 가르치는 것같이 말이다. 그래서 사람들이 무슨 일이 생기면 카운슬링이나 컨설팅을 받고 싶어 하는지 모른다. 그러나 코칭은 카운슬링이나 컨설팅과 달리 자기 삶에 대해서도 활용이 가능한 유익한 스킬이다.

셀프코칭(Self Coaching)이란 말 그대로 스스로를 코칭 하는 것을 의미한다. 셀프코칭에 대해 이희경은 이렇게 말한다. 셀프코칭은 "자신과의 대화를 통해 스스로 목표를 세우고 달성하기 위해 방법을 찾아 가는 것이다. 셀프코칭의 결과물은 '스스로 생각하고 행동하는 인재'이다. 셀프코칭을 통해 자신의 잠재력을 실현하여 현대사회의 변화를 리드하는 인재로 성장하는 것이 가능해진다."

인생이 우리에게 던지는 질문 가운데 하나가 "당신은 누구인가?(Who are you?)"이고, 이와 못지않게 이어지는 중요한 질문은 바로 "당신은 왜 사는가?(What do you live for?)"이다. 이 이유에 대한 답은 제각기 다르다. 그것은 사람마다 생각하는 삶의 가치가 다 다르기 때문이다. 그것에 따라서 삶의 목적이 크거나 작을 수 있으며, 깊거나 낮을 수도 있으며, 높게 평가되거나 낮게 평가될 수도 있는 것이다. 그런데 셀프코칭에서 가치관은 다른 이를 평가하는 척도가 아니다. 가치관은 우리 삶이 가지는 기본적인 신념으로 매우 중요하게 생각하는 것들이다. 셀프코칭에서 가치관을 말하고자 하는 것은 이것들이 우리가 누구인지를 가장 잘 묘사하는 특성들을 보여주기 때문이다.

우리는 셀프코칭 스킬을 가지고 본인에게 적용해 볼 수 있는데, 그로인해 우리의 삶이 더 나은 모습이 될 수 있다.

먼저 모든 사람은 불완전하며 불안을 느끼고 산다는 것을 알아야 한다. 이것은 인간이면 피할 수 없는 현실이다. 어떻게 보면 우리는 성장하면 할수록 이러한 문제에 대해 민감하게 느끼고 살아야 하는지 모른다. 어린이보다 어른이 더 걱정하며 산다는 것은 이를 입증해준다. 다소의 차이는 있을 수 있지만 이러한 염려는 코칭을 통해서 완화될 수 있다. 그리고 우리의 사고는 그러한 감정보다 앞선다. 때때로 우리는 경험적으로 이유 없이, 생각할 겨를도 없이 불안과 공포가 엄습하는 것을 느낄 수 있다. 그러나 잘 생각해 보면, 이러한 감정적인 상태보다는 우리의 생각이 어떤가가 우리에게 더 중요한 영향을 미치는 경우가 많다. 사실 우리가 감정이 아니라 사고가 우리에게 더 먼저 작용한다고 느끼게 된다면, 우리가 감정에 무능력하지 않다는 것을 이해할 수가 있을 것이다.

또한 염려스런 감정들은 삶을 통제하는데 부정적인 영향을 미친다. 불안감이 올 때에 우리는 무능력하게 대응하며, 몸에 힘이 하나도 없는 것처럼 우울증에 빠지기 쉽다. 그래서 감정의 문제는 지엽적인 것이 아니라 매우 중대한 문제로 우리에게 인식된다. 실망은 삶을 통제하려고 하는 것마저 포기하게 만들기도 한다. 통제한다는 것은 해답이 아니라 착각이다. 불안감은 우리를 손쉽게 상처받도록 하며, 본능에 자신을 맡기게 한다. 그러나 여기서 주어지는 것은 일시적 위안이며, 이것으로 삶을 통제한다고 생각하는 것은 착각이다. 오히려 우리에게 필요한 것은 삶의 통제보다는 자존감과 자신감을 더 높이는 것이다.

좋은 셀프코치는 동기부여를 잘하는 사람이라는 것을 강조하고 싶다. 세계에서 최고의 코치는 가장 좋은 동기부여를 할 수 있는 자이다. 우리는 기술이나 환경도 중요하지만 적절한 동기가 없다면 실망스런 결과를 갖게 된다. 셀프코칭에서 동기부여보다 중요한 것은 없다. 우리는 항상 더 좋은 것을 느끼기 위해서 움직이게 되는데, 동기부여는 이러한 도전들에 대해 적극적으로 응전할 수 있는 힘을 준다. 셀프코칭의 도구들은 우리 자신에게서 더 좋은 것을 끌어 내오기 위한 수단들이다. 그래서 좋은 태도이며 또 다른 하나는 적절한 동기이다. 그것은 단순하게 생각하면 긍정적인 마음을 가져야 한다는 것이다. 이러한 태도는 코칭스킬이 들어올 때에 그 효과를 더욱 강화할 수 있게 만들고, 특히 동기가 따라올 때는 노력에 비해 더욱 발전할 수 있게 만들어 준다. 우리가 긍정적인 마음을 가지고 셀프코칭 스킬을 통하여 지속적으로 자신을 가꾼다면, 우리의 능력은 더욱 진가를 발휘할 것이다.

라이프코치 스피치는 '격려의 힘'이 생명이다!

예수님 당시의 기독교는 이스라엘이라는 지리적 영역에 한정되어 있었다. 이러한 기독교를 아시아와 유럽으로 가는 전초기지를 만들고, 그 당시 최강이던 로마 제국에까지 전한 사람이 있었다. 그래서 현재에 이르러 기독교를 세계적 종교가 되는 데에 가장 공헌한 사람을 손꼽는다면 누구라도 사도 바울의 이름을 거론할 것이다. 얼마나 많은 영향을 끼쳤는지 바울(Paul)이라는 이름은 아주 널리 알려졌던 것이다. 그러나 우리는 바울이 개종하기 전에는 유대교 신봉자였던 사실과 기독교를 박해하는 데에 앞장섰던 사람이라는 것을 잊어서는 안 된다. 그래서 초기에 바울이 기독교로 개종하였지만, 그를 만나는 사람은 경계심을 가지고 대할 수밖에 없었으며, 다른 기독교 지도자들에게도 그의 개종의 진정한 이유에 대해 의심을 하곤 했다.

유대교를 떠났지만 기독교 세계에 동화되지 못한 바울을 단순한 기독교인이 아니라 기독교를 전하는 전도자로 만드는 데에 큰 영향을 미친 인물이 있었다. 그 사람은 바로 바나바였다. 바나바가 아니었던들 바울이 기독교 세계에서 친숙한 인물이 되기는 어려웠을 것이고 더 나아가 유명한 전도자가 되는 길은 더더욱 요원했을 것이다. 그러나 바나바가 그의 개종에 대한 보증이 되고 더 나가 적극적으로 그를 기독교에 소개하였다. 가일층 자신의 전도여행에 동참시키므로, 우리는 오늘 바울이라는 이름을 친숙하게 듣게 된 것이다. 바나바의 이름 뜻이 "위로의 아들"인 것처럼, 그는 바울에게 있어 코치(coach)였으며 최고의 격려자였다. 그래서 오늘날에도 종교와 관계없이 전 세계에서 사람들을 격려하고 도와주는 모임의 명칭을 "바나바회"라고 칭하는 경우가 많은 것이다.

우리가 평상시에 아주 좋아하는 가수의 노래를 들을 기회가 있다면, 우리는 그 가수가 무난히 소화하는 정도의 노래에도 가창력을 높게 평가하여 듣게 된다. 이처럼 감동의 관계란 우리가 격려의 행위를 보다 더 효과적이며 진솔하게 받아들일 수 있도록 한다. 코치는 코치이의 행동과 대화에 대해서 감동할 태세로 수용할 준비가 되어 있어야 한다. 그렇지 않으면 코치는 코치이가 중요하게 생각하는 것에 무반응을 보일 수도 있고, 코치가 코치이에게 하는 말도 형식적이거나 건성으로 하는 대응으로 상대에게 인식될 수 있기 때문이다.

그러나 코치에게 감동의 관계를 형성할 준비가 되어 있다면, 코치이의 작고 사소한 것에 대한 긍정적 반응도 코치이에게는 자신을 격려하는 것으로 인지될 것이다. 따라서 코치가 코치이를 효과적으로 격려하기 위해서는 먼저 자신을 코치이의 행동에 감동받을 수 있는 자세로 형성시켜 놓는 것이 무엇보다 중요하다.

스피치 코치는 상대를 격려할 방법들을 간단하면서도 효과적으로 준비해야 한다. 그 말이 길지 않아도 상대의 심정에 전달되는 적절한 말은 아주 좋은 효과를 가지고 온다. 그렇게 하기 위해서는 상대의 입장에 서서 말하거나 상대의 심중을 고려하여 대화를 비교적 단순하게 하는 것이 좋다. 몇 가지 필요한 기술을 말하자면 이러하다.

먼저 코치이가 걱정이나 실망한 상태에 있을 경우에는 상대를 염려하고 있다는 것을 보여주라. 인생에 있어서 누구나 웅덩이와 수렁에 빠져 있는 상태를 경험할 수 있다. 앞으로 나갈 수도 없고 뒤로 물러설 수도 없는 처지에 있는 것이다. 운전하는 사람이면 누구나 한 번쯤 경험했을 것이다. 비포장 좁은 도로를 가다가 혼자의 힘으로는 빠져나올 수 없는 진흙이나 모래 구덩이에 차바퀴가 빠져서 공회전만 한 채로 차가 오도 가도 못했던 것을 말이다.

또는 우울증이 있어서가 아니라도 매사에 힘이 부치고 피곤해지며 만사가 귀찮고 무기력해짐을 느꼈던 경험도 가지고 있을 것이다. 이러할 때, 빠져있는 차를 뒤에서 밀어주듯이 옆에서 간단히 걱정해주고 격려해주는 말의 따뜻함을 매우 인상 깊게 느낄 수 있을 것이다.

어느 야구선수가 있었다. 그는 시즌의 성적이 좋지 않아서 2군으로 밀려가야 하는 형편에 처해 있었고, 자격지심으로 인하여 차라리 후보가 되느니 야구를 그만두는 것이 더 좋지 않을까 하는 생각을 하고 있었다. 다른 선수들은 열심히 연습하더라도 그는 의기소침한 채로 벤치에 앉아서 멍하니 있곤 하였다. 어느 날 그는 중대 결심을 하고 선수 생활을 그만 두겠다고 감독에게 말하려고 일어났다. 그러다 마침 휴무일이어서 연습경기를 구경하던 어떤 회사원을 만나게 되었다.

회사원은 그 야구선수에게 다가와 미소를 지으며, 자기 아들이 그를 너무나 좋아한다고 하였고, 아주 열렬한 팬이었다고 이야기를 하였다. 그리고 자신은 아들에게 특별한 생일 선물을 하고 싶어서 야구공에 사인을 받아가고자 왔다고 말했다. 그리고 자신의 아들뿐만 아니라 자기도 그 야구선수가 지금은 슬럼프이지만 곧 이전에 보여주는 그 타율과 타점을 다시 기록할 것이라고 믿는다고 하였다. 이 이야기를 듣던 야구 선수는 선수생활을 계속했으며 더 유명한 선수가 되었다.

피드백(feedback)을 주고 받는 것이 설득의 시작이다!

얼마 전부턴가 코드(Code)라는 말이 유행하기 시작하였다. 이 말은 의사소통에서 중요시되는 말이다. 코드가 같다거나 코드가 비슷하다고 하는 것은 수신자는 알 수 있는 데코딩(Decoding)이 원활하게 가능하다는 말이다. 커뮤니케이션 시에는 역설적 의사소통을 주의해야 하는데 이는 여러 경로를 통해 일어나는 소통에서 서로 다른 경로의 메시지가 수정, 보완, 강화, 부정하는 경우 등이 속한다. 메시지의 상호 불일치가 가능하다는 것을 직시하고 철저히 대비해야한다는 것이다.

또한 향상성(Homeostasis)이란 것을 염두에 두어야 하는데, 이 향상성이란 생물체가 자신의 안전성을 유지하려는 자율조정력으로 의사소통 시에 이것이 일종의 규칙처럼 보호막을 형성하여 다른 대화규칙이 끼어드는 것을 방해하는 경우를 의미한다.

다음은 대칭적 관계성(Symmetrical Relationship)이란 것으로, 이것은 대화자 모두가 평등하다는 것을 의미한다. 그러나 의사소통에 있어서 보완적 관계(Complementary Relationship)가 나타날 경우에는 상대의 반응에 따라서 순응적이고 맞추어 주는 관계가 유지되지만, 대칭적 관계가 되면 서로의 반응이 상승되어 대화가 경직되고 언쟁으로 번지는 경우가 일어난다.

필자는 의사소통의 위험성을 주의해야 함을 강조하고, 기본적인 코칭대화에서는 다음과 같은 사항에 신경을 써야 한다고 강조하고 싶다. 다음의 사항을 숙지하고 몸에 익힌다면 커뮤니케이션을 효과적으로 하는 사람이 될 수가 있을 것이다.

1) 수신자의 관심을 먼저 생각하라.

의사소통에서 상대의 이야기를 잘 듣는다는 것은 자신의 관심을 잠시 접어두고 상대로 하여금 대화를 주도하게 하는 것이다. 이는 수신자의 말을 잘 들어줌으로써 그가 자발적으로 자신의 모든 이야기를 하도록 배려해주는 것이다. 특히 편견을 가지지 않고 들어주는 것이 매우 중요하며, 필요한 경우 상대를 똑바로 보며, 간단한 긍정의 표시를 해줌으로써 수신자의 대화에 참여하고 있다는 것을 보여주는 것도 중요하다.

2) 관계를 형성하라.

대화를 통해서 관계를 형성하는 것보다 더 중요한 것이 없다. 사실 대화라는 것은 발신자의 의사나 정보를 수신자에게 알리는 것도 되지만, 그보다 선행되어야 하는 것이 발신자와 수신자를 긴밀하게 만드는 것이다. 이것을 상담에서는 라포(Rapport)의 형성이라고 한다. 화자와 청자가 신뢰관계가 되고 수용성 있는 상태로 수신자를 만드는 것을 의미한다.

3) 침묵으로 경청하라.

일상적으로 대화라는 것은 자기가 먼저 상투적으로 하고 싶은 말을 꺼내면 상대가 응대하여 답을 하거나 또 다른 하고 싶은 말을 하는 것으로 이어지는 것이 대부분이다. 그럴 때 수용성이 높은 대화를 하고자 한다면 침묵으로 경청하는 것이 매우 귀중한 방법이 된다. 발신자가 수신자의 말을 들을 때에 의무적으로 무언가 메시지를 주어야 한다고 생각하는 경우가 많다. 주로 하게 되는 것이 해결, 혹은 반대나 비판, 그리고 간섭하게 되는 메시지인 경우가 대부분인데, 그렇게 하여 곧바로 응대하는 것보다 경우에 따라서 무언의 행동이 수신자에게 더욱 강한 발신자의 의지와 적극적 경청 태도를 보여주는 것이 되기도 한다.

4) 피드백을 주고받으라.

양방적인 의사소통이 잘 이루어지려면 피드백을 해야 하는 것이 필수적이다. 피드백으로 인하여 발신자는 수신자가 자신의 말을 얼마나 이해하고 있으며 숙지하고 있는가를 알 수 있고, 반대로 발신자도 수신자가 한 말을 제대로 이해하였는지를 파악할 수 있다. 왜냐하면 피드백으로 서로가 자신의 말의 감정과 신체적 언어까지 볼 수 있는 여유가 생기기 때문이다. 피드백은 일명 서로에게 거울이 되어주는 것으로 대화에서 핵심적인 것은 피드백을 하는 것이 매우 중요하다.

5) 극단적인 말을 피하라

우리는 흔히 상대의 공격이 지나치면 우리도 더 강하게 상대를 공박하고 강하게 몰아붙인다. 그러나 대화 중에 아무리 충격적인 말을 들었다 하더라도 반드시 상대에게 상처가 될 말은 하지 말아야 한다. 특히 발신자와 수신자의 경우에 두 사람의 관계를 무위로 돌리는 그런 말은 어떠한 경우에서든지 피하도록 해야 한다. 관계가 단절될 정도의 말은 원수에게 해당하는 것임을 알아야 한다. 따라서 사전에 친한 사이가 되어 상대의 단점을 알게 되면 될수록, 그것으로 상대를 공격하는 실례는 하지 않도록 평소에 주의해야 한다.

6) 관계된 이야기를 하라

많은 사람들이 대화 중에 자신들과 관계없는 제 3자에 대한 것이던지 사소한 것을 말하므로 대화를 진척시키지 못하고 단절시키는 경우가 많다. 대화를 할 때에도 너무나 사소한 신변이야기를 잡다히 하고, 주변 사람의 비판과 평가를 이야기 하다가 정작 중요한 대화를 못 나누는 경우가 있다. 이러한 대화를 우리는 흔히 수다(chattering)라고 하는데, 분위기와 기분전환을 위해서 잠시 필요하지만 길게 가지 않도록 주의해야 한다. 따라서 시간이 지체된다면 관계없는 이야기는 보다 중요한 이야기를 나누고 난 후에 하도록 수신자의 양해를 구하는 것이 좋다.

성공하는 프리젠테이션의 5가지 스킬

오늘날 우리는 고도의 정보화 시대에 살고 있다. 사람 머리카락 굵기의 단 광섬유 회선으로 5만 개가 넘는 메시지를 단파 라디오보다 이천 배나 빠른 속도로 세계 구석구석에 동시 전달할 수 있다. 뿐만 아니라 서울과 부산의 3만 2천여 명이 동시에 서로 전화로 통화할 수 있게 되었다. 뉴 미디어라고 부르는 이러한 새로운 통신 수단은 국가 간, 지역 간의 장벽을 무너뜨려 세계를 하나의 조그만 지구 촌락으로 만들고 있다.

그러나 한편에서는 사람들 사이의 마음의 벽이 점점 더 높아지고, 심지어는 부모와 자녀들 사이에도 진정한 대화나 의사소통이 잘 이루어지지 않는다는 개탄의 소리도 들리고 있다.

그 이유는 무엇일까? 그것은 올바른 프리젠테이션(Presentation)을 모르기 때문일 수 있다. 프리젠테이션이라고 하면, 흔히 스피치(speech)를 유창하게 잘하는 방법 정도로 생각하는 경향이 많다. 그러나 프리젠테이션은 이러한 방법이 아니라, 말하기와 듣기라는 수단을 통하여 서로 마음을 열고 다 같이 평화롭게 살기 위한 진정한 의사소통 (Communication)방법이다. 그러므로 프리젠테이션의 본질을 명확히 이해하려면 먼저 의사소통의 본질부터 살펴볼 필요가 있다.

성공적인 프리젠테이션을 다양한 연출하기 위해서는 아래의 5가지 전략을 숙지해야 한다.

첫째로 청중의 무관심을 관심으로 전환하는 것이다.

이는 청중의 가슴 속에 있는 감정을 강화시키고, 그 과정에 점화하기 위한 것으로, 프리 오프닝을 활용하여 프리젠터와 공감대를 확보하거나 아이스 브레이크를 통화여 청중과의 간격을 좁히는 것을 들 수 있다. 더 나가 청중이 이해하기 쉬운 말을 사용하여 설명하거나, 말하려는 요지에 필요한 예들을 청중들의 문화와 밀접한 것으로 하는 것을 들 수 있다.

둘째로 모르는 것을 알게 해야 한다.

프리젠터의 설명에는 청중의 귀를 기울일 수 있는 새로운 정보가 들어 있어야 하는 것이다. 청중은 다른 데서 들었던 것 같은 소식을 듣게 될 경우에는 흥미는 반감되어지고, 심지어는 식상한 내용으로 인해서 프리젠터에 대해서 싫증을 낼 수가 있다. 따라서 프리젠터는 과학적인 데이터와 조사, 통계 자료, 필요한 지식을 총동원하여 청중에 자신의 고정관념을 버리고 프리젠터의 의견에 관심을 가질 수 있는 객관적인 기반을 제시해 주어야 한다.

셋째로 청중으로 하여금 결심하게 해야 한다.

프리젠터가 프리젠테이션을 하는 것은 어떤 분명한 목적이 있기 때문이다. 만약 어떤 물품에 대한 것이면, 그 프리젠테이션을 듣고서 반드시 그 물품에 대한 구매의욕을 가지게 해야 한다는 것이다. 이것은 바로 프리젠테이션의 핵심은 설득이라는 것이며, 여기에는 청중이 자신의 고정관념과 편견, 그리고 과거의 비능률적인 관습을 버리게 하는 것이다.

넷째로 행동으로 옮기게 해야 한다.

프리젠터는 청중이 결심한 대로 행동화하도록 권고해야 한다. 그러기 위해서는 행동의 촉진하는 동기들을 제시해 주어야 하는데, 여기에는 결심한 대로 행동하므로 성공한 사람들의 실례를 들어 주는 것이 효과적이다. 결국 행동화는 프리젠테이션의 최종 목표인 것을 잊어서는 안 된다.

다섯째로 즐거움을 주어야 한다.

유머가 있는 프리젠테이션은 실패하지 않는다. 비록 한 번으로 다 뜻하는 대로 할 수 없다고 해도, 다음에 다시 대하면 성공할 가능성이 높아진다. 따라서 때와 장소에 맞는 웃음거리를 준비하여 청중과의 거리감을 없애고 상대방이 나의 설득을 보다 부담감 없이 받아들일 수 있도록 해야 한다.

실제적으로 노련한 프리젠터들도 청중을 앞에 두고는 긴장을 하는 법이다. 우리가 좋은 프리젠테이션을 하기 위해선 무엇보다도 먼저 자신이 여유 있는 프리젠터가 되어야 한다. 프리젠터가 많은 청중에게 친구에게 이야기하듯이 자기의 뜻을 이해 시키기는 매우 어렵다. 프리젠테이션이란 듣는 사람과 말하는 사람과의 일대일 관계이다. 그래서 오히려 청중을 모두 듣게 하고, 자신의 의사를 전달하기 위해 소리 높여서 외치는 것은 주의해야 한다. 프리젠터의 말을 청중에게 전달하는 것은 마이크와 스피커라는 음성 도구이다. 그러므로 프리젠터는 웅변이나 절규하는 듯한 어조가 아니라, 친구와 이야기하듯이 자연스러운 평소의 어조와 리듬을 가지고 말하는 것이 유익하다. 청중의 수준, 주어진 시간 등을 고려하여 적절하게 각색을 함으로써 필요조건을 충족시킬 수 있어야 한다.

유머감각은 의사소통의 생명이다!

　2007년 03월 18일 USA투데이는 노르웨이 과학기술대학교 스벤 박사팀이 노르웨이인 5만4,000명을 대상으로 조사 분석한 결과 유머를 중시하는 사람일수록 7년 생존율이 더 높은 것으로 나타난다는 사실을 밝혀냈다. 특히 이번 조사는 암 환자들이 유머를 일상에서 얼마나 빨리 발견하고 또 유머를 얼마나 중시하는지를 설문에 답하는 방식으로 진행됐다.

　스벤 박사는 "유머를 자주 사용하고 중요하게 여기는 삶을 기준으로 할 때 상위 25%의 환자들이 하위 25%보다 7년 더 장수한다는 사실이 나왔고, 암 환자 2015명을 대상으로 한 그룹에서는 탁월한 유머감각이 사망률을 70%나 감소시켰다"고 밝혔다. 이로 인해 '100세까지 장수하려면 하루 한 번씩 웃어라', '웃으면 젊어지고 성내면 늙는다(일소일소 일노일노, 一笑一少 一怒一老)' 등의 말이 과학적 타당성을 가지게 된 것이다.

　중증 암 환자라도 유머감각이 뛰어난 경우, 그렇지 않은 환자보다 생존율이 훨씬 더 높은 것으로 조사되었다. 유머감각이 스트레스에 대한 저항력을 강화시켜 준다는 것은 이미 알려진 바 있지만 암 환자의 생존율까지 높여줄 수 있다는 사실이 밝혀졌기 때문에 유머에 대한 관심이 더욱 더 커질 것으로 예상된다.

사람과 다른 동물을 구별해 주는 대표적 기준은 바로 의사소통이다. 상징을 사용하여 생각을 전달하는 의사소통이이야말로 인간다움의 핵심인 것이다. 의사소통이 없으면 모양, 소리, 색, 움직임도 알 수 없으며, 혼돈의 세계에 갇혀 주위에서 무슨 일이 일어나고 있는지 전혀 깨닫지 못할 것이다. 주위에서 지각되는 어떤 것을 알아차리지도, 해석하지도, 이해하지도 못하게 되었을 것이다.

의사소통이라면 대개 언어를 통한 의사전달 과정을 생각하는 것이 기본적이다. 흔히 음성언어를 통한 의사소통 체계는 인간과 동물이 유사하다고 할 수 있겠으나, 인간에게는 다른 동물 세계에서 볼 수 없는 문법적 창조능력과 상징적 표현 수단을 사용할 수 있는 스피치 능력이 있다. 이런 점을 미루어 볼 때 스피치는 인간 고유의 영역인 동시에 능력인 것이다.

사람은 의사소통이 없이는 하루도 살아갈 수 없는 존재다. 우리는 매일같이 많은 시간을 의사소통에 할애한다. 경제사학자 이니스(H.Innis)는 "인류의 문명사는 의사소통의 발전사와 일맥상통한다."라고 말했다. 이처럼 의사소통 수단의 발전은 인류사회의 발전에 큰 구실을 해 왔다.

따라서 의사소통이란 서로 다른 이해, 사고, 경험, 선호 및 교육적 배경을 가지고 있는 두 사람 이상이 어떤 특정한 사항에 대해 유사한 의미와 이해를 만들어 내기 위한 과정이다. 인간은 똑같은 상황이라도 다르게 이해하며 다른 의미를 부여한다. 의사소통이란 이렇게 다른 이해와 의미를 가지고 있는 사람들이 공통적으로 공유할 수 있는 의미와 이해를 만들어 내기 위해 언어 또는 비언어적인 수단을 통해 상호 노력하는 것이다. 물론 그 능력차도 천차만별이겠지만 말이다.

오늘부터 유머를 통해 새로운 바람을 일으키는 의사소통의 주인공이 되도록 하자. 그러면 여기에서 필자가 난센스 문제를 하나 내겠다. 선풍기와 미인의 공통점은 무엇인가? 첫째로는 '모양이 중요하다', 둘째로는 '성능도 중요하다', 셋째로는 '바람을 발생 시킨다'는 것이다.

웃음이 나오지 않는가? 이제는 그대가 나를 포함한 다른 이들을 웃길 차례다!

성공한 리더의 리더십은 스피치에 있다

미국 스탠퍼드대 심리학과 케롤 드웩 교수는 성공하는 최고경영자(CEO)의 스타일은 따로 있다고 전했다. 그는 실제 이상으로 부풀려진 카리스마 넘치는 유형의 CEO는 훌륭한 부류의 지도자가 아니라 강하게 꼬집었다. 그런 유형은 아집을 부리고 자신의 재능을 떠벌리는 유형이기 때문이다. 반면, 끊임없이 질문을 던지고 비판적인 대답에도 과감히 맞서는 자세를 가진 CEO를 훌륭한 지도자라고 칭찬했다. 우리나라 정서에서는 그들을 이해하기 힘들지도 모른다. 빌 게이츠·루퍼트 머독·오프라 윈프리, 이들의 공통점은 자수성가에 성공하고 막대한 부를 축적한 것 말고는 전혀 공통점이 없어 보인다. 한편 탐욕의 화신이던 빌 게이츠는 세계에서 가장 많은 기부금을 낸 인물이기도 했다.

어릴적 성폭행을 당했던 흑인 소녀 오프라 윈프리는 토크쇼 하나로 세계에서 가장 영향력 있는 인물이 됐다. 이렇게 사회의 정상에 있는 성공자들은 모두 출생지, 가정환경, 성공비결이 다르다. 하지만 모두 자기의 일과 삶에서 긍정적이든 부정적이든 지대한 영향력을 미친 건 분명하다. 성공적인 기업가는 단순히 허풍쟁이만은 아니다. 그들은 생산적인 아이디어를 재빨리 만들어 내며, 그 중에는 현명한 것도 바보 같은 것도 있지만 매우 창조적이며 생산적인 것이 특징이기도 하다.

특히 리더의 직권력은 집단의 최상층에 있는 사람이 권력으로써 구성원의 행동을 강제로 제압하는 것을 말하는데, 예를 들면 주인과 노예 관계, 장교와 사병 관계, 기업가와 종업원 간의 관계 등은 직권적 관계의 전형적인 예이다. 대체로 리더십과 집권력의 관계는 애매한 점이 많아서 명백한 구별이 곤란하다. 대체로 영향력이 없는 사람이 조직의 수장의 직위를 점하는 경우도 있지만, 사실상 계층내의 직위가 영향력을 행사하는 데 중요한 요소라는 점은 의심할 여지가 없다고 하겠다. 일반적으로 직위나 직권 관계에 있어서는 조직 구성원의 공통 감정이 희박한데 비해서, 리더십은 추종자의 자발적인 인정에 의해 나타나므로 공통 감정과 일치감이 구성원 간에 강하게 나타난다.

이처럼 지도자의 리더십은 시대와 지역별로 다양한 경향을 보이며 전개되어 왔다. 그러나 리더십이 정치학의 한 분야로 도입되면서 그 개념은 '정치 공동체 내의 개념'으로 한정되었다. 즉 오늘날 정치학에서 말하는 리더십이란, 국가 최고 통치권자의 지도력을 의미한다. 여기서 지도력은 권력의 일방통행적 성격을 띠는 영도력과는 달리 권력의 합법성과 정당성을 중시하는 것으로 자의성과 강제력을 바탕으로 한 직권력과도 구분된다. 즉 정치에서 말하는 리더십은 동의와 설득을 바탕으로 권력의 합법성과 정당성을 중시하는 국가 최고 통치권자의 지도력을 의미한다고 볼 수 있다. 그러나 리더십에 관한 이와 같은 개념 정의는 민주적 리더십만이 리더십이라는 오해를 불러일으킬 수 있다. 따라서 다음과 같은 리더십 개념에 대한 여러 학자들의 견해를 살펴봄으로써 좀 더 포괄적인 리더십의 개념 정의가 가능하리라 보여 진다.

리더십은 학자에 따라 다양하게 정의되기 때문에 일반화되고 모든 학자들이 동의할 수 있는 정의는 없다. 몇 몇 학자들의 정의를 살펴보면 다음과 같다. 테리(Terry)에 의하면 "리더십이란 집단 목표를 위해 스스로 노력하도록 사람들에게 영향력을 행사하는 활동"이라고 정의했다. 카츠(D. Kartz)와 카안(L. R.Kahn)은 "조직의 일상적인 지시에 기계적으로 복종하도록 집단의 활동에 영향력을 주는 과정"이라고 정의하였다. 허시(P. Hersy)와 블랜차드(N. H. Blanchard)는 "리더십이란 어떤 주어진 상황에서 목표를 달성하기 위하여 개인 또는 집단의 활동에 영향을 미치는 과정"으로 정의하기도 했다.

한편 피터 드러커는 말하기를 "인간에게 가장 중요한 능력은 자기표현이며, 현대의 경영이나 관리는 커뮤니케이션에 의해 좌우 된다"고 언급하며 리더십에 있어 스피치 능력의 중요성을 부각하기도 하였다. 해야 할 말을 자신 있게 말하는 사람이야말로 진정 용기 있는 사람이다. 강연이나 방송을 하는 사람은 말이 직업이다. 정치가도 역시 그렇다. 그럼에도 불구하고 이들도 실수를 해서 종종 화를 입는다. 가장 가깝다는 부부끼리도 말다툼을 한다. 말을 잘 못하다 꼬투리를 잡혀 화를 입는 것이다. 때문에 말을 제대로 하기 위해서는 말하는 법을 배워야 한다. 예전에는 웅변이나 연설 등 특별한 경우에만 말하는 훈련이 필요하다고 여겼다. 그러나 요즘은 '화술이나 스피치'라 하여 다양한 형태의 표현 방법이 연구되고 있다.

'스피치(speech)'가 우리 생활에 미치는 영향이 매우 크기 때문에 제대로 말을 하는 방법에 대한 노력이 그만큼 커지고 있는 것이다. 스피치가 반드시 어려운 것만은 아니다. 지나치게 관념적이거나 혼란스러운 표현보다는 말하고자 하는 것의 '일차적 의미'에 충실하면 된다. '일차적 의미 전달'이라는 의미는 복잡하지 않으면서 단순 명쾌하게 말하라는 것이다. 오늘날은 스피치의 시대이다. 스피치를 못하면 자신의 능력을 충분히 표출시키기 어렵다. 반면에 스피치를 잘하면 인생의 목적을 쉽게 달성할 수 있다. 스피치는 우리를 인생의 목적지로 이끌어 주는 배이다. 촌철살인(寸鐵殺人)이라는 말처럼 한 마디 말로 설복시킬 수도 있고 항복하게 할 수도 있으며, 반대로 한 마디 말로 타인을 죽음에 이르게 하거나 평생토록 한 맺히게 할 수 도 있다.

필자는 우리는 이 사회를 아름답게 가꾸고 풍요롭게 하기 위해서도 스피치를 갈고 닦을 필요가 있다고 전하고 싶다. 태어나면서부터 말 잘하는 사람은 하나도 없다. 실제로 스피치는 학습과 반복적인 훈련을 통해서 점점 나아진다는 것을 명심하자.

여성 리더십의 스킬은 파워스피치에 있다

웹스터 사전에 의하면 '기술'이란 '무슨 일을 적절하게 해낼 수 있는 배운 힘'이라는 뜻으로 정의하고 있다. 이제 여성 리더들을 위한 리더십 기술이 적절하게 필요한 글로벌 시대이다. 그러므로 여성들도 그동안 남성의 전유물이었던 리더십 기술을 배워 습득해야 한다. 리더십의 기술은 이를 이용하는 이들에게 새로운 만족감과 힘을 불어 넣어 준다. 기술은 사람의 근육과도 같다. 조직적으로 잘 훈련할 때 발전하고 근육은 성장한다.

여성 리더십의 기술을 습득하기 위해서는 점진적으로 다음과 같은 연습이 시작되어야 한다.

첫 번째 연습은 바로 '창의력 기르기'다.

창의력은 새로운 아이디어, 방법 또 그 과정들을 일으키는 능력이다. 여성의 창의력은 오래되고 익숙한 아이디어에 새로운 접근을 시도 할 때 나오기도 하고 새로운 창작을 통해서 솟아나기도 한다. 그러므로 창의력이 뛰어나지만 보통 사람들 역시 좀 더 창조적인 리더의 여성들을 발견하기는 힘이 든다.

두 번째 연습은 '인내심 기르기'다.

목표와 목적을 흐리지 않고 끝까지 이루려면 여성 리더십 기술이 계속 살아 있어야 한다. 일이 계속 진전되는 데 방해되는 경솔한 행동을 절대 삼가고 오래 견디어 내는 능력이 필요하다. 물론 인내심을 키우는 효과적인 방법은 하나 동기를 선택하는 것이다. "새로운 것을 배울 뿐, 실패란 없다!"라는 말처럼, 실패를 맞이했을 때도 그 순간을 새로운 기회의 도약의 순간으로 여기면 전체를 보는 눈이 달라질 것이다. 인내심을 키우는 또 다른 방법은 중간 목표를 세우는 것이다. 목표를 짧게 짧게 쪼개어 하나씩 이룰 때마다 자신에게 스스로 상을 주는 것도 커다란 효과가 있을 것이다.

세 번째로 연습은 '전략적 사고 기르기'다.

우리의 주의를 작은 부분에 집중하다 보면 전체적인 것을 놓치기 쉽다. 전략적 사고를 키우기 위해서는 우리의 목표와 상충된다고 생각되는 것들을 포함하여 이루고자 하는 것에 관련된 과정들과 모든 다른 프로그램의 전체적인 그림을 그려봐야 한다. 그 다음에는 그것을 하나하나씩 차례대로 해보는 것이 좋다.

네 번째로는 노하우보다는 노웨어(no-where)가 중요하다는 사실을 알아야 한다.

자기만의 노하우를 가지고 있다는 것은 매우 좋은 현상이다. 그러나 자기 혼자 만능 천재는 될 수가 없는 법이다. 그리고 그 막대한 정보의 내용을 혼자서 다 만들어 낼 수도 없으며, 따라서 내가 얼마만큼 많이 가지고 있는가 하는 것은 좋은 정보를 얻을 수 있는 곳이 얼마나 되는가에 달려 있다. 일차적으로 정보는 그 방면의 전문가와 경험자들의 지식을 습득하는 것에서 여성 리더에게 넘겨져 있다. 따라서 정보의 중요 원천 가운데 하나인 책을 손에서 떼지 않는 습관이 필요하다. 짧은 시간 가운데에도 책을 읽는 습관은 다른 사람의 경험을 가장 적은 돈으로 살 수 있는 기회인 것을 명심해야 할 것이다.

마지막으로는 파워스피치 능력을 길러야 한다.

모든 스피치에는 파워스피치를 하려는 목적이 있다. 스피치의 주제가 결정되면 정해진 주제를 가지고 여성 리더가 달성하고자 하는 바, 즉 파워스피치의 목적을 정해야 한다. 여성 리더가 청자에게 정보를 전달하는 파워스피치를 할 것인지, 청자를 설득해야 하는지, 흥을 돋우는 파워스피치를 해야 하는지, 격려하는 파워스피치를 해야 하는지 결정하는 것이다. 파워스피치의 방향과 목적이 구체화되면 핵심 명제를 정하는 것이 매우 쉬워진다. 왜냐하면 핵심 명제는 파워스피치의 포인트와 목적을 하나의 서술적 문장으로 표현하면 되기 때문이다.

여성들은 성숙하면서도 감성적이며, 예리하면서도 예민한 리더십을 가지고 있다. 현대 사회적 환경에서 여성의 리더가 활동하기란 쉬운 것이 아니다. 남자가 세계를 지배한 듯 보인다. 하지만 여성은 남자를 지배하는 초점이 강하다. 훌륭한 여성 리더십을 발휘하기 위해서는 보다 넓은 시각과 멀리 내다볼 수 있는 안목을 겸비해야 할 것이다.

이제는 라이프코칭의 시대가 온다!

중국 고서인 한비자(韓非子)를 보면 이러한 글이 나온다. 옛날 초나라 장사꾼이 저잣거리에 방패(盾)와 창(矛)을 늘어놓고 팔고 있었다. "자, 여기 이 방패를 보십시오. 이 방패는 어찌나 견고한지 제아무리 날카로운 창이라도 모두 막아낼 수 있습니다." 이렇게 자랑한 다음 이번에는 창을 집어 들고 외쳐댔다. "자, 이 창을 보십시오. 이 창은 어찌나 날카로운지 꿰뚫지 못하는 방패가 하나도 없습니다." 그 때 구경꾼들 속에서 이런 질문이 튀어나왔다.

"그럼, 그 창으로 그 방패를 찌르면 어떻게 되는 거요?" 그러자, 장사꾼은 아무 대답도 못하고 서둘러 그 자리를 떠났다.

여기서 유래된 것이 모순(矛盾)이라는 말이다. 인간에게 라이프코칭이 필요하거나 가능한 이유를 필자는 여기서부터 시작한다고 본다. 또 우리가 아주 잘 아는 말 가운데 이러한 말이 있다. "천상천하에 유아독존(天上天下唯我獨尊)" 이 말은 "우주에서 내가 제일 존귀하다."는 뜻이다. 자기 혼자 최고라고 한다면, 동시에 존재하는 다른 수많은 인간은 무엇이란 말인가? 이 얼마나 다른 사람은 생각지도 않는 교만한 말인가? 그런데 바로 여기에도 라이프코칭(Lifecoaching)이 필요 가능한 근거가 있다.

이프코칭은 바로 인간이 모순된 존재, 달리 말하면 참으로 부족한 존재라는 데서 라이프 코칭을 받을 필요가 있다고 본다. 한국처럼 세계적으로 유명한 교육열을 가진 나라도 드물다. 부모들이 자식들의 교육에 매달리는 이유가 교육의 정도가 아이의 신분이나 직업에 영향을 많이 미칠 수 있다고 믿기 때문이다. 그런데 그러한 당면 이유를 불문하고, 교육 철학의 서로 상이한 입장과 시각에도 불구하고, 이구동성으로 교육을 하는 이유는 아주 단순한 것에 있다. 그것은 바로 교육을 받으면 인간은 변한다는 것이다. 현대적 가치관의 하나일 수 있는 실용성을 놓고 볼 때, 교육을 받고도 아무런 변화가 없으면, 그 교육은 무용한 것이라고 평가된다. 현실적으로 사교육비 지출이 많은 우리의 사정은 높은 교육비용을 들여야 높은 효과가 있다고 생각하는 것에 있다. 사교육비를 아무리 들여도 그 효과가 미비하고 그 비용의 차이가 입시나 교육에 영향이 별로 없다고 하거나 공교육으로 충분하다면, 학원이나 개인 과외 등에 지출할 부모들은 거의 사라질 것이다.

　라이프코칭은 바로 이러한 모순된 존재인 인간과 현실 속에서 자리한다. 왜냐하면 모순을 통해서 우리는 다른 하나의 진리를 발견할 수 있기 때문이다. 그것이 바로 역설(逆說)이라는 것이다. 모순(contradiction)이란 말은 바로 서로 반대의(contra-) 상반된 주장이 부합될 때 사용되는 것이고, 역설(paradox)이라는 말은 반대적 의미가 맞을 수 있다는 것을 뜻하기 때문이다. 그래서 일반적 진리보다 역설적 진리를 더 고상하고 높은 차원의 진리로 사람들은 이해하기도 한다. 상식을 넘어선 비범한 자만 알 수 있는 진리로 역설을 생각하는 경우가 많다. 여기서 정리한다면, 인간은 모순된 존재이다. 왜냐하면 인간은 누구나 지금보다 더 나은 자신의 삶이 자신에게 오기를 바라며 살고 있다. 즉 자신을 우주에서 가장 존귀한 모습을 생각하며 그러한 모습으로 변화되기를 원하며 산다. 그런데 인간은 좀처럼 변하려고 하지 않는다.

　인간은 자신이 그 누구보다도 존귀한 존재가 되고 싶어 하지만, 대부분의 인간은 존귀하게 살고 있다고 느끼지 못한다. 이러한 모순된 현실과 모순된 존재인 인간이기에 그 무엇보다도 라이프코칭이 필요하다. 왜냐하면 라이프코칭이야말로 자신의 삶을 자신이 바라는 모습으로 변화시키는 가장 좋은 도구이기 때문이다. 그러한 열망이 있음에도 그레믈린(Gremlin, 변화를 싫어하고 현상 유지를 요구하는 내부의 목소리를 뜻하는 말)의 망상에 사로잡혀 꼼짝달싹 할 수 없는 사람들이 있다. 세상의 변화를 인정하면서 왜 정작 본인은 변하지 않는가? 필자는 성공하고 싶다면 변화하라고 외치고 싶다. 아울러 그 변화를 촉진시키기 위해서는 라이프코칭을 이용하라고 덧붙이고 싶다.

정체성 수용은 셀프코칭에서 시작된다!

　정체성(identity)이란 기본적으로 "나는 누구인가?(What I am?)"이라고 묻는 것에 대한 자기만의 대답이 될 것이다. 예전에 어느 개그맨이 말한 "내가 누구게?(Guess who I am?)"라는 질문은 바로 자신의 모습을 대중에게 묻는 것이다. 그러나 정체성은 여기서 한 걸음 더 나아가 "어디로 갈 것인가?(Where I go?)"에 대한 답도 포함한다. 우리말로는 참모습이라고 말할 수 있는 본연의 자신의 모습을 일컫는 것이다.

　현대, 정체성에 대해 관심 가지고 평생을 연구한 학자는 바로 에릭슨이다. 에릭슨은 자아 정체성의 의미를 다음과 같이 설명하였다. 첫째로 그것은 자신이 누구인가에 대한 사회적 존재로서의 의미를 가지는 통합된 존재를 의미한다. 즉, 사회에서 맡고 있는 지위와 신분을 포괄하는 의미이다. 두 번째는 그것은 과거·현재·미래의 나 사이의 연속성을 지닌 일관된 자아이다. 그리고 주체적 자아와 객체적 자아 사이의 조화를 조정하는 자신을 의미한다. 그래서 현대적 자아는 정체성이 구성되는 것임을 인식하고 있으며, 언제나 자기의 의지에 따라 정체성을 바꾸거나 수정할 수 있다는 것도 알고 있다. 또한, 다른 사람이 자신의 정체성을 어떻게 인정하고 확증할 것인지에 대해 과거의 삶의 형식, 가치, 정체성을 파괴 과정이 새로운 것의 끊임없는 생성 과정과 결합된 것을 의미한다.

　특히 이 정체성이 강조되는 이유는 다시 두 가지로 요약된다. 첫째, 자아 정체성 정립을 위해서 무엇보다 중요한 것은 자기 객관화인데, 정체성이 확립되어야만 자기에 관련된 모든 것을 있는 그대로 제대로 볼 수 있기 때문이다. 둘째, 자기수용(self-acceptance)이 중요하기 때문이다. 자기수용 없이 사람의 능동적인 변화는 가능하지 않다.

　얼핏 보면 자기를 있는 그대로 받아들이는 것이므로 별로 어려울 게 없을 것 같이 보인다. 그러나 사실 사람은 자아의 자존감이 높을 경우가 아니면, 다른 목소리에 귀를 기울이지 않는다. 바로 정체성이 본연의 모습을 지니고 다른 사회적 요소에 맞추어서 삶을 살아가도록 한다. 다변화되고 급속도로 바뀌는 현대에서 철학자나 작가들이 이야기 하지 않아도 현대인이 지니고 있는 특징이 고향의 상실과 자아의 망각이다. 즉, 돌아갈 곳을 잃어 버렸으며 자아를 찾기 위한 행동을 못하고 있다는 것이다. 자기를 모르고 살아가고 있으며, 어디로 가야할 길도 모르고 살아가고 있어서 정체성의 문제에 한없이 취약해져 있는 것이 현대인이다. 그런 점에서 셀프코칭에 있어 우리가 제일 먼저 생각해야 할 것은 무엇일까? 그것은 바로 자기에 대한 이해로 자신의 정체성 찾기이다. 물론 그가 정체성에 대한 연구에 심혈을 기울인 것은 그의 자라온 배경과 밀접한 관련이 깊은 것은 사실이다. 어머니의 복잡한 이성교제로 인해서 친아버지가 누구인지도 모른 채 양부의 손에 의해 자라났다. 그래서 정체성의 문제는 그에게 개인적으로는 자기가 누구인지에 대해서 찾는 탐구의 길과 같았던 것이다. 그러나 그의 연구결과는 후기 산업사회의 사람들에게 정체성을 찾는 중요성이 대두되면서 더욱 빛을 발하게 되었다. 그것은 그가 말한 정체성에는 자아의 재인식에 대한 강조도 있지만, 통합된 인격으로서 자아를 생각하는 일반인들의 관심이 지대했기 때문이기도 하다.

라이프코치전문가가 당신을 불러서 만나자고 하거나 누군가가 전문가에게 셀프코칭을 의뢰하는 것은 자신의 단순한 호기심이나 대화상대가 필요해서가 아니다. 코치가 먼저 누군가를 찾았을 경우, 심각하게 상대의 문제점을 파악하고 이를 개선하는 데 도움을 주기 위해 연락을 한 것이다. 그리고 코치이가 코칭을 의뢰했을 경우도 자신의 정체성을 바로 잡고 자신의 성공적인 미래를 위해 전문적인 조언을 구하기 위해서일 것이다.

코치이의 욕구에는 기본적으로 두 가지 요소가 있다. 하나는 현실에 대한 불만족에서 기인한다는 것이다. 이것은 코치이가 안정적 현실을 누리고 있음에도, 자신의 삶에서 개선되어야 하는 점들을 발견하였거나, 평소에 자신의 삶을 지속적으로 어렵게 만드는 고질적인 병폐들이나 갈등들을 개선시키고자 하는 열의가 있을 때에 대두되는 현상이다. 따라서 좀 더 안정적이고 만족스러운 현실을 가꾸기 위해서, 현재 삶의 질을 높이는 것이다.

다른 하나는 미래에 대한 새로운 도전이라고 할 수 있다. 이것은 현실의 삶은 안정적이지만 미래에 더 만족스러운 삶을 살기 위하여 평소에 코치이가 꿈꿔왔던 비전들을 실현하고 싶은 경우, 당면한 현실에서 뚜렷한 삶의 돌파구가 없어서 다르게 변모하지 않으면 미래에서의 자기 존재가 불확실하거나 현재보다도 못하다고 여겨질 때에 나타나는 징후이다. 따라서 불확실한 미래에 대한 두려움이나 그 가능성의 성취 여부를 제대로 가늠해보고, 성취할 수 있는 방법을 모색하는 것이 바로 라이프셀프코칭을 하는 주된 목적이 된다.

청소년 리더십이 미래를 좌우한다!

미래의 세계는 삶의 다양한 분야에서 엄청난 변화와 지각 변동이 있을 것을 예측하며 총체적인 급변의 시대로 미래학자들은 전망한다. 그 변화의 물결에서 청소년들도 예외일 수 없을 것이다. 이러한 전제는 자연히 미래의 청소년들에게 리더십의 구체적 대안을 제시하지 못한다면 국제화 시대의 변화에 적응하지 못하고 도태될 수밖에 없다.

인간사회는 모두 조직이라는 구조 속에 살아가고 있다. 좁게는 가족이라는 조직과 넓게는 국가라는 조직 속에서 각 조직의 목표 아래 개개인이 그 목표를 달성하기 위해 노력하고 있다. 인간은 개인 혼자 살아갈 수 없으며 서로간의 상호작용 속에서 개인과 자신이 속한 조직이 목표를 이루어 간다. 이렇게 개인과 조직의 목표를 성취하기 위한 상호작용 과정에 리더십이 요구되고 있다. 또 인간은 사회를 이루며 살아가고 있는 사회적 존재이다. 사회는 고정된 것이 아니라 항상 가변적이며 또 인간은 이러한 가변적인 사회에서 상호관계를 맺으며 공동체를 형성하고 살아가고 있다.

21C를 성공적으로 살아가기 위해서는 모든 생활, 어떠한 장소에든 구성원들 간의 효율적인 리더십이 필요한 것이다. 가족관계뿐만 아니라 학교와 사회로까지 이루어짐으로써 개인과 사회의 존립에 위협을 가하고 있다. 특히 청소년을 올바르게 지도하기 위해서는 그들의 세계와 가치 문화 등에 대한 관심과 이해도 중요하다.

리더십은 현재 국가기구 혹은 다른 공식적으로 조직화 된 집단의 정상에서 나타나고 있을 뿐만 아니라, 여러 집단에서도 보편적으로 나타나고 있는 현상으로써 오늘날 중대한 의의를 가지게 되었다. 리더십은 원래 조직 구성원의 의견, 태도, 행동에 대해 효과적인 영향을 주는 능력이다. 따라서 구성원으로 하여금 어떤 목적에 자발적으로 협조하게 하는 일종의 영향력이라 볼 수 있다.

미국에서는 1960년대 이후 청소년들 대상으로 단체 활동 및 프로그램의 참여를 통하여 리더십을 유용하게 획득하고 실제로 얼마만큼의 발달을 이용한 현장연구들이 광범위하게 진행되어 오고 있다. 즉, 청소년 관련 단체와 대학의 확장교육센터들은 리더십 프로그램 평가척도를 이용하여 모든 프로그램이 끝난 후 체계적으로 리더십 발달정도를 평가하고 이를 통하여 프로그램의 개선과 향상에 유용하게 사용하고 있다.

청소년 리더십 기술을 습득함으로써 개인 사회 조직생활을 성공적으로 영위할 수 있다. 개인적으로는 자기 자신에 대하여 정확하게 이해할 수 있는 능력을 신장시킬 수 있고 사회적으로 다른 사람들과 더불어 살아가기 위한 청소년 커뮤니케이션 능력과 원만한 대인관계를 유지할 수 있는 능력을 함양할 수 있으며, 청소년 조직 속에서는 합리적인 의사결정 능력과 조직 관리 기술 및 조직에 적응하여 살아갈 수 있는 능력을 가질 수 있다.

미래 청소년 리더십의 원리에 그 목적이 있으며 또한 21C를 맞이한 청소년들을 관심 있게 바라보면서 변화되어야 할 부분을 바로 파악하고 미래청소년 리더십에 교육을 대비해야 할 것이다. 먼저 청소년 리더십 교육의 변화 없이는 불가능하기 때문이다. 특히 인격 형성과 마찬가지로, 청소년 리더십 상호인정하고 신뢰하고 믿는 것이 필수적이다. 청소년 리더십 개발의 문제를 다룰 때 성인 지도자들이 청소년 리더십을 제대로 찾아내고 키워주기만 하면 리더십의 자질들이 드러날 수 있다는 것을 인정해야 한다.

청소년 리더십이란 무엇인가? 이에 대한 답을 찾기 위한 노력은 오래전부터 많은 학자들에 의해 시도되었으나 아직까지 보편적인 정의에 도달하지 못하고 있는 실정이다. 사실 청소년 리더십은 인간과 인간간의 상호작용 과정에서 발생하는 것이지만, 청소년 리더십이란 청소년 리더를 지지해주고 상황을 포함하는 복잡한 상호작용 현상이라는 사실에서 청소년 리더십 다양한 견해의 차이가 있었다. 따라서 청소년 리더십에 대해 정확히 규정된 정의는 없다. 좋은 청소년 리더가 되기 위해서는 주위의 다른 청소년 리더들을 잘 관찰하거나 또는 충분한 경험을 쌓아서 자신들만의 독특한 청소년 리더십 유형을 형성해 나가는 것이 무엇보다 필요하다.

청소년 리더는 미래의 빛나는 꿈이다!

작금에 우리는 긍정적 표현이든지 아니면 부정적 표현이든지 자기주장을 토대로 스피치를 해야 할 상황에 처한다. 스피치의 무대는 사회가 될 수도, 학교가 될 수도, 가정이 될 수도 있다. 스피치란 말은 우리 생활 깊숙이 파고 들어왔으며, 이 중 일부는 대중 연설, 스피치, 토론, 보고, 연구발표, 인터뷰 등 비교적 형식을 갖춘 말이고, 일부는 스피치와 같이 형식을 요하지 않는 말이다. 이런 스피치 시대의 상황에서 자신의 의사를 충분히 발표하고 또 듣는 이들로부터 공감적 경청을 불러일으키는 것은 성공적인 문화시민이 되기 위한 필수조건이 되었다. 이처럼 자기표현을 향상시키기 위해서는, 스피치의 준비 과정 및 실행 과정이 적극적으로 필요하다. 청소년 리더는 다양한 스피치 상황의 개별적 특성을 말하고 이 특성에 맞는 긍정적 자기표현이 인정되어야 한다. 이러한 스피치 능력은 청소년 시절부터 착실히 겸비해야 한다.

청소년이 생활을 하면서 가장 많이 논의하고 있는 주제 중의 하나는 '효과적인 청소년 리더십(leadership)'의 개발이다. 효과적인 능력을 발휘하는 청소년 리더는 어떠한 특성을 갖고 있고 어떠한 행동을 하는가에 관해 많은 연구가 수행되었지만, 불행하게도 이러한 문제에 대한 만족할 만한 답변은 아직 없는 것이 사실이다. 어떤 상황에서 청소년 리더는 생활에 전혀 영향을 미치지 못하는 반면, 다른 상황에서는 리더로 인해 큰 성공을 거두기도 하고 쓰라린 실패를 맛보기도 한다. 또래끼리는 효과적인 리더가 다른 또래에 가서는 실패하기도 하지만, 어떤 리더는 어느 또래에 있든지 성공하기도 한다.

리더십에 관해 많은 논의가 이루어졌음에도 불구하고 이러한 현상에 관해 완벽한 설명을 하지 못하고 있다. 이러한 상황에서 리더십에 관한 연구를 계속 해야만 하는 이유가 있다.

첫째로는, 실제적으로 청소년 리더십은 미래의 리더이기에 매우 중요한 것이기 때문이다. 둘째로는, 청소년 리더십을 연구하는 학자들이 리더십 효과성(leadership effectiveness)에 영향을 미치는 데 성공했기 때문이다. 그리고 마지막 셋째로는, 구성원이 추구하는 목표를 효과적으로 달성하기 위해서는 구성원의 개인과 그들 개인으로 이루어진 집단의 협조가 필요한데, 이러한 협조를 조정하고 설득하며, 이를 또래의 성과에 연결시키는 필수적 관계 요인이 청소년 리더십이기 때문이다.

리더십 권위자 스톡딜의 연구에 의한 리더의 주요 특성 요인들을 살펴보면 다음과 같다.

먼저 신체적 특성(physical characteristics)은 리더십의 지위를 누리는 데 있어 상대적으로 유리한 위치를 점유할 수 있으며, 사회적 배경(social background)은 오늘날 상업사회의 특성으로 보아 성공한 사람들은 반드시 가정의 배경이 다른 사람보다 더 나은 위치에 있어서 결정되는 것이 아니라 주어진 기회의 포착과 노력이 더 큰 요인으로 작용된다고 볼 수 있다. 다만 지적 능력(intelligence and ability)은 리더가 부하들보다 너무 지식이나 지능차이가 높으면 극도로 자기 본위적이거나 자기 우월성으로 흐르기 쉬워져 구성원 내에서 부하들과의 상호작용이 이루어지기 어렵다. 개성(personality)은 개성의 요인인 환경 적응성과 확고한 신념 등은 리더십의 중요한 요인이 되며 자신감, 솔직성, 인내력, 독립성, 객관성, 추진력 및 직무에 대한 열성 등도 리더십 결정의 중요 요인이 될 수 있다. 과업수행요인(task-related characteristics)은 이들의 업무추진력과 함께 장애요인을 극복할 수 있는 인내력을 보여주며 일반적으로 강한 동기와 직무에 대한 집요성을 갖추고 있다. 사회관계요인(social characteristics)은 성공적인 리더는 지적 능력, 감독능력·추진력, 그리고 자신감이 강한 사람이며, 이들은 타인의 욕구에 대하여 매우 민감성을 가지고 있다고 한다.

한편 또래 관계에 있는 청소년에게도 중요하지만 사회적 또래 관계가 확대되는 것이 더욱 중요한 사실이다. 또래는 동료의식과 효과적인 리더십이 중요한 원천이며 충고를 주고받으며 가치 있는 소유물을 공유하고, 믿을 수 있는 단짝이자 비평가이며 충성심 있는 친구로서, 스트레스나 과도적 시기에 안정감을 제공하는 존재이다. 또한 또래에 의한 사회적 관계의 부정적 측면은 또래관계의 부정적 측면으로는 무시 혹은 배척의 경험, 지위와 인정을 얻기 위한 경쟁 등을 들 수 있다. 청소년 리더는 미래의 빛나는 꿈이다. 필자는 청소년이 무엇을 좋아하며, 누구를 존경하는가?(What and who do you admire)를 묻고 싶다. 우리 모두 청소년의 말에 귀 기울이고, 그들의 잠재능력을 키워주자!

여성적 리더십은 힐링이다

세계적으로 유명한 철학자나 사상가들은 대개 남자들이었고, 역사에 남을 만한 격언이나 지혜의 명언들도 대부분 남자들이 한 말이었다. 왜 그랬을까. 여성들은 철학적이거나 사색적이지 못하고 지혜롭지 못해서인가. 결코 그렇지 않았다. 그것은 남성 지배의 역사가 낳은 편협 된 결과일 뿐이다. 이제 새로운 글로벌시대는 여성적 리더십 기술인 힐링(healing)이 부합된 시기이다.

필자는 여성적 리더십에서 리더는 태어나는 것이 아니라 스스로의 힘으로 만들어 진다는 것을 주장하고 있다. 또 여권에 있어서 여성 자신의 힘이 아닌 독립된 리더로서 신뢰의 기반에 리더십을 말하는 것이며, 목표의 일치점을 조정하고 세기(世紀)의 유익을 위한 지속적인 비전과 섬김의 영향력을 발휘한 것이다.

예컨대 리더란 다른 사람을 리드하는 사람, 즉, 다양한 사람들을 이끌어 가는 사람이다. 또 리더는 한 개인, 한 가정, 한 조직, 한 국가는 물론 전 세계의 흥망성쇠와도 밀접한 상관관계를 가지고 있다. 한 사람의 리더로 인해 망할 수도 있고 흥할 수도 있다. 이처럼 리더가 한 개인은 물론이고 조직, 국가에 중요한 역할을 한다.

하지만 글로벌시대에는 지시하고, 명령하고, 배운 대로, 관행 대로를 강요하는 남성적 리더는 더 이상 통하지 않는다. 구성원들이 어떤 생각을 하고 있는지 물어보지도 않는 리더, 불도저처럼 앞뒤 가릴 것 없이 일방적으로 밀어붙이는 리더, 혼자 북 치고 장구 치는 일방 통행하는 리더를 작금에는 더 이상 원치 않는다.

그렇다면 IT(Internet Technology)혁명시대가 원하는 리더는 어떤 리더일까. 힘이 있고 파워 있는 리더, 카리스마가 있는 전통적인 남성적 리더십 보다는 합리성, 섬세함, 관심과 배려, 그리고 섬김. 이해심, 따뜻함, 포근함, 갈등 조정능력, 커뮤니케이션 능력, 권한 위임 등의 여성적 힐링 리더십을 갖춘 리더를 바라고 있다. 구성원들에게 이성보다 감동을 주고 그들의 마음을 움직일 수 있는 온정적인 리더, 마음이 따뜻한 리더, 감성이 풍부한 힐링 리더를 원하는 것이다.

모름지기 리더는 조직원들과 통(通)하고 좋은 관계를 형성해야 한다. 그들과 신뢰를 바탕으로 관계를 쌓아 올리고 진정한 마음으로 믿고 따를 수 있는 힐링 관계를 만들어야 한다. 명령하고 지시하기보다는 스스럼없이 먼저 다가가 의견을 묻고 그들의 말을 잘 들어 주고, 따뜻한 마음으로 보호하고 살펴줄 수 있어야 한다.

또 힘들고 지쳐 있을 때 용기를 주고 희망을 줄 수 있는 격려의 말 한 마디, 칭찬 한 마디를 해 줄 수 있어야 한다. 구성원들에게 지속적인 관심을 보여주고 배려하고, 자신의 마음을 이해해 주고 따뜻하게 안아 줄 수 있는 정이 넘치는 어머니 같은 리더, 누이 같은 포근한 리더, 차분한 어투와 듣는 사람들에게 편안함을 주는 정성이 가득한 리더, 품위를 지키며, 부드럽지만 강한 메시지를 구사할 줄 아는 여성적 리더를 찾고 있다.

한편 이창호스피치가 말하고 싶다 "만약 내게 여성적 리더십을 총망라한 단 한 가지 도구를 말한다면, 그것은 바로 자연스러운 힐링 연금술(鍊金術)일 것이다."라고 생각한다. 성서에는 남녀의 평등이 하나님 앞에 동등한 지위를 인정하고 서로가 존중할 수 있다고 가르치고 있다. 소자 중에 하나를 실족하면 차라리 연자 맷돌을 그 목에 달리우고 깊은 바다로 빠진다는 메시지가 남성에게 경종을 올린다. 요즘은 여성적 리더십은 힐링이다.

명품 토론은 황금알을 낳는 거위와 같다

동서고금 누구를 막론하고 모든 사람은 토론으로 시작해서 토론으로 마친다. '사람은 토론이다.'라고. 말을 하면서 사람은 많으면 많을수록 좋다. 다양한 분야의 다양한 사람으로 형성된 토론만큼 훌륭한 토론은 없다. 어떻게 보면 거의 일상화되어 있는 것이 현대사회의 토론문화이다. 다시 말해 사람은 집단생활을 해 오면서부터 아마도 크던 작든, 조직적이든 비조직적이든, 토론 같은 것을 해오지 않았나 생각이 든다.

이처럼 오랜 세월 속에서 이어지고 있는 현대사회의 토론이 그 연륜만큼 효율적인 성과를 거두었는지, 생산적이며 창의력을 높여왔는지에 대해서는 아무래도 부정적 시각으로 기울어지는 작금이다. 글로벌화 사회 속에서 조직의 창의적인 생산성과 집단 간 혹은 조직간 커뮤니케이션의 활성화 산실로서의 '토론(Debate)'이라는 최고의 명품을 어떻게 가꾸고 만들어 나갈 수 있을까를 성찰하는 태도로 짚어보아야 할 것이다. 이와 함께 공식석상에서 자신의 생각과 의견을 논리 정연하고 정정당당하게 펼친다면 이 또한 스팩업(speck-up)일 것이다.

이창호스피치(Leechangho Speech)가 말하는 "토론의 법칙(法則)이란 모든 현상들의 원인과 결과 또는 사물과 사물 사이에 내재하는 보편적이고 필연적인 토론의 규칙이 운영되고 지배되는 질서나 힘 따위를 비유적으로 이르는 주장"이다. 또한 세상 모든 곳에는 토론의 법칙이 존재해야 하고, 그 법칙에 의해 모든 것들이 움직인다고 할 수 있다. 특히 자연의 질서가 그렇고 사물의 세계가 그렇다. 이와 마찬가지로 사람이 살아가는 세상 또한 자연스럽게 토론법칙에 의해서 움직였다. 이것이 시민사회의 기초이다.

특히 사람과의 관계가 그렇다. 따라서 토론을 형성하고자 한다면 토론을 보편적으로 받아들이고 그 법칙을 따라야 한다. 토론의 법칙이란 반드시 지켜야만 하는 규범으로서 법칙을 지키기만 한다면, 수평적 사회로 이루진다는 것을 의미할 수 있다. 이렇듯 토론의 법칙을 무시한다면 명품 토론 사회를 형성하거나 구축할 수 없다.

명품 토론이란 어떤 의견이나 정책, 또는 서로 생각이 다른 문제에 대하여 반대하는 사람과 찬성하는 사람이 각각 자신의 의견을 말하고 상대방의 의견을 반박하며 자기주장이 옳고 그름을 밝혀나가는 법칙을 명품 토론이라고 한다. 토론하는 과정은 양쪽의 생각과 입장 차이를 인정하고, 자신의 주장을 상대방이 받아들이도록 설득하는 과정이며 보다 객관적이고 사실적인 의견에 바탕을 두어야 한다.

  그렇다면 명품 토론의 가치는 합리적 의사결정을 위한 효과적인 수단을 제공하고 다수에게 다양한 사실과 판단근거를 제공함으로써 공감을 유도한다는 점이다. 또한 시민사회에서 가장 중요한 수평적 커뮤니케이션을 통한 새로운 능률과 창의적 아이디어의 창출할 수 있는 기회를 제공하고 토론자들의 오류와 실수의 사전 검증기회를 제공하게 된다. 또 토론자의 견해와 주장을 구체화시키고 비판적 사고능력을 배양하게 된다. 이어 시대정신 및 리더십 함양과 효과적인 설득능력을 통해 토론 결과를 압축하고 자신의 의견을 합의 조정하여 최종 결론을 위한 정책대안을 제시함으로써 자신의 주장으로 이어진다. 즉 명품 토론을 잘하기 위해서는 폭력이 없는 자유로운 분위기에서 이루어지면서 동시에 토론의 형식에 맞는 규칙과 절차에 맞게 철저하게 진행되어야만 좋은 결과를 이끌어낼 수 있다.

  또한 토론 능력 향상을 위해서 지녀야 할 마인드(Mind)로는 스피치에 대한 공포를 극복하는 것이며, 다양성 인정과 경청의 자세와 합리적이고 객관적인 태도가 중요하다. 그리고 토론에 필요한 컨텐츠(Contents) 준비를 위해서는 문제의식과 호기심을 지녀야 하며, 철저한 자료조사 및 연구, 분석은 물론 다양한 의견 수렴과 더불어 토론자의 주장에 대한 내용 정리와 근거자료를 수집해야 한다.

  다음으로 토론의 스킬(Skill)은 조리 있고 명쾌한 전달 능력이고 논리적이며 감성적인 설득 능력과 더불어 논리적 분석과 합리적 비판 능력이 아주 중요하다. 또 효과적인 방어 능력이 있어야 한다. 경험적 측면(Experience)에서는 풍부한 토론의 직접 참여를 통한 실제적 경험이 필요하며, 간접적인 토론 참관, TV 토론 분석을 통한 비판능력제고가 있어야 한다.

  한편 고사성어 마부작침(磨斧作針)이란 도끼를 갈아서 바늘을 만든다는 말이다. 얼마나 많은 시간을 투자해야 할 것인지를 의미한다. 토론을 구축하기 위해서는 많은 시간을 투자해야 하고 심혈을 기울여 적정한 노력을 들여야 한다. 토론에서 즉시 효과를 기대하는 것은 어렵다. 장기적인 안목으로 접근하는 자세가 요구된다. 이렇게 형성된 토론 교육은 또 다른 토론을 만들어 낸다. 명품 토론은 황금알을 낳는 거위와 같다고 할 수 있다. 결국 명품 토론은 반대의 사람을 내 편으로 부르는 법이다. 고로 명품 토론을 통해 논리적 사람이 되기 위한 최선의 방법은 논리를 숙련하는 것이다. 논리의 모태는 이성, 즉 언어적 표현이다.

사람은 마음으로 생각하는 만큼 된다
리더의 핵심은 소통 행동이다.

작가 제임스 애런은 "우리는 통제하려는 욕구만큼 작아질 것이요, 강한 야심만큼 커지게 될 것이다"고 말했다. 그리고 고대의 통치자 가운데 가장 현명했던 솔로몬 왕의 말을 인용하면, "사람은 마음으로 생각하는 만큼 된다." 만일 우리 생각이 우리의 존재를 결정한다면, 이는 곧 모든 조직 내에서 우리의 가능성도 생각에 의해 결정된다는 의미이다.

조직이 구성원의 동기를 유발시키려고 할 때 구성원들에게 영향력을 행사할 수 있는 핵심적 변수는 리더의 소통 행동이다. 특히 구성원에게 영향력을 미치는 리더십의 소통 기술에 따라 그 성패가 좌우된다. 소통 리더십을 그 과정 행위로 볼 때 리더, 조직, 상황 등 리더가 앉는 자리를 보면 그 리더의 지위 및 역할을 가늠할 수 있다.

혹, 구성원의 목표를 일방적으로 결정하여 구성원에게 명령과 지시로 실행만을 강조한다면 의사결정에 따른 구성원들의 참여는 극도로 제약되며 구성원들의 반발이 거셀 것이다. 리더는 적정한 소통을 통해 리더로서의 태도와 기질을 보여주어야 한다. 리더는 엄격한 감독과 통제 수단만으로 의도하는 목적을 실현하는 관리 방법에 의존해서는 안 되고, 칭찬(당근)과 적정한 꾸중(채찍)의 양면성을 동시에 발휘해야한다.

경제적인 사람으로서 리더가 물질적 유인만을 풍부하게 제공한다면 구성원들의 협력을 쉽게 이끌 수도 있다. 그래서 구성원들의 욕구도 원초적인 경제적 만족이나 생리적 욕구의 해소로 조정 및 관리가 가능할 수 있다는 얘기다.

그러나 소통 리더십은 리더가 새로운 가치를 만들어 내거나 다른 구성원을 자기 집단으로 이끄는 경우에 도입되는 새로운 리더십이다. 이러한 리더십은 종래의 생활 방식이나 태도와는 다른 새로운 관점을 지시하고 체제의 변화를 다양하게 시도한다. 소통의 어원은 '함께 나눔'을 의미하는 라틴어 '커뮤니카레(Communicare)에서 왔는데, '공유하다' 또는 '알게 하다'라는 뜻이다.

작금 다양한 사람들이 일상생활에서 겪는 좌절과 실망의 주요 원인 가운데 하나는 바로 '소통의 부족'에서 오는 것이라고 볼 수 있다. 예컨대 뒤늦게 여러 문제들이 발생한 것을 살펴보면 서로의 소통 내용을 이해하지 못했다거나, 이해하지 않으려는 오해에서 온다고 할 수 있다.

빌 게이츠가(家)의 교육에 따르면, "단점을 보완해 주고 뜻이 통하는 친구를 사귄다. 평생의 재산이 될 사람 관계는 학교에서부터 시작한다"라고 한다. 실제로 빌게이츠는 "레이크사이드 고등학교와 하버드 대학에서 폴 앨런과 스티브 발머라는 두 친구를 만나 세계 최고의 소프트웨어 회사를 키웠다. 두 친구에게는 어떤 고민도 털어 놓을 정도로 매우 가까운 친구였다"라고 전한다. 이는 소통 행동에 으뜸이 가는 좋은 사례라고 할 수 있다.

특히 소통은 개인에게만 중요한 것이 아니다. 소통은 다양한 사람들을 움직일 수 있는 엄청난 폭발력을 가지고 있다. 사람에게 주어진 말의 축복은 우리 인생을 풍요롭게 해준다. 소통은 자신의 생각을 효과적으로 전달해주는 중요한 매개체 구실을 한다. 그 소통의 능력을 효과적으로 전달하여야 자신이 능력을 평가받을 수 있다. 오늘날 소통은 우리 삶의 깊숙한 곳까지 파고 들어오고 있다. 특히 미디어의 발달로 소통의 능력이 더욱 요구되고 있다.

한편 우리 격언에도 "말 한 마디로 천 냥 빚을 갚는다"는 말이 있다. 이제 새로운 시대의 리더는 소통의 목적에 기초하여 줄거리를 세우고 풍부한 정보와 화제를 적절하게 넣어, 상대방에게 호감을 줄 수 있는 자세와 그 목적을 충분히 이해시킬 수 있는 표출방법으로써 주어진 시간 내에 원하는 목적을 달성하고 마칠 수 있도록 하는 소통의 기술이 반드시 필요함을 잊지 말아야 한다.

입학사정관 전형을 앞둔 사람들에게 면접 공통 어드바이스

경제학자 피터 드러커(Peter F. Drucker)는 "사람에게 있어서 가장 중요한 능력은 자기표현이며, 현대의 경영이나 관리는 커뮤니케이션에 의해서 좌우된다."고 말하여 면접의 중요성을 강조하였다. 작금 전국 대학에서 더 중요시되고 있는 입학사정관 전형에서 좋은 결과를 얻기 위해서는 스스로의 힘으로 사전준비가 필요하다. 사소하고 하찮다고 여겨지는 것들이 때로는 '부당할 정도'로 면접관에게 나쁜 인상을 심어줄 수도 있기 때문이다.

그래서 최종적으로 학생들의 의사소통에 기본인 인품, 언행, 지식의 정도 등을 알아보는 입학사정관 전형과 면대면 시험을 통과해야 당당하게 입학에 성공할 수 있다. 2013학년도 대학 입시 수시모집에서 입학사정관 전형을 실시하는 대학은 125개다. 총 선발인원은 4만6,337명으로 지난해보다 7,406명 늘었다고 한다. 입학사정관 전형이 수시모집에서 주요 전형으로 자리매김하고 있다는 사실을 알 수 있다. 그래서 전공 계열에 따라 면접 준비 방법도 차별화 되어야 한다. 대학별 입시 전형에 따른 다양한 방법으로 합격의 길을 찾아야 하는 상황에서 이제는 자신에게 유리한 수시전형을 찾아 다양한 지원 전략을 세우는 것이 합격 확률을 높이는 가장 좋은 방법이라고 전문가들은 설명하고 있다.

인문 계열은 사회, 국사, 윤리, 철학, 외국어, 문학, 국어 쪽을 심도 있게 질문하므로 미리미리 계획을 세워 학습해 두어야 한다. 또한 자연 계열은 수학과 과학에 대한 부분을 심도 있게 질문하므로 이에 대한 대비를 철저히 하도록 한다. 그리고 전공과 관련된 연구 분야, 관련 학문, 발전 방향, 연구 방법론, 대표적인 학자들에 대해서 미리 알아보는 것은 계열에 상관없이 공통적으로 준비해야 할 부분이다. 금년에도 입시의 대세가 정시보다는 수시에 있는 것은 부인할 수 없는 주지의 사실이다.

예컨대 면접에서 성공하기 위해서는 '듣기'와 '말하기' 소통의 기술에 대해 먼저 배우고 익혀야 한다. 이창호스피치(LEECHANGHO SPEECH)에서는 말하기와 듣기의 바람직한 습관과 태도를 다음과 같이 주장한다.

첫째, 학교생활에서 접하는 다양한 상황에서 말하기와 듣기에 적극적으로 참여하는 태도가 필요하다. 모든 의견을 수용하려는 개방적 자세와 문제를 합리적으로 처리하려는 적극적인 태도를 취할 때 우리는 능동적이고 창의적인 사고를 할 수 있게 된다.

둘째, **자기가 한 말에 책임지는 태도를 지녀야 한다.** 자기 언행에 책임을 지지 않는 사람은 어떤 말과 행동에도 신뢰를 받을 수 없으며, 신뢰감이 결여된 상태에서는 의사소통이 이루어질 수 없다.

셋째, **면접관의 말을 귀 기울여 듣되, 그 내용을 비판적으로 수용할 수 있어야 한다.** 말하는 내용이 주제에 합당한가, 논리적으로 타당한가, 진실성이 있는가, 실현 가능한 것인가, 그보다 더 좋은 의견은 없는가 등을 따져가며 경청해야 한다는 것이다. 또한 상대의 입장과 의견을 존중하는 태도를 지녀야 한다.

예를 들어 답문이 시작되면 침착하고 밝은 표정으로 질문자를 바라보며 질문을 듣고 똑똑한 발음으로 대답한다. 말의 억양은 면접관으로부터 활기차다는 말을 들을 정도로 밝은 목소리로 말하는 것이 매우 중요하다. 먼저 자신을 솔직하게 표현하여 면접관에게 신뢰감을 주도록 해야 한다. 또한 대답을 잘못했다 하더라도 머리를 긁적이거나 혀를 내밀지 않도록 주의해야 한다.

대답할 말이 생각나지 않을 때에는 고개를 푹 숙이거나 얼굴을 위로 올려다보는 행동은 피해야 한다. 질문 내용을 잘못 들었을 때에는 적당히 얼버무리지 말고 용기 내어 다시 물어서 대답하도록 한다. 특히 대답을 할 때는 '에~', '저~' 등의 불필요한 말이 나오지 않도록 주의하며 너무 빨리 말하거나 우물쭈물하지 말고 말끝을 흐리지 않게 해야 한다.

마지막으로는 질문에 대해 자신이 있다고 너무 큰소리로, 너무 빨리, 너무 많이 말하지 말고, 간단명료하게 간추려서 요령 있게 대답 하도록 한다. 빨리 대답을 할 수 없다고 해서 너무 오래 끌거나 지루하게 있어서는 안 된다. '잠깐 생각할 여유를 주십시오.'하고 말한 다음 잠시 생각하고 나서 분명한 어조로 확신 있게 말한다.

'대화' 공통분모를 찾아야 한다

　미국의 유명한 자선 사업가 브루크 애스토어는 뉴욕 시 최고의 명사로 알려져 있다. 뉴햄프셔 주 포츠머스에서 태어난 그녀는 정규교육을 받지 못했지만 잡지사 기자로 성공했다. 한 번의 이혼과 두 번의 사별 후에도 그녀는 여러 번 결혼했다. 그 가운데 전 남편 고 빈센트 애스토어는 1959년 사망 후 그녀에게 엄청난 재산을 남겼고, 덕분에 그녀는 자선 사업가로 활동하게 되었다. 막대한 재력에 사교성까지 갖춘 그녀는 박물관, 문화재보호 프로젝트, 문화 재단을 통해 활발한 자선사업을 펼쳐 나갔다. 그녀의 자서전 "발자국(Footprints)"에서 그의 성공 비결은 '대화'로부터 시작되었다고 한다.

　작금 한국인은 사소한 것에 목숨을 거는 경우가 많다고 누군가 꼬집어 말했다.

　우리는 살다보면 별 볼일 없는 것을 침소봉대하여 생각하는 경우가 많다. 이러한 것은 바로 대화를 전략 없이 임하고 생각 없이 막말을 하는 경우가 많기 때문에 생기는 것이다. 대개 우리의 대화에서는 역효과를 내는 수단이기가 쉽다. 따라서 대화에는 공통분모를 찾아야 한다.

　무엇보다도 가장 중요한 것은 대화는 감정적으로 받아치지 말아야한다. 상대방의 공격에 대응하는 방법의 선택은 전략에 달려 있다. 우리가 상대의 마음을 직접적으로 바꿀 수는 없다. 그러나 우리의 침착한 태도는 상대방에게 영향을 미친다.

　상대방의 공격을 감정적으로 받아들이지 말고 상대를 자세히 관찰하여 상대방의 현재 상태를 있는 그대로 지적해 주어라. 그리하면 상대는 자신을 상호 객관화할 수 있는 기회를 가지게 된다.

또 대화 문제 해결은 서로의 공통부모를 찾아내 이것을 설득의 실마리로 삼는다.

목적이 있는 상대방의 만남은 서로에게 무언가를 얻어내기 위해서 만남을 갖는다. 단지 업무적인 차원에서 만난다고 해도 만나자마자 업무적인 대화만을 한다면 상대방의 객관적인 판단에 의지하여 일이 결정된다. 따라서 업무적인 대화를 하기 전에 충분한 대화를 통해 공통점이나 상호 공감대를 찾아내 사고의 폭을 넓혀 실마리로 만들어야 한다.

그러면 상대방을 공감적으로 이해하려고 노력할 것이다. 우리는 가끔 대화할 때 상대방에 대하여 무조건 동의(Assent)하는 듯 "다 이해해"라는 말을 자주 한다. 그러나 상대방을 이해하기 위해서는 상대방이 가진 생각이나 감정, 가치, 도덕관 등을 다 이해해야 한다. 상대방을 다 이해하지 못하고는 상대방과 공감대를 가지기 어렵다. 그러나 상대방의 입장이 되어 깊고 주관적으로 이해하면서도, 결코 자기 본연의 자세를 버리지 않는 것이 공감이다. 상대방의 감정을 이해하고 있음이 상대방에게 전달될 때 상담자는 자신이 이해받고 있다는 느낌을 갖게 된다.

한편 대화 시 꼭 삼가야 할 사항 상대방의 이야기도 끝나기 전에 자기 이야기를 하는 것은 최후의 목표를 달성할 수 없다. 또 처음 만난 사람에게 직장, 직위, 결혼 여부, 연령을 묻는 불필요한 행위는 가급적하지 말아야 한다. 필요 이상으로 필요치 않은 출신교나 학력 그리고 자기나 가족을 자랑하는 행위는 그다지 공감대를 형성하지 못한다. 특히 개인의 비밀이나 약점을 잘 아는 체 하거나 상대를 비꼬는 행위는 금물이다. 직장 상사에게 자기를 지칭할 경우 '저' 또는 성과 직위나 직명을 사용하는 것도 무방하다. 고로 끈기와 인내력으로 모든 경험을 평범하게 이끄는 모습이 더 아름답다.

"리더들의 소통 비법"

어느 글의 청아하고 아름다운 어구가 생각 난다 '소중한 사람아! 일어나라. 어서 일어나라. 새로운 새천년의 위기 앞에 우리. 해야 할 일이 너무 많다. 너는 너 하나가 아니다. 몇 겹을 뚫고서 살아나온 우리의 눈물과 피와 숨결이 빚어낸 사람, 어서 일어나라 건강하게 살아나라.' 말이다.

작금 많은 사람들이 소통이 중요하다고 외치며 소통할 수 있는 비법을 배우기 위해 많은 노력을 기울인다. 하지만 말처럼 그리 간단한 문제는 아니다. 저마다 사고방식, 가치관이 다르고 추구하는 신념 등이 다르기에 마음과 마음이 전해지는 이심전심(以心傳心)의 소통을 이룬다는 것은 참으로 어렵다.

서로 다른 생각을 하기 때문에 그만큼 어렵다. 그렇다고 불가능한 일만도 아니다. 진심을 다해 배우고 익혀 내 삶에 하나씩 실천해 나가는 과정을 통해 충분히 습득할 수 있는 하나의 기술이기 때문이다.

소통이란 서로 뜻과 생각이 막힘없이 흘러 잘 통하는 것을 말한다. 그렇다면 왜 이렇게 사람들과의 관계에서 소통을 중요시 생각하는 것일까? 바로 성공과 밀접한 연관성이 있기 때문일 것이다. 특히 비즈니스 세계에서의 소통은 성공을 결정짓는 가장 중요한 요소이면서 반드시 필요한 생존전략이며 강력한 무기라 할 수 있다.

미국 존 행콕(John Hancock)은 "비즈니스에서 가장 중요한 능력은 다른 사람들과 잘 지내고 그들의 행동에 영향을 미치는 일이다."라는 말로 소통의 중요성을 대변하고 있다.

소통은 한 마디로 말해서 상대방을 설득하는 과정이다. 예를 들어 상품 판매를 하건, 사업 설명회를 하건, 투자 상담회를 하건, 홍보를 하고 마케

팅을 하건 내가 원하는 결과를 얻기 위해서는 상대방을 설득해야 한다. 따라서 상대방에게 메시지를 전달하고 이해시켜 내가 전달하는 메시지에 동조하고 공감할 수 있도록 마음으로 다가가야 한다.

그래야만 상호 소통을 통해 마음을 얻을 수 있다.

우리는 매일 매순간 사람들과의 관계를 통해서 인생을 완성해간다. 그 관계 속에서 형성되는 소통의 질이 우리의 인생을 윤택하게 만든다. 하물며, 매일 매순간 고객과 만나고 그들의 마음을 얻어야 하는 리더들에게 소통은 이제 피할 수 없는 현실이 되었다.

남과 다른 소통 방식으로 고객에게 다가가야 한다.

그렇지 않으면 결국 실패할 수밖에 없는 것이 현실이다. 이제 리더들도 변해야 한다. 고객 지향적인 마인드를 가지고 소통에 관심을 기울여야 한다. 고객 만족을 실천하고 고객 만족을 넘어 고객 감격 경영을 몸소 실천해야 한다. 이를 통해 재 구매, 재방문과 같은 부가가치를 창출해 남다른 성공을 거두어야 한다. 그러기 위해서는 고객들과 소통할 수 있는 방법을 배우는 길 밖에는 다른 방법이 없음을 인식해야 한다.

이창호스피치 소통 주장은 "음성언어를 통한 의사소통 체계는 인간과 동물이 유사하다고 할 수 있겠으나, 인간에게는 다른 동물 세계에서 볼 수 없는 문법적 창조 능력과 상징적 표현 수단을 사용할 수 있는 소통 능력이 있다. 이런 점에서 미루어 볼 때, 소통은 인간의 고유의 영역이며 이에 따라 소통이라는 영역의 테두리 안에는 인간이 산소 없이는 살수 없듯이, 인간에게 없어서는 안 될 산소 같은 무궁무진한 비전이 내제되어 있다"라고 말한다.

한편 소통은 멀리 있는 것이 아니다. 우리 주변에 있다. 그런데 사람들은 그 사실을 올바르게 인식하지 못한다. 소통의 비밀 열쇠는 바로 여러분 손안에 달려 있음을 인식하자. 결국 성공의 문은 여러분 자신만이 열 수 있다. 그 길을 함께 달려갈 수 있는 것이 참으로 행복할 따름이다.

세상을 이끄는 스피치의 힘

세상을 이끄는
스피치의 힘

5장

피플

칼럼리스트가 본 김진숙 명장의 셀프리더십

　사람에게 있어서 시간보다 더 귀중한 자원은 없다. 시간이란 사람의 생명과 직결되어 무한한 가치가 있는 자원이다. 그러나 한없이 있는 자원이 아니라 제한된 자원인 시간은 모든 사람에게 동일하게 주어진다. 제럴드 라프 프랑스 명장회 부회장은 어느 연설에서 "명장들과 함께 청소년들의 기능 교육과 인재 양성 그리고 이들을 우대하는 사회를 만드는 방법을 토론하는 것이야 말로 국경과 민족을 초월하는 기능인들의 순수함이 있기에 가능하고 또 필요한 것이라 생각한다."고 말해 기능인의 중요성을 강조했다.

　시대가 낳은 기능인은 사회와 함께 호흡하며 모든 달란트를 서로가 공유한다. 또한 셀프리더십은 다른 사람들을 지도하고 통솔하는 능력이라고 생각하지만, 따르는 사람이 없다면 혼자 걸어가야 한다. 셀프리더십이란 바로 신뢰를 바탕으로 한 영향력이기 때문이다. 사람들에게 신뢰를 받지 못하는 사람은 그들에게 어떤 영향도 미치지 못할 것이며, 리더를 따르지도 않을 것이다. 사람들이 따르지 않는다면 지위고하를 막론하고 리더가 아니다.

　필자는 셀프리더십을 갖추고 자기관리에 성공한 여성 리더가 있어 이 사람을 주목하여 여기에 효과적으로 소개하고 싶다. 그 주인공은 김진숙 명장(Master Craftsman)이다. 그는 대한민국 미용명장 1호이다. 18살에 미용 보조 일을 시작한 이후 30여 년 동안 한길을 걸어온 그는 2002년 노동부 인정 미용명장 1호이자 2000년 대통령 자문위원회에서 신지식인으로 뽑힌 대한민국 최고의 '가위손'이다. 또한 글로벌 여성 리더로 21세기 미용경영전략에 대한 미래를 보여주며 셀프리더십 스킬을 통해 대표적인 여성 리더의 역할과 미용커뮤니케이션의 효과를 잘 그려 낸 자타공인한 대표적인 인물이다.

그는 "남성의 카리스마 형태의 강압적인 리더십은 이제는 위험하다."라며 여성 리더는 셀프리더십과 연관이 많은 대중커뮤니케이션의 중요성을 말하고 있다. 일반적으로 사람들이 커뮤니케이션을 단순히 말로 생각하기 쉽지만, 말 뿐 아니라 공감적 경청하는 자세, 논리적인 스피치 능력 등 모든 것을 포괄한다. 또한 여성 리더십에 대한 자신만의 정의와 리더의 역할 모델을 미리 생각하라고 강조하면서 전통복식사에 비해 미용분야는 상업성만이 강조된 영리분야로 치부돼 고전미용연구가 소홀했던 현실을 안타깝게 생각한다고 했다. 김진숙 명장은 더 늦기 전에 우리 전통고전머리를 복원·발전 시켜보자고 하며 고전머리에 대한 관심을 높이는 데 큰 공헌을 했다.

필자는 명장과의 짧은 만남의 시간이었지만 많은 것을 느낄 수 있었다. 특히 장인은 오로지 일에 전념해야 한다는 사실과 명인 스스로가 사회의 주역이 되겠다는 자긍심을 가지고 최선을 다해야하는 정신을 배울 수 있었다. 말 그대로 투철한 장인정신을 그에게서 읽을 수 있었던 것이다.

김진숙 명장으로부터 엿볼 수 있었던 셀프리더십에 관한 내용은 다음과 같다.

첫째로는 여성 리더의 가정 내 셀프리더십의 역량은 상당한 수준으로 밝혀져야 하며, 여성이 가정의 비전을 창출하고 가족을 섬기는 셀프리더십의 자질을 잘 발휘하고 있는 것으로 잘 나타나야하며 자신에 대한 절제와 판단을 지니고 가정으로부터의 인적·물적 자원이 풍부할 때 비로소 셀프리더십의 역량이 향상될 수 있음을 보여주었다.

둘째로는 명인여성이 인지하는 비교적 기혼여성들이 건강한 가정생활을 영위하고 있는 것으로 말을 하며 가장 많은 영향력을 미치는 셀프리더십 수준에 따라 현실을 돌아보며 후배기능인들에게 인생의 좌표가 되는 그런 거시적인 안목을 제시하고 있었다. 특히 가정생활건강성에 대해 셀프리더십의 발휘는 가족원 개개인의 욕구를 초월하여 가정의 비전성취를 위한 역할모델을 제시하고 가정의 긍정적 문화 창출에 기여한다고 말할 수 있다.

역사에서 해낼 수 있는 힘의 원리는 어두움이 깊을수록 별이 또렷하게 보이고 별이 보이면 곧 날이 밝아온다는 자연의 섭리와 같다는 것을 강조하고 싶다. 그리고 이러한 정신이 바로 장인정신을 창조한 것이었다. 한국여인의 옛 머리모양에 대한 관심이나 연구는 사실상 전무한 형편이었던 것에 안타까움을 느끼고 앞장서서 고전머리에 대한 관심을 쏟았던 김진숙 명장. 그는 나아가 고전 머리에 대한 관심은 물론 우리 전통의 멋과 아름다움을 널리 알리는 계기가 되어 고전머리는 문화재적 가치뿐만 아니라 우리 조상들의 시대상을 고스란히 담고 있다고 말하며, 고분벽화, 각종 문헌 등을 통해 더 적극적인 연구가 필요하다고 강조했다. 필자는 그가 자기고 있는 자아 셀프리더십이 매력적이고 많은 사람들에게 설득력 있게 보였다.

최고의 목물 마에스트로 기영락 명품정신

신거운(申居鄆)서암췌어(西岩贅語)의 '오로지 스스로 올곧게 해야 남을 감화할 수 있고, 오로지 자신의 모든 것을 다 쏟아 부어야만 남을 감복시킬 수 있다'는 말이 문득 생각이 난다. 명장(名匠)은 어떤 한 분야에서 기술이 가장 뛰어난 이름난 장인을 말한다. 명검은 만 번 이상의 두드림을 통해서 완성된다고 한다.

한 분야에 가장 이름난 명장은 하루아침에 만들어 지지 않는다. 한두 번 해서 일 이년 해서 이루어질 것 같으면 명장이라는 칭호가 주어질 리 만무하다. 반면 수 십년 동안 목물(木物)제조법을 배우고, 또 오직 한 우물만을 파서 만들어낸 결과물이다. 새로운 신기술 접목, 자신과 끊임없이 싸우고 채찍질 한 사람을 필자는 만났다.

그는 대한민국 명장 제471호 기영락이다. 그는 한 마디로 대기만성형 인생을 살았다. 1976년 광주기계공업고등학교 건축과 졸업 후 1981년부터 '우디스'목공예방 운영을 시작으로 30년 넘게 목물 분야 외에는 한 눈 한 번 팔지 않은 외골수이기도 하다. 그는 목물 제작을 업으로 생활해 오던 기능인으로서 목물 분야에 디자인이라는 개념을 새로이 도입했다. 이를 섭렵해 학문적 이론체계와 기술의 접목을 통해 새로운 작품의 블루오션(Blue ocean)과 가치혁신 영역을 개척했다. 이 시대 최고의 목물 마에스트로(maestro)이자, 목물 연금술사라고 할 수 있다.

그는 다양한 재색(材色)을 이용한 '접목기법'의 작품 세계를 완성하였고 그 결과 2009년 9월 9일 대한민국 명장(노동고용부 제 2009-8호 목공예)에 선정되는 영예를 받았다. 또한 동년 11월에는 그 누구도 흉내 낼 수 없는 공법특허 '환톱측면절삭가공방법'(특허등록 제 0948215호) 및 디자인 특허 '신랑신부 꽂이'등의 기술 특허 보유와 함께 주옥같은 작품을 쏟아내고 있다.

필자는 그와 인연을 맺은 후 그야말로 목물 분야의 독보적인 존재이자 진정한 명장이라는 확신을 가질 수 있었다. 명품은 자신의 일에 최고가 되겠다는 신념이 강한 사람들이자 오롯이 자신의 일에 전념하고 몰입하는 사람들만 만들 수 있다. 기명장은 그 조건을 다 갖춘 사람이다. 그렇다면 오늘날의 기명장이 기꺼이 만든 명품은 무엇일까?

첫째, 자신이 하는 일을 무엇보다도 사랑해야 한다.

기명장은 자기 일을 즐기며 사랑하는 사람이다. 자신의 일에 미칠 수 있는 사람이 어디 흔하던가! 자기 일을 사랑하는 사람은 자신의 일에 미칠 수 있으며, 자신의 일에 미칠 수 있는 사람만이 성공하고 위대한 업적을 이룰 수 있다. 자기가 어떤 대상과 어떤 일에 대하여 열정을 다한다면 어떤 일이 벌어질까? 잠을 자지 않거나, 쉬지 않고도 피곤함을 전혀 느끼지 않는다. 그 일에 대하여 끊임없이 생각 하고 애정을 가지고 노력하다 보면 남들이 보지 못하는 점들을 바라보게 된다. 그렇게 되면 전문가로서의 식견과 능력이 발생한다. 기명장은 자신의 일을 무척이나 사랑한 장인이다.

둘째, 자신의 일에 전적인 가치를 부여해야 한다.

기명장은 자기 일에 가치를 부여하는 사람이다. 그는 처음에 자신의 생업을 이어가기 위해 목공예방을 운영하였다. 하지만 시간이 점차 흘러가고 자신의 능력과 기술, 역량이 향상됨에 따라 대한민국 목공 및 목물 분야의 전통을 이어 가겠다는 좀 더 높은 가치를 부여했다. 사람은 가치 있는 사람이기를 원한다. 내가 해야 하는 일에 가치가 부여 될 때 나도 몰랐던 놀라운 에너지와 열정, 집념과 끈기가 생겨난다. 기명장은 자신의 일에 가치를 부여힌 진정한 장인이다.

셋째, 자신의 일에 끊임없이 연습하고 몰입해야 한다.

기명장은 자기 일에 끊임없이 연습하고 몰입하는 사람이다. 또한 세계 최고의 피아니스트였으면서도 "제가 하루를 연습하지 않으면 제 자신이 알고, 이틀을 연습하지 않으면 동료가 알고, 사흘을 연습하지 않으면 청중이 안다"며 하루도 빠트리지 않고 매일 같이 연습을 했던 아르투르 루빈스타인. 여든이 넘은 나이에도 "아직도 내가 연습을 하면 조금씩 실력이 느는 것을 느낄 수 있습니다"라고 말하며 3시간 이상을 연습에 몰두 했던 세계적인 첼리스트 파블로 카잘스. 그 아들이 했던 말은 진정한 장인 정신을 엿볼 수 있는 말들이다. 또한 와이즈버그(Weisberg)의 10년의 규칙처럼, 더불어 일 만 시간의 법칙처럼 한 분야에서 최고의 명성을 얻기 위해서는 적어도 하루에 3시간, 일주일에 20시간, 10년간 끊임없이 연습하고 노력해야 한다. 기명장은 목물 분야의 최고 전문가로서 끊임없이 연습하고 노력한 사람이었다.

한편 기명장의 명장 칭호는 과거 30여 년간 그가 흘렸을 땀과 노력의 결과물이다. 그가 고민하고 채찍질하여 이어온 보상이기에 그의 명장 칭호가 더욱 값지다. 다음 세대에 우리의 고유한 목물전통을 이어주고 더불어 아름다움을 세계에 알리는 숭고함. 그 전통과 아름다움이 희망 없이 살아가고 너무 쉽게 포기하고 마는 일반 대중들에게 꿈과 희망이 되어 주기를 바란다. 고로 그 이름 석자가 기영락. 최고 명품 브랜드 인생을 다시 한 번 음미 해 본다.

스스로 빛나는 '명품 인맥', 바로 자신

현대사회란 개인이 모여 공동체 생활을 하는 사람들의 조직화된 집단이나 세계를 말한다. 사람은 다양한 그리고 서로 다른 사람들이 공동생활을 하면서 조직화된 집단을 이루고 살아간다. 그 안에는 자신이 좋아하는 사람도 있고, 자신이 싫어하는 사람도 있다. 한 연구 결과에 의하면, 사람을 만나는 첫 순간 비호감과 호감이 변별(辨別)되는데 미국은 15초 정도이고, 일본의 경우에는 8초에서 7초, 대한민국은 3초라고 한다. 실로 놀라울 따름이다. 사람의 비호감과 호감을 판단하는 것이 단 3초 만에 이루어진다니 말이다.

지금 다양한 사람들의 가장 큰 공통점 중의 하나는 좋은 사람들과 명품 인맥을 형성하고 그들과 끊임없이 소통하면서 흐르는 물처럼 신선하고도 역동적인 삶을 살아가기를 바라고 있다는 점이다. 이는 좋은 명품 인간관계가 곧 비즈니스 분야에서 성공의 가장 중요한 요인 가운데 하나라는 것을 부인할 수 없기 때문이다. 또한 명품 인간관계는 자신의 업무 능력을 향상시켜줄 뿐 아니라 성공 의지의 미래를 설계하는데 길잡이 역할을 해 준다.

명품 인맥을 형성하는데 있어 가장 중요한 요소는 타이밍이다. 인맥관리는 곧 시간 관리를 의미한다. 명품 인맥을 형성하지 못한 사람은 결국 시간 사용의 문제가 무엇인지도 알지 못한 채 그냥 살아가기 쉽다.

누구든지 성공으로 향하는 길은 언제나 인맥(人脈)으로부터 출발한다. 따라서 명품 인맥을 만들고 싶다면, 당신 스스로 빛나는 별이 되어야 한다. 빛나는 별은 뭐가 달라도 다른 법이다. 관심이 생기고 그 관심이 호감으로 발전한다. 상대방에게 이목(耳目)을 끌면 쉽게 눈에 띄게 되고, 이로 인해 주변에 많은 사람들이 몰려오기 때문이다. 이런 사람은 인맥을 만드는 데 훨씬 수월하다. 즉, 첫 만남에서 스스로 빛나는 '자체발광(自體發光)'명품이 된다면 당신의 가치는 높아지는 것이다.

단, 상대방을 내 편으로 만드는 일은 결코 쉬운 일이 아니다. 서두른다고 해서 되는 일도 결코 아니다. 오랜 시간 동안 사랑과 정성을 쏟아 공든 탑을 쌓아도, 될까 말까 한 일이 바로 상대방을 내 편으로 만드는 일이다. 어떻게 하면 저 분과 좋은 인연 한 번 만들어 볼까? 하는 성급한 마음으로 다가선다면 오히려 화를 입을 수도 있다. 급히 먹는 밥이 체하듯이, 인맥은 하루 아침에 형성되는 것이 아니기 때문에 질서와 성실함이 있어야 한다.

GE 코리아 이채욱 회장은 "진정한 성공이란 가까운 사람에게 존경받을 수 있어야 한다"고 했다. 가까운 사람에게서 인정받고 존경을 받을 때 진정한 성공에 도달할 수 있음을 간파한 말이다. 또 공자 이르기를 "근자열 원자래(近者悅 遠者來)"라 했다. "가까이 있는 사람을 기쁘게 하면 멀리 있는 사람도 찾아온다"는 말이다. 주변 사람을 만족시키고 기쁘게 하면, 그리고 그들로부터 존경을 받으면 하나 둘 사람들이 스스로 모여들게 마련이다.

　나로부터, 지금부터, 작은 것부터, 사소한 것부터, 가까운 곳으로부터 명품 인맥을 맛보기위해 천천히 시작해야한다. 그렇다면 당신의 가장 가까운 사람은 누구인가? 당신의 가장 가까운 사람은 바로 자신이다. 먼저 자신을 괜찮은 사람, 매력적인 사람, 명품을 만들어야 한다. 그것이 우선이다. 또한 당신에게 가장 가까운 가족도 당신에게 없어서는 안 될 가장 소중한 명품 인맥이다.

　부모, 형제, 자녀, 배우자를 내편으로 하여 늘 따뜻한 사람 그리고 향기가 느껴지는 사람으로 인정을 받아야 한다. 또한 친구, 직장에서 만난 사람들도 여기에 포함된다. 당신의 가까운 사람들은 언제나 곁에 존재하는 있으나 마나한 사람들이 아니다. 으레 옆에 있는 사람이라고 생각하는 것은 큰 착오다.

　한편 진정한 인맥 관리는 다름 아닌 가까운 사람으로부터 사랑 받는 것, 인정받는 것, 관심 받는 것, 존경받는 것이다. 가까운 곳에 있는 사람에게서조차 존경을 받지 못하는 사람이 다른 사람들로부터 존경을 받는다는 것은 있을 수 없다. 먼저 가장 가까이에 있는 사람들을 당신의 열렬한 팬으로 만들어야 스스로 빛나는 '자체발광' 명품 인맥이다.

스피치는 내 인생의 블루오션

어느 날부터인가 '어제 오늘 또 미래' 아무렇지 않게 사용하던 '스피치(speech)'라는 단어가 그렇게 폼 나는 단어라고 나름대로 필자는 결론을 짓고 있는 중이다. 오늘 가을 하늘은 맑지만 내일은 먹구름이 보일지 모르는 작금, 21세기는 미래를 알고 변화를 준비할 줄 아는 스피커가 성공하는 사람이다.

상대방에게 스피치 하고자 하는 것을 효과적으로 전달할 수 있다는 것은 크나큰 경쟁력이다. 하지만 그것은 단순히 스피치만 잘하는 방법에 대해 말하는 것이 아니라, 스피치를 하고자 하는 상대방의 성격이나 성별에 따라서 스피치 방법을 달리해야 함을 강조하고 싶다.

상대방을 배려하고 존경하라는 의미이다. 또한 스피치를 잘하는 것보다는 사람의 인격, 됨됨이를 우선 시 해야 한다. 스피치를 잘하는 사람이 되기 이전에 먼저 사람다운 사람이 되라는 것이다. 진실 하고 예의 바른 스피커의 역량을 갖추는 것에 초점을 맞추는 것이다.

이창호스피치는 도산 안창호 선생께서 지금으로부터 113년 전에 세우신 점진학교 같은 교육기관이 국내외적으로 있어야 한다고 주장한다. '점진'이라는 이름은 한발자국 나가자는 의미에서 붙여졌다. 안창호 선생은 암흑의 시대를 정진(精進)하기 위한 해법으로 '교육'을 강조하셨다. 일제 강점기가 장기화되는 것을 극복하기 위해서는 결국 교육을 통해 힘을 길러야 한다고 생각하셨기 때문이다. 또 이를 실천하기 위한 방법으로 점진학교를 만드는 등 적극적인 노력을 아끼지 않으셨다. 졸자는 정말 부족하지만 도산의 교육 정신을 이어받아 21세기의 스피치 점진 교육을 책임져야 하겠다는 각오를 다진다.

아울러 모든 사람이 어떻게 하면 스피치를 좀 더 잘 할 수 있을까? 잘하는 것에서 그치지 않고 적절하고 올바른 스피치를 잘 할 수 있을까? 이제는 이미 스피치를 잘하는 사람이 대접 받는 사회가 되었다. 상대방에게나 자신을 가장 효과적으로 전달할 수 있는 유일한 방법은 올바른 스피치를 통해 가능하다.

스피치(speech)란 '말', '말하기', '발언' 또는 '말하는 능력'을 통칭하는 말이다. 그러나 일반적인 의미의 스피치는 주어진 시간과 장소에서 청중을 대상으로 기술적으로 말하는 것을 뜻한다. 스피치는 3w1h 즉, 누가(who) 누구에게(whom) 무엇을(what) 어떻게(how) 말할 것인가이다. '나'라는 사람을 타인에게 그리고 세상에 알릴 수 있다. 대중을 감격시켜 그들의 마음을 사로잡을 수도 있다. 또 사람과 구성원을 변화시키기도 하며, 결국 행동으로 연결하여 뜻하는 바를 이루게 할 수도 있다.

스피치를 통해 인생을 완성해 나가기도 하고, 인생의 희로애락을 담을 수도 있다. 자신의 생각이나 주장, 그리고 사상과 철학을 설파할 수 있기 때문이다. 이러한 올바른 스피치의 핵심 역량이 바로 그 사람의 역량을 가늠해 볼 수 있는 매우 중요한 척도라고 할 수 있다.

이창호스피치 모델의 패러다임은 "조직화된 환경 내에서 공적 목표를 달성하기 위해서는 상황 접근이 용이하고, 미래사회를 이끌어 가는 정통적인 합리화를 통해 인간관계에서 발생하는 관점의 차이를 관찰하고 분석하여 효율적으로 대처하는 순수한 자신의 스피치 능력"에 있다.

사람은 누구나 각자 서로 다른 재능을 가지고 태어난다. 뛰어난 음악적 재능을 가지고 태어나는 사람이 있다. 천상의 목소리를 가지고 태어나 신의 목소리로 노래를 잘하는 사람이 있는가 하면, 또 어떤 이는 운동을 잘하고 어떤 이는 뛰어난 머리를 가지고 태어난다. 하지만 자신이 가진 재능을 계발하지 않으면 아무 소용이 없다. 그 재능이 그 누구와도 견줄 수 없는 나만의 경쟁력 있는 능력이 되기 위해서는 수없이 많은 노력이 필요하다. 땀과 눈물을 흘려야만 가능한 것이다.

한편 이창호스피치 블루오션(leechangho speech Blue Ocean) 전략은 "창의적 아이디어를 바탕으로 한 가치창조전략"으로 새로운 시장으로 창출하며 "스피치는 제 인생에 힐링(Healing)이며, 스피치로써 상처받은 마음까지 치유할 수 있는 스피커가 되고 싶다"고 깊은 생각하고 '스피치는 내 인생의 블루오션'으로 내면의 향기를 품어 본다.

인맥관리는 가까운 사람부터 내 편으로

동서고금(東西古今) 누구를 막론하고 인맥관리(人脈管理)는 매우 중요한 문제이다. 고대 그리스 철학자 아리스토텔레스는 "사람다운 사람은 도시국가의 일원으로 생활하는 사람이고, 그들은 태어나는 순간부터 사회적 존재다."라는 말로 인맥관계의 중요성에 대해 이야기했다.

우리가 대화를 통해 풀어나가야 할 사람 관계는 일면 냉철하면서도 따스한 이중의 성격을 지니고 있다. 특히 나의 태도에 따라 상대방의 반응도 결정된다.

성공이 인간관계에 달려 있다는 것은 부인할 수 없는 사실이다. 아무리 실력이 뛰어나고, 아는 것과 지적 능력이 우수해도 인간관계가 나쁘면 성공은 호언장담할 수 없다.

모든 사람들의 인맥관리는 사람과 사람 사이에 다양한 인연으로 관계를 맺는 관계성이 한 번으로 끝나는 것이 아니라 지속적인 관계로 맺어 나가는 것을 말한다. 모든 사람과의 관계를 점검하고 살피면서 발전시켜 나가는 것. 바로 이것이 인맥관리이다. 하지만 인맥관리는 사람 자체를 관리하는 것이 아니라 그 생각과 깊이가 어우러져 인간관계를 관리하는 것임을 스스로 인식해야 한다.

사람과의 유대관계가 강해지면 강해질수록 개인 및 조직의 결속력이 강화됨은 물론이고 서로를 위하는 마음, 사랑하는 마음, 이해하는 마음, 배려하는 마음, 존중하는 마음이 강화된다. 어디 이뿐일까? 서로에 대해 좋은 기대감, 호감, 여유 그리고 친밀감과 신뢰감을 형성할 수 있다.

팀워크(Teamwork)와 협동심이 향상되고 조직이 활성화 되며 상호간 공감대를 형성할 수 있는 이점을 얻을 수 있다. 또 주인의식과 소속감, 애사심, 책임감 그리고 충성도까지 배가 시키는 일석이조, 아니 일석삼조 이상의 효과를 얻을 수 있다. 그럼에도 불구하고 사람들 역시 의도적이든 아니든 간에 자기실현이나 만족이라는 커다란 열매를 거둔다.

이러한 인간관계는 마땅히 해야 될 일을 하느냐 하지 않느냐에 따라 거리가 결정된다. 인사라든가 변호, 축하, 조문, 파트너십 등은 마땅히 해야 될 일이다. 그런데 이런 일을 소홀히 함으로써 사람 관계의 맥이 끊어지는 주변에서 종종 일어난다.

혹 나 때문에 우리는 사람 관계를 만들고 고양시켜 나가는 데도 관심을 쏟아야 하지만, 상처받은 관계를 회복시키는 일도 절대로 게을리 해서는 안 된다.

특히 가까운 사람부터 인맥관리를 해야 한다. 인맥관리는 사람과의 관계이다. 오묘하면서도 알 수 없는 것이 사람과의 관계이다. 하지만 자연에도 일정한 법칙이 있듯이 사람과 인맥을 만드는 과정에도 일정한 법칙이 존재하는데 그 법칙을 따르기만 하면 쉽게 자신이 원하는 것을 이룰 수 있다. 그 중 하나가 사람 사이에 형성되는 관계를 확대하고자 한다면 가장 가까운 사람부터 내 편으로 만들어야 한다는 것이다.

진정한 인맥관리는 다름 아닌 가까이에 있는 사람에게 사랑 받는 것, 인정받는 것, 관심 받는 것, 존경받는 것이다. 이채욱 회장은(GE 코리아) "진정한 성공이란 가까운 사람에게 존경받을 수 있어야 한다."고 귀 뜸을 한다. 가까이에 있는 사람들을 당신의 열성적인 팬으로 만들어야 한다. 진심 어린 관심과 이해, 경청과 배려, 칭찬과 미소가 실천되어야 한다.

한편 사람이 살아가는 것은 대동소이(大同小異)하다. 즉, 사람은 아름 아름으로 끈을 맺고 살아간다. 그래서 갑자기 비가 온다고 우산을 준비하거나 비가 오지 않으면 언제든지 우산을 내팽겨진 채 지나가 버리면 심히 후회 일들이 생긴다.

사람과 만나면 만날수록 늘 우산을 준비하는 마음으로 인맥을 유지하는 것은 매우 중요하다.

"인간 승리, 김진숙 명장 상아탑 리더로"
아픔과 함께 하는 40년 인고(忍苦)의 세월

마부작침(磨斧作針)이라는 말이 있다. 도끼를 갈아서 바늘을 만든다는 뜻이다. 한 분야에서 보통 사람의 범주를 넘어서는 뛰어난 성공을 이루기 위해서는 오랜 인고의 세월을 견뎌내야 함을 이르는 말이다.

18살에 미용 보조일로 시작해 오는 3월 1일에 영산대학교 미용예술학과 교수의 자리에 오른, 인간 승리의 드라마를 쓰고 있는 사람이 여기에 있다. 바로 대한민국 김진숙 미용명장 1호이다. 그는 어린나이에 미용 보조 일을 시작한 이후 1976년 자신의 첫 미용실을 열었다. 이어 80년 BCW 미용대회 입상을 시작으로 84년 IBS 미용대회 금상을 수상하였고, 2000년에는 대통령 자문위원회에서 신지식인으로 뽑혔다. 이러한 그녀의 미용 분야의 발전을 위한 사랑과 열정, 그리고 헌신의 공을 인정받아 2002년 고용노동부 인정 미용명장 1호로 탄생한다. 그는 오직 40여 년 동안 미용 분야라는 한 우물을 팠기에 가능한 일이었다.

  모두가 인식하고 있듯이, 아무나 명장이 되는 것은 아니지 않은가? 명장(名匠)이란 한 분야의 기술이 뛰어난 이름난 장인을 말한다. 한 분야의 전문성을 인정받음과 동시에 업(業)을 이룬 사람에게만 허용되는 것이다. 즉, 한 마디로 말해 미용 분야 대한민국 최고의 '가위손', 1인자라는 것을 의미한다. 그런 그녀가 이제는 미용 명장을 넘어 대학교 상아탑리더가 되었다. 그것은 김진숙 명장 개인 뿐만 아니라 80만 미용인들에게 영광스러운 일이다. 그녀는 80만 미용인들에게 희망과 용기의 메지시를 전해주고 있다. 많은 사람들에게 귀감이 되고 있으며, '나도 하면 된다', '할 수 있다'는 신념을 심어주는 인생의 길잡이, 노력의 대개이다.

  이러한 그녀이기에 많은 사람들로부터 사랑과 존경을 받고 있다. 하지만 그녀가 사랑과 존경을 받는 이유는 단순히 대한민국 미용명장 1호기 때문만은 아니다. 그렇다면 왜 그녀는 다른 사람들로부터 사랑과 존경을 받고 또한 필자가 주목(attention)하는 것일까?

  첫째, 그는 가위손에 대한 해박한 지식, 전문적 식견을 자랑한다.

  단순하게 머리를 잘 만지는 기술적인 측면 뿐만 아니라 미용에 대한 해박한 지식과 전문적 식견을 가지고 있다. 사람들은 해박한 지식과 전문적 식견을 가진 사람을 인정하고, 믿고 따른다. 결국에는 존경을 표한다. 이

것이 그녀가 가진 매력이다. 특히 이러한 지식과 식견을 바탕으로 후진 양성에 심혈을 기울이는 그녀이기에 사람들은 그녀를 더욱 사랑하고 존경한다.

둘째, 그는 자신의 일을 진심으로 즐기는 사람이다.

그녀와 함께 있노라면 나도 모르게 점진적으로 매료된다. '진정으로 자신의 일을 즐기는구나!'하는 것을 느낀다. 누구나 자신의 분야에서 최고가 되기 위해서는 자신이 하는 일을 즐기고 사랑해야 한다. 아무리 목표가 거창하고 가치가 있어도 내가 하는 일을 사랑하고 즐기지 못하면 오랫동안 지속할 수 없기 때문이다. 자신이 하는 일을 좋아하고 진정으로 즐겼을 때 그 일을 오랫동안 지속할 수 있다. 천재는 노력하는 사람을 이길 수 없듯이 노력하는 사람은 자신의 일을 즐기는 사람을 이길 수 없다고 하지 않은가!

셋째, 그는 끊임없이 변화하고 혁신적이다.

대한민국 미용 명장 1호에 안주하지 않고 더 높은 가치를 추구하기 위해 끊임없이 변화하고 도전한 표본이다. 늦은 나이에 학습하여 석사, 박사과정을 이수한 '만학도'의 정신을 일깨워주고 있다. 사람은 과거의 성과나 경험에 안주해서는 결코 성장하거나 성공할 수 없다. 끊임없이 변화하고 혁신해야만 가능한 일이다. 이렇듯 변화와 혁신을 추구했기에 오늘날의 김진숙 명장이 태산에 오른 것이다.

넷째, 그는 가위손에 미친 사람이다.

사람들이 흔히 쓰는 말로 '신들렸다'는 말이 있다. 초 인간적인 영적인 존재가 들러붙는 것 같은 상태를 말한다. 마치 미친 사람처럼 자신이 하는 일에 무아지경의 상태로 몰입하는 사람들에게 쓰는 말이다. 딱(just) 김진숙 명장에게 맞는 말이다. 불광불급(不狂不及)이라 했다. '미치지 못하면 이루지 못한다'는 말이다. 한 마디로 김진숙 명장은 가위손에 미친 사람이라고나 할까! 전력을 다해 최후의 목표 달성을 위해 뛰었다.

다섯째, 그는 인격을 고루 갖추고 있는 사람이다.

한 마디로 말해 인격자이다. '인격자'란 국어 사전적 의미를 찾아보면 '인격이 훌륭한 사람'을 뜻한다. 인격이란 사람으로서의 됨됨이, 사람의 품격(品格). 자격(資格). 개인(個人)의 지(知), 정(情), 의(意) 및 육체적(肉體的) 측면(側面)을 총괄(總括)하는 전체적(全體的) 통일체(統一體)를 뜻한다. 우리는 '인격이 훌륭한 사람'을 좋아한다. 좋아하는 것에서 그치는 것이 아니라 그를 사랑하고 존경하며 본받고 싶어 한다. 평생 동안 멘토로 스승으로 모시고 싶어 한다. 어디 그뿐일까? 그가 하는 행동 하나 하나를 유심히 살펴보고, 그가 하는 말 한 마디 한 마디에 귀를 기울이고 이를 실천하려고 노력한다.

한편 작금 김진숙 명장이 성공하기까지는 40년이라는 인고(忍苦)의 세월이 있었다. 그 인고의 세월을 그냥 흘려보낸 것이 아니라 끊임없는 학습을 통해 해박한 지식을 쌓았고, 자신이 하는 일을 경제적 수준을 뛰어넘어서 마치 놀이 하듯 즐거운 대상으로 삼았다. 미친 듯이 가위손에 모든 인생을 쏟아 부었고, 끊임없이 변화하고 혁신하였다. 그리고 넉넉한 인품으로 모든 사람들을 끌어 앉았다. 이러한 노력이 있었기에 김진숙 명장이 성공한 것이다.

우리 모두 동행하고 있는 세상, 우리가 되새겨볼 교훈이다. 결국(結局) 그녀는 상아탑 리더가 되었다.

명강사는 더 가치 있는 일을 하라
이 또한 넘어 가겠지

입춘(立春)을 맞이하는 때 집집마다 한 해의 좋은 기운이 감돌아 봄이 오는 길목에서 움츠렸던 추운 겨울을 이겨내고 희망의 어깨를 펴고 대문간에 입춘대길(立春大吉)이라는 글자는 따스한 봄기운을 느낄 수 있을 것이다. 오늘 새벽에 한 통화 전화를 받았다. 세상이 왜 이렇게 힘드냐고? 어느 강사가 울먹이면서 하는 말이다. 나는 바로 즉답하지 못하고, 그 강사에게 솔직히 어떻게 위로 할 수가 없었다. 단지 그 강사에게 "이 또한 넘어 가겠지"하고 잠시 위로를 했다.

국어사전은 강사를 다음과 같이 이야기 한다. 먼저 학교의 촉탁을 받아 학생들에게 강의하는 사람, 그리고 강습회 따위에서 강의하는 사람, 그리고 명사는 이름이 널리 알려진 사람으로 언급을 하고 있다. 그렇다면 작금 강사 직업은 동서고금, 남녀노소를 누구나 막론하고 가식 없는 각자가 남이 알지 못하는, 자기만의 독특하고 효과적인 방법으로 '행복과 성공 그리고 희망솔루션'을 이야기하며 국민과 국가발전에 보람과 긍지, 권익에 지대한 공헌함으로 참 맛나는 세상을 살아갈 것이다.

필자에게 그 흔한 명강사라는 칭호는 없다. 명강사의 강의란 사람이 성장할 수 있도록 가장 효과적으로 조력하는 성스러운 과업이며, 그 성스러운 과업을 수행하는 사람이 바로 명강사의 직업이다. 사람이 성장할 수 있도록 돕는다는 것은 그 사람의 '인생의 스승'이 됨을 의미한다. '인생의 스승' 어떤 사람을 인생의 스승이라 할 수 있을까? 더러는 세상을 살아가는 지혜와 온갖 고난과 역경을 헤치고 다양한 활동을 통해 목적지에 대해 정확히 알고, 또 값진 교훈과 소중한 가르침을 삶을 통해서 직접 체화(體化)한 사람이다.

반면 명강사의 강의에 열광하고 감동한다. 하나라도 더 배우기 위해 귀를 기울이면서 그들의 강의에 빠져든다. 나는 강사 일을 오랫동안 하면서 주변을 지켜보면서 부와 명성과 권력을 획득하고 성취했다는 명강사를 보게 된다. 또 성공한 사람으로 칭송을 받는다. 그럼에도 불구하고 진정한 강사역할은 삶과 강의에 가장 먼저 높은 도덕적 가치를 두어야한다.

　실제로 명강사들은 자신의 소명이나 자신에게 특별한 의미를 갖는 세계에서 특정한 삶의 방식으로 몰입하고 해당 분야에서 명강사로 판단되는 것이 대부분이다. 하지만 명강사를 구분한 객관적인 모법은 아직까지는 없다. 어떤 검증 없이 서로 호칭을 추겨 세우는 것에 불과하다. 그렇다면 과연! 강사 관리시스템으로(즉, 검증시스템) 어떻게 검증하는 것이 가장 바람직한 것인가? 필자는 잠시 생각을 했다. 이 또한 강사의 기준은 명강사, 베스트강사, 특강강사, 웰빙강사 등등 다양하게 많다. 그리고 00강사협회, 00강사연합회, 00강사아카데미, 00강사센터, 00강사 평생교육원 등, 강사 재생산 기관들이 정말 많다.

　그렇다면 도대체 명강사의 핵심 역량은 판단력, 기획력, 창조력, 표현력, 전문성, 신뢰가 있어야 할 것이다. 특히 명강사의 자질과 구체적인 요소는 강사가 강의 콘텐츠를 개발하지 못한 강사, 미래 분석 능력이 없고 창의력이 없는 강사, 사고의 폭이 좁은 강사, 강의 자료가 신선하지 않는 강사, 가치 창조에 부합하지 않는 강사, 또 도덕과 인성이 적합하지 않는 강사는 곧 강사 시장에서 사라질 것으로 예상이 된다. 왜냐하면 강사 시장의 재편 가능성이 높기 때문이다.

　강사는 강사 자신이 올바른 강사인가를 끊임없이 반성하는 삶이 있어야 오랫동안 강의를 할 수 있다. 강사는 강의 노동과 질서 그리고 성실이 있고, 가치와 사실, 강사 자신이 무엇보다도 기쁨이 있어야 하기 때문이다. 즉, 영광만을 바라보며 허송세월을 보내는 것이 아니다. 명강사란 자기 자신만이 가장 잘 아는 것, 태산에 오르면 천하가 작아 보인다는 진리를 다시 한 번 생각 해 보자.

필자가 일심으로 존경한 이보규(21세기사회발전연구소)소장의 명강사 요건에서 "나는 과연 명강사인가? 중에 현대사회에서 사람의 얼굴이 저마다 서로 다른 것처럼 생활방식 또한 다르다 그렇지만 적어도 한 번 사는 삶, 다른 사람에게 좋은 영향을 끼치는 삶을 살기위해 노력해야 하고 사람이 사람을 만든 일에 최고의 가치로 삼아야"라고 주장하는 말에 진심으로 공감한다.

명강사라는 허울 좋은 가면을 쓰고 있다면 가면을 벗어 던져야 한다. 가식의 껍질을 벗어 던지고 명강사로서의 새로운 패러다임을 적립해야 한다. 명강사는 그만큼 사회적인 존경과 유명세, 그리고 호감을 동시에 받았다는 그 방증이다. 그러나 어떤 강사는 팸플릿(pamphlet), 홈페이지, SNS 또 영상물에 명강사라는 단어를 사용하는 것을 어렵지 않게 찾아볼 수 있다. 이제 가면을 쓰고 있는 허울 좋은 선동 강사가 아닌 그 역량이 나타나도록 꾸준히 공부가 필요하며, 인생의 참 스승과 같은 소통환경을 만드는 명강사를 갈망한다.

2013 산청세계전통의약엑스포 성공 개최 국민적인 참여와 홍보가 필요하다.

2013년은 〈동의보감〉 발간 400주년이자, '유네스코 기념의 해'로 선정된 해이다. 이에 보건복지부와 경상남도, 그리고 산청군이 공동으로 산청세계전통의약엑스포를 개최한다. 2013년 9월 6일 개막되어 '미래의 더 큰 가치, 전통 의약'을 주제로 펼쳐질 산청세계전통의약엑스포에서는 이제까지 볼 수 없었던 경이롭고 다채로운 전시, 학술, 체험 행사를 선보일 예정이다.

이번 산청세계전통의약엑스포 개최는 세계적·국가적인 행사로 우리의 한의약을 도약시킬 수 있는 절호의 기회이다. 즉 양약과는 별개로 우리의 전통으로 이어져 내려온 한의약이 이번 행사를 계기로 크게 발전할 수 있는 전환점을 맞이하게 될 것이다. 아울러 산청세계전통의약엑스포를 통해 선조들의 지혜의 보고인 우리 한의약은 물론 세계전통의약을 한눈에 접할 수 있게 될 것이며, 다양한 주제의 국제·국내 학술 행사는 한의약의 우수성을 전 세계에 널리 알리는 기회가 될 것이다.

이뿐만이 아니다. 산청세계전통의약엑스포는 음양오행 공간 구성 및 한방 기명상 등의 체험과 천혜의 자연이 살아 숨 쉬는 산청의 맑은 환경과 약선 음식 등을 통해 전 세계인에게 참된 휴식과 치유의 기회를 제공할 것이다.

산청세계전통의약엑스포에서는 세계적으로 주목받고 있는 우리 한의약과 세계 각국의 전통 의약을 소개할 예정이다. 이는 한의약의 우수성을 전 세계에 알리고 한의약의 국제 경쟁력을 강화하는 계기가 될 것이다. 따라서 이번 산청세계전통의약엑스포의 성공적 개최를 위해 국가적 지원과 함께 국민적 참여가 반드시 뒤따라야 할 것이다. 산청세계전통의약엑스포에서는 지금까지 그 어느 엑스포에서도 볼 수 없었던 높은 수준의 아이템을 도입할 예정이다. 이를 통해 온 가족의 건강과 행복을 체험할 수 있는 소중한 시간이 될 것이다.

산청세계전통의약엑스포 개최에는 또다른 목적이 있다. 한의약의 세계화로 인류의 보편적 가치(건강·행복)를 실현하고자 하는 궁극적인 목적 아래, 우리 한의약의 과학화와 산업화, 그리고 세계화를 통해 전통 의약의 글로벌 브랜드화를 꾀하고 전통 의약의 융·복합 산업화를 이루어내고자 하는 것이 첫 번째 목적이다.

두 번째 목적은, 산청세계전통의약엑스포를 통해 자연과 사람이 하나 되는 그린 엑스포의지향으로 자연의 중요성 인식을 제고시키는 데 있다. 이를 통해 음양오행 공간 구성과 기체험 등 동양의 자연과 신비를 흠뻑 느끼게 하는 계기가 될 것이다. 그리고 이번 엑스포를 개최하는 산청군을 녹색 명소화할 예정이다. 이를 바탕으로 산청군은 전세계인에게 감동을 주는 관광과 휴식·휴양의 조화로운 공간으로 자리매김하게 될 것이다.

마지막으로 이번 엑스포는 전 세계인이 다함께 느끼고 즐기는 익사이팅 엑스포로서의 역할을 다고자 하는 데에도 그 목적이 있다. 엑스포를 통해 다양한 오감 만족 체험과 세계 전통비방의 기네스 도전 및 한방힐링타운코너를 통해 다채로운 한의약 문화콘텐츠를 맛보게 될 것이다.

2013 산청세계전통의약엑스포를 통해 우리나라는 전통 의약 강국의 이미지를 구현함과 동시에 세계 전통 의약의 중심지로 도약하는 계기가 될 것이다. 이를 위해 국가적 차원의 지원이 여실히 필요하다. 또한 국가적 행사의 성공적인 개최를 위해 전 국민의 적극적인 참여가 필요하다.

이번 산청세계전통의약엑스포의 개최는 비단, 개최지 산청군의 몫만은 아닐 것이다. 국가적 행사를 유치해 치른다는 자부심을 바탕으로 개최지와 정부, 그리고 국민이라는 삼박자가 조화를 이루어야 한다. 이번 전통의약 엑스포를 통해 국가적 위신을 드높임과 동시에 큰 경제적 파급 효과를 꾀하여 우리나라가 세계 전통 의약의 중심지로 도약할 수 있는 계기를 마련하여야 할 것이다.

  2013 산청세계전통의약엑스포에 보다 높은 국민적 자부심을 갖고 임할 때, 우리나라가 '국민 행복, 희망의 시대'로 일어서는 아름다운 모습을 볼 수 있게 될 것이다.

반기문 통섭리더십

  대한민국은 세계역사에서 유일하게 6.25 전쟁 속에 아무것도 존재하지 않는 폐허의 땅에서 한강의 기적을 이루고 세계 10위 경제대국으로 발돋움한 대한민국의 국격(國格)과 국상(國狀)을 한 층 더 드높이는 역사적인 사건들이 시방(just now) 전 세계 곳곳에서 일어나고 있다. 특히 개인의 영광을 뛰어넘어 대한민국 전체가 기뻐해야 할 일들이 다양한 분야에서 불일듯 터져 나와 즐거움을 맛보는 축복을 받는 나라이다.

  특히 세계 평화 유지와 인류 복지의 향상을 목적으로 설립한 국제기구, 국제연합(UN)은 제 2차 세계대전 후 평화와 안전의 유지, 국제우호관계의 증진, 경제적 · 사회적 · 문화적 · 인도적 · 문제에 관한 국제협력을 목적으로 창설된 국제기구인 UN에서 작금 대한민국의 반기문(潘基文)은 한국인으로서는 최초로 코피 아난의 뒤를 잇는 국제 연합 사무총장에 당선되어 연임에 성공하는 쾌거를 이루었다.

  말이 UN사무총장이지 언감생심(焉敢生心) 가당키나 한 일이던가? 폐허의 나라, 원조를 받던 동방의 아주 작은 나라에서 UN사무총장이라니! 그것도 연임을… 반기문 그는 어떤 사람이기에 이런 기적 같은 일을 이루어 낸 것인가?

어떤 글로벌 통섭리더십을 가졌기에 기적을 만들어낸 것일까? 많은 사람들이 반기문 글로벌 통섭리더십에 전 세계가 지금 주목하고 있다.

우리의 말 중에 '될성부른 나무는 떡잎부터 알아본다.'는 속담이 있다 했던가? 반기문 UN사무총장의 글로벌 통섭리더십은 어릴 때부터 남달랐다고 한다. 공부에 대한 열정이 남 달랐고 새로운 지식을 추구하는 지적 호기심이 높아 밤새워 책 읽었고 영어 단어를 10번이고 20번이고 외우고 또 외우는 끈기를 발휘하기도 했다. 그는 중학교 시절 영어에 미쳤고 고등학교 때부터 외교관의 꿈을 키워나갔다.

서울대학교 외교학과에 입학하면서 그 꿈은 더욱 구체화 되었으며 졸업과 동시에 외무고시 3기에 차석으로 합격하였다. 그의 근면 성실할 뿐만 아니라 일이 주어지기 전에 하는 솔선수범을 하여 윗사람들에게 두루 인정받으며 초고속 승진을 거듭한 "외교부의 전설(傳說)"이 되었다. 결국 대한민국 외교통상부 장관을 거쳐, 유엔 사무총장으로 타고난 운명처럼 당선되었다.

반기문 리더십의 근간은 다름 아닌 통섭의 리더십이다. 반기문 사무총장은 청소년 때부터 적십자에서 봉사활동을 하며 남을 섬기는 태도가 몸에 배어 있었다. 그는 외교부 장관 시절에도 필자와 지근거리에 있는 서울 은평구의 고아원 및 장애인 자활원인 은평천사원을 방문하여 봉사를 하였는데 자원 봉사 가운데 가장 어렵다는 목욕 봉사를 본인이 스스로 "내가 해 보겠다."며 장애인들을 찾아가 하루 종일 목욕을 도왔다는 일화는 유명하다.

이처럼 청소년 시절부터 몸에 밴 남을 배려하고 공감하고 이해하고 사랑으로 포용하는 섬김의 리더십이 있었기에 국제 분쟁을 중재하는 기관인 UN의 사무총장이 되었을 것이고 사무총장이 된 뒤에도 그 능력을 발휘하였기에 한국인 최초로 유엔 사무총장 재선에 성공했다. 그의 통섭리더십은 타인에 대한 존중을 바탕으로 타인의 욕구를 충족시키고 공공의 이익을 위해 매진할 수 있도록 영향력을 발휘하는 힘이라고 할 수 있다. 사람은 누구나 존경받고 싶어 하고, 인정받고 싶어 하며, 사랑 받고 싶어 한다. 하지만 타인을 존중하고 사랑을 베푸는 것이 통섭(Consilience)을 이끄는 일은 그리 쉬운 것만은 아닐 것이다.

사람이 다른 사람들의 지지와 도움을 얻는 사회적 영향의 과정의 과정이 리더십이며, 그 리더십은 선천적으로 타고나는 것이 아니다. 교육과 훈련으로 충분히 계발할 수 있는 것이다. 그렇기에 통섭의 리더십 또한 교육과 훈련으로 계발할 수 있다. 21세기는 통섭의 리더십으로 무장한 글로벌 인재를 원하고 있다는 것을 알아야 한다. 그렇다면 어떻게 해야 모든 사람을 통합하고 포용할 수 있는 통섭의 리더십을 발휘할 수 있을까?

첫째 타인을 이해화 협상으로 공감적 경청을 하자.

사람은 누구나 자기중심적으로 생각하고 판단한다. 지구 저 편에서 일어나는 대학살이나 기근보다 내 눈에 들어간 티끌 하나가 더 고통스러운 법이다. 타인의 아픔을 공유하고 공감적 경청하는 리더만이 구성원들의 마음을 움직여 한 방향으로 나갈 수 있다.

둘째, 모든 구성원을 포용하는 넓은 마음을 가져야 한다.

어느 구성원이건 어떤 상황에서든 어느 곳에서나 갈등은 존재한다. 아무리 완벽한 구성원이라 할지라도 갈등은 존재하는 법이다. 더불어 나에게 거침없이 독설을 퍼붓고 비판, 비난을 가하는 반대자가 존재하기 마련이다. 사사건건 아무런 이유 없이 저항하는 세력들도 존재한다. 하지만 이런 모든 것을 포용하는 넓은 마음을 가져야 한다는 것을 기억해야 한다.

셋째, 봉사와 희생의 통섭리더십을 발휘해 보자.

통섭리더십의 권위는 봉사와 희생에 근거한다 할 수 있다. 영향력과 권위가 타인에 대한 봉사와 때로는 희생으로부터 형성된다는 것을 이해해야 한다. 우리가 남을 위해 봉사하거나 희생하는 순간 권위를 형성한다는 것을 이해하자. 타인을 이해하고 협상하고 포용하고 사랑하는 통섭의 리더십은 21세기 리더가 갖추어야 할 최고의 덕목이다. 필자는 이제 모든 사람들이 서로 싸우고 부딪히는 대신 그들을 포용하고 사랑할 수 있게 되기를 간절히 소망해 본다. 사물은 관리하는 것이지만 사람은 리드하는 것이다. 사람을 감동시켜 움직이고자 한다면 총섭리더십을 발휘해야 한다. 리더들이여! 반기문처럼 통섭의 리더십을 발휘해 보자.